Reinhold Köpke

# Unterm Nussbaum

Reinhold Köpke

# Unterm Nussbaum

## Kienitzer Urlaubstagebücher

## 2005-2017

vta

## Impressum

Die Deutsche Nationalbibliothek verzeichnet diese Publikation in der Deutschen Nationalbiographie; detaillierte bibliographische Daten sind im Internet über http://dnb.dnb.de abrufbar.

1. Auflage Februar 2018



Dr. Gerald Mackenthun, Eberbacher Str. 4, 14197 Berlin, 030 8227813

Email: verlagta@gmail.com

www.verlag-ta.de



Druck und Vertrieb: Books on Demand GmbH

In de Tarpen 42

22848 Norderstedt

Gesetzt aus der Athelas serif und der Gill sans serif light.

Umschlaggestaltung: deblik Berlin, unter Verwendung eines Fotos des Autors.

Das Titelbild zeigt den Verfasser unter dem Nussbaum des Gasthofes „Zum Hafen“ beim Schreiben seiner Gedanken. Auch „Lottchen“ Rochlitz liebte diesen Ort.

Mit 27 Farbfotographien des Autors.

**ISBN 978-3-946130-09-3**

# Inhalt

# Vorwort

Das vorliegende Buch fasst in zeitlicher Reihenfolge alle zwölf Urlaubstagebücher zusammen, die ich von 2005 bis 2017 in meinem Ferienort Kienitz an der Oder geschrieben habe. Anfangs nur für mich selbst zur Erinnerung geschrieben weitete sich das kleine private Unternehmen bald auf meinen Freundes- und Bekanntenkreis aus, bis mich 2016 schließlich das Heimatmuseum Letschin bat, einige Texte aus den Tagebüchern in einer Lesung vorzustellen, was den anwesenden Gästen und mir selbst viel Freude bereitete. So kam der Gedanken auf, in einer kleinen Auflage eine Zusammenfassung aller das Oderbruch betreffenden Texte als Buch herauszugeben.

Der rein private Charakter der Aufzeichnungen bringt es mit sich, dass ich keinen Anspruch auf Objektivität und neutrale Sachlichkeit stellen kann. Immer schleichen sich auch persönliche Meinungen in den Text ein, so wie eben ein Jeder aus seinem eigenen Standpunkt die Welt betrachtet. Das scheint mir aber eher ein Vorteil zu sein, denn wo kämen wir hin, wenn wir alle einer Meinung wären. Aus Widersprüchen entwickelt sich das Leben, nur sollten diese Widersprüche nicht mit Gewalt gelöst werden. Wozu haben wir Menschen denn die Sprache, mit der wir ausdrücken können, wie wir die Welt sehen und sie erleben. „Nur alle Menschen machen die Menschheit aus, nur alle Kräfte zusammengenommen die Welt“, meinte Goethe in seinem Roman *Wilhelm Meisters Lehrjahre*, und so wollen auch diese kleinen Texte nur ein Blick, mein Blick, auf die Welt sein, die niemand überzeugen oder belehren wollen.

Mit zunehmenden Jahren und nachlassender Gesundheit ist es zugleich ein Abschied vom Oderbruch, das mich mit seiner Schönheit, seiner Ruhe und Reizlosigkeit zunehmend zu mir selbst zurückgeführt hat. Ein gleiches wünsche ich allen Lesern und Besuchern, die sich der Unruhe und der Hektik des Alltags etwas entziehen wollen. Ich wünsche viel Freude und Entspannung bei der Lektüre.

Reinhold Köpke, im Herbst 2017

3. bis 10. Juli 2005

## Unterm Nussbaum

Nun sitze ich wieder mit meinem Notebook unter einem Baum. Diesmal ist es kein Apfelbaum, wie ich ihn zuvor jahrelang in Petzow am Schwielowsee hatte, sondern ein Walnussbaum, was auch nicht übel ist. Ich habe gerade von meiner Zimmerwirtin gehört, dass sich unter diesem Baum keine Mücken aufhalten sollen, sie wüsste es von der Oma, die hier gerne sitzen würde. Ich solle mich nur ruhig da hinsetzen, einen Tisch hätten sie auch und dergleichen. Also man sorgt sich schon um mich, und das ist ein kleiner Ersatz für den fehlenden Blick auf den Schwielowsee, den ich nicht mehr haben kann, seitdem mein Hotel dort umgebaut wird. Hier, vom Nussbaum aus, sehe ich auf den Oderdeich und kann nur ahnen, dass dahinter die Oder entlang strömt. Es ist noch nicht einmal der Fluss selbst, der hinter dem Deich liegt, sondern nur ein Altarm, der zu einem kleinen Hafen ausgebaut ist. Erst dahinter, nach einem breiten Streifen Überschwemmungsland, fließt der eigentliche Strom vorbei.

Unmittelbar vor mir ist linker Hand Brennholz aufgestapelt, davor wild wucherndes Gras, dann ein kleiner Apfelbaum und eine abgemähte Rasenfläche, die als Zeltplatz genutzt werden kann, aber augenblicklich nur mit einem verlassenen Wohnwagenanhänger belegt ist. Etwa achtzig Meter weiter steht dann das Haus mit dem Gasthof „Zum Hafen“, in dem ich untergebracht bin, und unmittelbar dahinter liegt der Hochwasserdeich. Rechts von mir, keine zwei Meter entfernt, steht der Nussbaum, dessen Zweige mit den großen Blättern weit herabhängen und zu jeder Tageszeit genügend Schatten auf mich und meine kleine Schreibeinrichtung werfen. Dann, dreißig oder vierzig Meter weiter, läuft eine kleine Straße auf den Deich zu, die aber kaum benutzt wird. Links ist ein kleines Feld mit Kartoffeln bestellt, dahinter ein schmales Weizenfeld, an dessen Rain der Mohn rot hervorleuchtet. Erst dann ein Schuppen und inmitten hoher Bäume einige Häuser. Bleibt noch der Raum hinter mir zu erwähnen. Da ist ein brachliegendes Feld, wild bewachsen, bevor einige Siedlungshäuser kommen, und eben gerade sehe ich auch noch den Panzer T 34, der ganz unmilitärisch hinter einigen hohen Tannen steht. Damit schließt sich das Rund. Wollte ich um Hilfe rufen, so müsste ich schon laut schreien, damit mich überhaupt jemand hört, so weitab von allem sitze ich hier. Ich kann also ganz unbehelligt meinen Gedanken nachgehen, wenn ich welche habe, oder mich zurücklehnen und Deich, Holzstapel, Kartoffelfeld oder den Panzer ansehen, je nachdem, wie ich meinen Kopf wende.

Soviel zur Geographie meiner unmittelbaren Umgebung. Vergrößere ich den Maßstab, dann wäre noch zu erwähnen, dass ich mich in Kienitz aufhalte, einem kleinen Dorf im Oderbruch, nur etwa 600 Einwohner groß, aber erstaunlich alt, aus dem 12. Jahrhundert. Den Ort kennt kaum jemand, und doch hat er für eine kurze Zeit beinahe weltgeschichtliche Bedeutung erlangt, als hier im Januar 1945 die ersten russischen Soldaten das letzte große Hindernis überwanden und damit Berlin einnehmen konnten. Darum steht auch der Panzer im Ort, auf einem Sockel aus Beton inmitten einer Gedenkanlage aus deutsch-demokratischer Zeit.

Zur Geologie wüsste ich kaum etwas zu sagen. Der Boden ist eine Ablagerung des ehemals gewaltigen Stromes, der die Schmelzwasser der letzten Eiszeit nach Norden abfließen ließ, erdgeschichtlich also den jüngsten Epochen, dem Pleistozän und Holozän, zuzuordnen. Was unter dem Ablagerungsmaterial liegt, weiß ich nicht.

Die Menschen, die hier wohnen, muss ich erst kennenlernen, bis jetzt ist mir nur Freundliches begegnet. Man grüßt mich, ich grüße zurück, oder umgekehrt. Den Gasthof führt ein junges Ehepaar mit einer fünfjährigen Tochter. Eine Oma ist noch da, die wir bereits vor etlichen Jahren kennengelernt hatten, als wir hier zum ersten Mal an einem kalten Neujahrstag nach einem Spaziergang an der Oder einkehrten. Es war damals noch ganz die alte Republik, inzwischen hat sich einiges geändert, aber soviel auch wieder nicht, dass ich mich hier nicht wohl fühlen würde. Ein Neubau ist neben dem Gasthof entstanden, eine „Marina Kienitz", womit sich die Sportschiffer ein Vereinslokal geschaffen haben. Wie immer bin ich etwas skeptischen gegenüber allen Neuerungen, aber bisher habe ich mich noch nicht von dem Haus behelligt gefühlt.

Was ich inhaltlich schreiben werde, ist noch offen. Meine Gedanken berühren immer nur einen kleinen Horizont, wobei ich aber versuche, das Kleine mit dem Großen zu verbinden, um meiner Lieblingsidee, auch im Kleinen die Welt zu erblicken, zu folgen.

Fatalerweise sehe ich gerade auf meiner Tischplatte zwei Ameisen miteinander kämpfen. Unter der Lupe sieht es grausig aus, wie sie Kopf an Kopf versuchen, sich gegenseitig den Garaus zu machen. Es scheint so, als ob die eine versuchen würde, der anderen den Kopf abzudrehen, entsetzlich. Ohne sechsfach vergrößernde Lupe sähe man das ganze Drama nicht. Innerlich nehme ich immer Partei für die Schwächeren, das ist gewiss nicht richtig und hängt mit meiner eigenen mangelnden Wehrhaftigkeit zusammen. Manchmal ist es gut und besser, sich auf geradem Weg durchzusetzen, als all die umständlichen Nebenwege zu gehen, um doch noch an sein Ziel zu gelangen. Diesen Kampf im Kleinen darf ich nicht als Beispiel und Beweis dafür nehmen, dass es im Großen auch alles nur um einen Kampf aller gegen alle geht, wie es ein falsch verstandener Darwinismus behauptet.

Eben hat sich eine hellblaue Libelle auf mein Notebook gesetzt und mir gezeigt, dass die Welt auch leicht und schön sein kann. Ich habe sie nicht mit der Lupe betrachtet, denn diese Tiere sind sehr wach und scheu, und sie wäre gewiss davon geschwirrt, bevor ich sie im Fokus gehabt hätte. Nun ist sie aber auch so wieder davon, wie um zu zeigen, dass das Schöne nie von Dauer ist.

Der Kampf der beiden Ameisen dauert immer noch an, immer noch unentschieden, wenngleich ich meine, dass die eine die Überlegenheit hat. Es geht inzwischen auf Mittag zu, der Akku meines Notebooks läuft nun bald drei Stunden, obwohl er bereits nach einer viertel Stunde auf der Anzeige als leer gemeldet wurde. Alle moderne Technik ist auch für die Katz, obgleich sie einiges zur Bequemlichkeit beiträgt. Ich werde den kleinen Computer lieber ausschalten und auf dem Zimmer nachladen, bevor er von selbst abschaltet und das zuletzt Geschriebene als ungespeichert verloren geht. So endet also der erste Vormittag meines kleinen Urlaubs technisch bedingt, aber ich bin ja auch ein Zeitgenosse des 21. Jahrhunderts, das nur wenig Spielraum für ein unbekümmertes Dasein lässt.

## Abends auf der Buhne

Die Frösche quakten vom polnischen Ufer herüber. Sie schienen mir genauso wie ihre Artgenossen auf bundesdeutscher Seite zu quaken, kennen also wohl keine Nationalitäten. Überhaupt trennt der Fluss nur die Menschen; Schwalben, Störche, Reiher, Schwäne und alle größeren Wasservögel machten sich nichts daraus und flogen von Ufer zu Ufer. Nur die kleinen Singvögel hält die Breite des Flusses zurück, ihr Lebensraum scheint sich auf ein größeres Gebüsch oder Feld zu beschränken. Ein Reh und ein Rehbock, die auf dem Überschwemmungsstreifen vor dem Deich im hohen Gras aufhorchten, als ich vorbeiging, waren so kurzsichtig, dass sie mich auf zwanzig Metern nicht sahen; der Wind wehte mir entgegen, so konnten sie mich nicht wittern noch hören.

Auch für sie ist ein Fluss eine beinahe unüberwindliche Grenze, nicht politisch, sondern biologisch gewissermaßen. Das lästige Mückenvolk wird den Sprung hinüber schaffen, besonders, wenn der Wind günstig steht. Fische sowieso, die alle Momente aus dem Wasser sprangen. Ob aus Übermut oder auf der Flucht, konnte ich nicht feststellen.

Ganz vorn auf der Buhne war es still. Ein Flussschiff war gerade vorübergefahren, ich konnte es nicht mehr sehen, hörte aber noch das dumpfe Geräusch seines Dieselmotors. Als ich mich durch ein Gestrüpp von wilden Brombeeren und das dichte Schilf auf die Buhne vorgearbeitet hatte, waren die Steine ein ganzes Stück höher nass, als das Wasser des Flusses stand. Das Schiff hatte also mit seiner Bugwelle die Steine überschwemmt. Ich setzte mich auf die trockenen Steine in der Mitte der Buhne und sah hoch im Nordwesten die Sonne blutrot untergehen. Auf der polnischen Seite war es ganz ruhig, und auch auf der deutschen Seite, auf der ich saß, und nun langsam wieder zum Deich hochging zu meinem Quartier im Gasthof „Zum Hafen", wo die späten Gäste noch in der warmen Abendluft lärmten. Ich aber ging auf mein kleines Zimmer, um noch dieses zu schreiben und legte mich dann ins Bett, denn es war inzwischen fast elf Uhr geworden und schon ziemlich dunkel draußen.

## Die Häuser von Kienitz

Viele Häuser des Dorfes Kienitz sind nur wenig tief im Erdboden gegründet. Der Keller liegt hoch, so dass sich kaum noch von Keller sprechen lässt, denn die Fenster ragen hoch über dem Erdreich empor wie bei einer Souterrainwohnung. Das darüberliegende eigentliche Erdgeschoß liegt dadurch unüblich hoch, wie man es bei kleinen Ein- oder Zweifamilienhäusern sonst nicht kennt. Der Grund ist leicht zu erraten: Kienitz liegt im Oderbruch, das sich nur wenig über dem Wasserspiegel des Flusses erhebt und durch einen hohen Deich gegen Überschwemmungen geschützt werden muss.

Sollte es doch einmal zu einem Deichbruch kommen, was im Laufe der langen Geschichte schon mehrfach passiert ist, dann, so hoffen die Bewohner der hochgebauten Häuser, wird nur der Keller überflutet und nicht gleich die ganze Wohnung. Aber nicht alle teilen diese vorsichtige Haltung, denn besonders die älteren Häuser stehen recht flach auf dem Boden und haben wohl überhaupt keinen Keller, denn das Grundwasser steht hoch. Es war aber wohl auch das fehlende Geld, was die kleinen Häusler nötigte, gleich flach auf dem Erdboden drauflos zu bauen und nicht erst lange zu gründen.

So stehen heute die gestelzten und die geduckten Häuser nebeneinander und hoffen beide auf die Wirksamkeit der Dämme, die dem Druck des Hochwassers standhalten sollen. 1947, zwei Jahre nach dem Krieg, hielten sie nicht und setzten das ganze Bruch unter Wasser, gewiss noch eine Spätfolge der Kriegsjahre, in denen die Menschen mehr auf Zerstörung als auf Erhalt aus waren und die Kontrollaufgaben vernachlässigten. Kampfhandlungen und Wühlmäuse werden gleichermaßen an der Katastrophe beteiligt gewesen sein, auch künstlich herbeigeführte und nicht richtig wieder behobene Dammdurchstiche, die dem anrückenden Feind das Weiterkommen schwer machen sollten. Krieg ist immer mit Gemeinheit und Dummheit verbunden, ihn den Vater aller Dinge zu nennen, wie es Heraklit tat, ist falsch. Aber Heraklit meinte gewiss etwas anderes, er dachte dialektisch mehr an die Gegensätze und nicht gleich an Mord und Totschlag. Außerdem wurde er der Dunkle genannt, weil seine Schriften so schwer zu verstehen sind, die obendrein auch kaum noch erhalten sind, so dass sich die Kriegsverherrlicher zu Unrecht seiner bedienen.

Das ganze Oderbruch hatte überhaupt unter dem letzten Krieg viel zu leiden und ist bis heute ziemlich entvölkert worden, wie der übliche Ausdruck treffend lautet. Im Boden liegt überall noch Eisen herum, auf jedem Feldweg, was dort doch eigentlich nichts zu suchen hat. Über dreitausend russische Soldaten sind allein hier in Kienitz in den wenigen Tagen des Aufmarsches um ihr Leben gekommen, und wohl ebenso viele Deutsche. Auch hier können wieder nur Verrückte von einem reinigenden „Stahlgewitter" sprechen, wie es Ernst Jünger tat, dem man obendrein noch 1982 den Goethe-Preis der Stadt Frankfurt zusprach – völlig unverständlich.

Aber ich verlasse mein Thema, denn ich wollte über die Häuser von Kienitz sprechen, deren hohe Bauweise mir ins Auge gefallen war. Doch es ist vielleicht auch richtig so, denn alles hängt mit allem zusammen und eine isolierte Betrachtung der steigenden und fallenden Wasser hat schon die Bibel vermieden, als sie die Sintflut mit der Verderbtheit des Menschengeschlechts in Verbindung brachte. Nur dass ich nicht an göttliche Fügung glaube, sondern es der mangelhaften menschlichen Aufklärung zuschreibe und den Gemeinheiten der Dunkelmänner, die nicht nur in Köln ihr Unwesen getrieben haben.

## Gewöhnung

Heute Morgen fiel mir auf, dass ich mich in meiner oberen Etage des Gasthofes wie selbstverständlich bewege, so als ob es meine Wohnung wäre. Die ersten beiden Tage hatte ich mich noch zögernd und fremd bewegt und nach Schaltern, Türklinken und sonstigen Dingen gesucht. Heute nun habe ich Besitz von allem genommen, mir fiel es plötzlich auf, als ich über den dunklen Gang ins Bad ging. Mein Schritt und meine Bewegungen waren sicherer, ein angenehmes Gefühl. Es ist wohl ganz natürlich und wird jedem so gehen, aber vielleicht merkt man es nicht immer. Es ist doch interessant, Nuancen in seinem Verhalten zu spüren. Meist werden derartige feine Wahrnehmungen von einer Scheinsicherheit oder einem „Kenne-ich-schon" überdeckt, das alles verderben kann.

So ist es auch im Umgang mit den Menschen. Oft wird zu schnell so getan, als kenne man sich schon lange, und man begrüßt sich wie alte Bekannte. Das ist nicht recht; es wäre aufrichtiger, zunächst eine reservierte Freundlichkeit zu zeigen, bis man wirklich die Menschen etwas näher kennengelernt hat und ihnen so begegnen kann, wie es angemessen ist. Allzu große Freundlichkeit und Offenheit gleich zu Anfang wäre genauso verkehrt wie offen zu Tage getragenes Misstrauen. Darum werde ich verstärkt versuchen, unangemessen großer Freundlichkeit gleich zu Beginn reservierter zu begegnen, wobei natürlich ein gewisses Vorschussvertrauen immer gut ist.

Dieses sofortige Sich-in-den-Arm-fallen und Verteilen von beidseitigen Wangenküssen war mir schon immer suspekt. Ich kenne es nicht von zu Hause, wo es mit dem Händegeben sein Bewenden hatte. Das ist in anderen Landstrichen anders, und man wird es als landesübliche Gewohnheit nicht schelten können. Aber es hat sich besonders unter jungen Leuten breit gemacht, sich so zu begrüßen, als ob man sich wer weiß wie lange nicht gesehen hätte oder zu verabschieden, als wenn man sich nie wiedersehen würde. Das passt in unsere distanzierte Zeit, wo alles gleich nach außen gehängt und jede echte Individualität gleichgemacht wird. In einer Zeit, in der Offenheit zur Parole geworden und Teamarbeit zu einem Schlagwort degradiert ist, fällt es schwer, sich mit solchen Gedanken verständlich zu machen. Jede Kassiererin im Warenhaus oder einer Bäckerei an der Ecke ist gehalten, den Kunden nicht nur einen guten Tag und ein Wiedersehen zuzurufen, sondern ungefragt auch noch einen schönen Feierabend und ein ebensolches Wochenende zu wünschen, ohne

Rücksicht auf die eigene Erschöpfung und Überlastung zu nehmen und den umständlichen oder späten Kunden zum Teufel zu wünschen. Das eigene, ebenso unbeteiligte „Danke, für Sie auch" stößt dann meist schon auf taube Ohren - zu Recht, denn es ist einem ja im Grunde egal, wie die Kassiererin ihren Abend verbringt.

Auch hier hilft nur Gewöhnung. Genauso wie ich mein neues Quartier allmählich als zu mir gehörig erlebe, sollte man den Menschen seines sozialen Umfeldes begegnen. Wie man alten Bekannten begegnet, unverstellt und ehrlich, was nicht unbedingt lächelnd und freundlich sein muss, aber sein kann. Voreiliges Lachen und allzu große Freundlichkeit sind ein Signal, das übersetzt lautet, ich tue dir nichts, ich will nichts von dir, ich will dir nichts wegnehmen, und das somit einer zugrundeliegenden Feindseligkeitserwartung entstammt. Wirkliches Wohlwollen und wirkliche Friedfertigkeit sind etwas anderes. Man kann es an Kindern erleben, die noch nicht an die zwischenmenschlichen Normen angeglichen sind. Sie sind skeptisch, wenn man ihnen zu freundlich entgegenkommt und laufen nicht weg, wenn man sie etwas fragt und ernst dabei bleibt.

## Die Straßenbäume von Kienitz

Die Bäume als uralte Gefährten des Menschen sind schon seit langem von ihm benannt worden. Die Kürze ihres Namens zeigt es schon, und jeder weiß, was gemeint ist, wenn wir von Buche, Linde oder Eiche sprechen. Nur erst später eingeführte Bäume sind mehrsilbig, wie die Kastanie und Robinie oder gar der Affenbrotbaum, der sowieso bei uns nicht heimisch ist und in seinem Ursprungsland gewiss auch nur ein- oder zweisilbig gerufen wird.

Der Wissenschaft reichte aber bald diese schlichte Bezeichnung nicht mehr zur genauen Benennung der Bäume, und seit Linné tragen sie die Doppelbezeichnung der binären Nomenklatur, wodurch die oben genannten Bäume *Fagus silvatica, Tilia platyphyllos* und *Quercus robur* genannt werden und den fremdländischen Bäumen gleichgestellt sind, die nun *Æsculus hippocastanum, Robinia pseudacacia* oder *Adansonia digitata* heißen. (Hier in Kienitz musste ich allerdings Sternchen in die Zeilen einfügen, um erst zu Hause die genauen Namen nachzuschlagen.)

Das alles aber gilt nicht für die Bäume, die entlang der Straßen um Kienitz herum stehen. Jeder Botaniker würde sofort an ihnen Unregelmäßigkeiten und besondere Merkmale entdecken, die nicht zu den klassischen Kennzeichen ihrer Art gehören. Die Rinden sind zernarbt und mit großen Wucherungen bedeckt, das Geäst wächst anders, dicke Äste gehen plötzlich in viele kleine über, und damit ist auch oft die Krone nicht so, wie sie normalerweise sein sollte. Der Mensch hat hier in Gottes Schöpfung eingegriffen und Varietäten erzeugt, die aber glücklicherweise nicht erblich sind. Hätte Lamarck recht gehabt mit seiner Theorie der Vererbung erworbener Eigenschaften, so würden wir diese entstellten Bäume auch fernerhin haben. So aber sterben sie als Zeugen einer verderblichen Zeit aus, die sie so verändert hat.

Denn diese Bäume sind Kriegsinvaliden und von Hunderten und Tausenden von Geschossen der Maschinengewehre und Granatsplittern getroffen, die die verzweifelten deutschen Soldaten auf das Dorf Kienitz abfeuerten, in der vagen Hoffnung, damit die Russen wieder auf das andere Ufer der Oder zurückzuwerfen. Es gelang ihnen aber nicht, denn die Bäume deckten die russischen Soldaten und steckten ein, was für diese gedacht war.

Wenn Bäume schreien und stöhnen könnten, so wäre der ganze Ort voll von Hilferufen gewesen, wie anderorts die Schützengräben oder zerschossenen Stellungen der Soldaten beider Seiten, aber es hätte diesen genauso wenig genutzt wie jenen. Nur dass die Bäume zäher im Einstecken und nicht so verletzlich wie die Menschen sind, denn jene stehen heute noch, während die Soldaten in den großen namenlosen Massengräbern des Oderbruchs liegen, zu Zehntausenden, die zunehmend vergessen werden.

## Über das Radfahren

Mein gegenwärtiger Aufenthalt liegt an einem Radwanderweg entlang der Oder. Täglich fahren Familien, kleine Gruppen oder Einzelwanderer mit ihren Rädern an meinem Fenster vorbei nach Norden oder nach Süden. Manchmal schwer bepackt mit Seitentaschen und Rucksäcken, manchmal nur mit leichtem Gepäck, wohl je nach Umfang oder Dauer der Fahrt oder auch nach den persönlichen Vorstellungen, was alles dabei sein soll. Vielleicht sind die Schwerbepackten auch nicht so betucht, dass sie jederzeit in einem Gasthof einkehren können, um dort zu essen oder die Nacht zu verbringen, und da brauchen sie schon etwas mehr an Ausrüstung und Verpflegung für unterwegs. Es gibt Ehrgeizige unter ihnen, die nachlässig-stolz von ihrer Etappenleistung berichten, aber auch Gemütliche, die soweit fahren, wie es ihnen der Augenblick eingibt. Die Leute sind meist nett und unkompliziert, und es lässt sich gut mit ihnen unterhalten, aber das Radfahren ist dennoch meine Sache nicht.

Als Junge hatte ich auch mein Fahrrad wie alle größeren Kinder der Nachbarschaft. Es war schon alt und ziemlich schäbig, der Rahmen war mehrfach geschweißt, der Freilauf bremste nicht sonderlich, die Räder hatten nur 26 Zoll im Durchmesser statt der üblichen 28, und an eine Gangschaltung war schon gar nicht zu denken. Das hintere Zahnrad hatte 24 Zähne, und in Verbindung mit den kleinen Reifen brauchte ich nicht sonderlich kräftig in die Pedale zu treten, kam allerdings auch nicht schnell voran. Aber mir genügte es. Ich fuhr damals durch den Dänischen Wohld damit, alte sandige Feldwege entlang oder auf den wenigen Asphaltstraßen, die die größeren Dörfer miteinander verbanden. Tagesleistungen über 50 Kilometer brachte ich selten, mir genügte das langsame Entlangradeln an Knicks und Gräben vorbei. Ehrgeizige Radtouren zu unternehmen, war nicht meine Sache und war obendrein damals auch noch nicht so recht üblich. Der Aktionsradius der Menschen war noch klein.

Ob diese genügsame Art des Fahrradfahrens meine Meinung über das Radfahren gebildet hat, oder ob schon damals meine Einstellung die Art des Radfahrens bedingt hat, vermag ich nicht zu sagen, so dass ich wie so oft nicht weiß, ob es Vorurteile oder eigene Gedanken sind, die meiner kritischen Haltung zugrunde liegen.

Der Mensch hat zwei Beine zum Vorwärtsbewegen, das müsste doch genügen. Mit den Beinen kann man sehr viel machen, man kann damit stehen und gehen, rennen, klettern, springen, waten, rutschen und schlittern, im Wasser sogar schwimmen und somit alle Bewegungsformen ausführen, die für ein Vorwärtskommen zu Wasser und zu Lande notwendig sind. Natürlich kann man einige dieser Leistungen auch mit dem Fahrrad bewerkstelligen, besonders mit den modernen Mountainbikes, die der Natur und dem ästhetischen Auge so viel Gewalt antun. Aber mit dem Fahrrad kann man nicht stehen und ausruhen, man braucht ein Bein zum Abstützen oder wackelt albern auf der Stelle herum, wie es manche Radfahrer tun, wenn sie an einer roten Ampel partout ihre Beine nicht auf den Boden setzen wollen.

Der Mensch ist sowieso schon kopflastig im ganz gewöhnlichen Wortsinne. Dass er überhaupt aufrecht stehen kann, verdankt er einem ausgeklügelten Gleichgewichtssinn, der ständig einige tausend Muskelfasern innerviert, um ja nicht die Balance zu verlieren. Stehen und Gehen ist eigentlich eine ständige Abwehr von Umfallen; beim Betrunkenen kann man es noch gut sehen, oder bei kleinen Kindern, die diesen Balanceakt erst noch lernen müssen. Darum könnte man über den Menschen auch lachen, wenn er wie eine Stange daherkommt; die vierfüßigen Tiere wirken da wesentlich solider, vom Insektenvolk einmal ganz abgesehen, welches sowieso kaum umstürzen kann.

Die Vorteile der aufrechten Haltung sind bekannt, sie haben den Menschen aus dem Tierreich herausgehoben und es ihm zu guter Letzt ermöglicht, ein Fahrrad zu erfinden und damit herumzufahren. Nur, dass er damit noch lächerlicher aussieht und noch viel mehr Mühe hat, oben zu bleiben. Solange er fährt, sorgen die Beharrungskräfte des drehenden Rades für die nötige Stabilität, verlangsamt er sein Tempo, so wird es wackelig. Der radfahrende Mensch muss also einen Teil seiner Aufmerksamkeit für seine Lagesicherung abzweigen und kann gar nicht so gedankenversunken wie ein zu Fuß gehender Mensch daherschlendern. Sokrates wäre ganz gewiss nicht auf seine großen Gedanken gekommen, wenn er mit dem Fahrrad durch Athen gefahren wäre.

Das Fahrrad ist gut für alltägliche Fahrten, sei es zum entfernter liegenden Arbeitsplatz, zum Kaufmann auf dem Lande, zum weit abgelegenen Briefkasten oder um eine größere Last nach Hause befördern zu können. Ich habe selbst einmal die Matratze eines französischen Bettes durch den Tegeler Forst nach Heiligensee in meine damalige Wohnung befördert, war dabei allerdings zweimal gestürzt, weil ich sie mir auf den Rücken geschnallt hatte und nicht immer durch die engstehenden Bäume durchkam. Aber es ging. Postboten benötigen ein Fahrrad für ihre Touren, und hunderterlei andere Gründe mögen den Gebrauch des Zweirades rechtfertigen.

Aber als Ersatz für freiwilliges Fortbewegen durch die Natur taugt es nicht. Man sieht zu wenig, kann nicht stehenbleiben, um ein Blümlein näher anzusehen, sondern man muss absteigen und umständlich das Fahrrad abstellen oder hinlegen. Man muss sich aufs Fahren konzentrieren, sonst liegt man bald im Graben. Man kann sich nicht umdrehen und zurücksehen, man kann nicht nach oben in den Himmel sehen, wo die Lerche schwirrt, man kann nicht mit dem Fuß eine Raupe zur Seite schieben. Mit dem Fahrrad verliert man sich selbst und wird fortgerissen. Fahrradfahren ist wie Fernsehen, zu Fuß gehen wie Lesen und Nachdenken. Von dem ästhetischen Bild möchte ich ganz schweigen, das so ein modern ausgerüsteter Radler abgibt. Aber jeder soll es machen, wie er will und sehen, wie er glücklich wird. Vielleicht bin ich auch nur alt.

## Ein Besuch bei Fontanes Vater

Es regnete von früh an, mit meinem Schreiben im Freien wurde es also nichts, und so setzte ich mich ins Auto und fuhr nach Schiffmühle, einem kleinen Ort bei Bad Freienwalde, von dem ich wusste, dass Fontanes Vater dort seine letzten Lebensjahre verbracht hatte. Nach drei Tagen Aufenthalt in beengtem Quartier war es angenehm, mit unserm kleinen Wägelchen durch die baumbestandenen Landstraßen des Oderbruchs zu fahren und sich langsam dem Ziel anzunähern. Das nahm allerdings ein jähes Ende, als ich auf eine neugebaute Schnellstraße einbiegen musste und nun Opfer des fließenden Verkehrs wurde, wo es vorbei mit der selbstbestimmten Geschwindigkeit war. Obendrein bog ich an der entscheidenden Kreuzung noch falsch ab und hätte mich, um den Fehler wieder gutzumachen, in eine kilometerlange Autoschlange einordnen müssen. Das aber wollte ich nicht, und so fuhr ich den langen Umweg unter das Schiffshebewerk Niederfinow hindurch nach Oderberg und kam von Norden her zum alten Fontane, den ich eigentlich auf dem Wege aufsuchen wollte, wie ihn sein Sohn gegangen war, als er 1867 zum letzten Mal seinen Vater aufsuchte.

Das Haus war leicht zu finden und vorzüglich erhalten. Eine kleine Fontanegemeinde in Bad Freienwalde hatte sich des Hauses angenommen, welches nun den interessierten Besuchern offenstand. Bei dem Regenwetter war aber kein weiterer Gast gekommen, wie auch das ausgelegte Gästebuch merkwürdig wenige Eintragungen hatte. Die wenigen Seiten reichten bis Mitte der neunziger Jahre zurück, in denen die Erinnerungsstätte gründlich renoviert wurde. Zwei junge Frauen beaufsichtigten das Haus, vielleicht auch nur eine, die ihre Freundin zur Unterhaltung dabei hatte. Sie schaltete das Licht an führte mich durch alle Räume.

Viel zu sehen war innen nicht, denn das Haus war seit des Vaters Tod anderweitig verwendet worden und wurde erst vor wenigen Jahrzehnten als Museum eingerichtet. Aber auf das Innere kam es gar nicht an. Fontane selbst hatte es in seinen Kindheitserinnerungen in den Räumlichkeiten so plastisch beschrieben, dass ich mich gleich heimisch fühlte und sofort wusste, wo Luises Küche und des Alten Schlafzimmer war mit dem kleinen Guckloch, das sich inzwischen freilich zu einem richtigen Fensterchen vergrößert hatte. Der kurze schmale Korridor, den Fontane in der Sommerhitze als so angenehm kühl erlebt hatte und in dem er mit seinem Vater im Gespräch auf- und abgeschritten war, ist in Wirklichkeit so klein, dass beide nur mit einer genau abgezirkelten militärischen Kehrtwende ihren Gang getan haben konnten. Zur Hintertür hinaus in den Garten steigt tatsächlich nach wenigen Metern unmittelbar der bewachsene Sandberg auf, in dem damals Granitfindlinge zum Verkauf ausgegraben wurden, und auf dem ein Zickzackweg zur kiefernbestandenen Höhe führte, von dem heute leider nichts mehr erhalten ist. Der niedrige Schweinestall steht auch nicht mehr. Aber die kleine Stiege nach oben existiert noch und führt in ein sehr niedriges Dachgeschoß, mit einem Fenster nach Westen zur Brücke über die Alte Oder hin, von dem aus der Vater den Sohn von Freienwalde herüberkommen sah.

Ich hielt mich fast eine Stunde in dem Haus auf, in dem es außer einigen Fotos eigentlich gar nichts zu sehen gab, so anregend war es. Angetan von dem schönen Haus und in Gedanken über die Unterhaltskosten einer solchen Stätte gab ich der jungen Frau einen Zwanzigeuroschein für den Spendentopf, den es aber nicht gab. Sie geriet fast ganz aus dem Häuschen, wollte meine Adresse für ein Dankschreiben, was doch wieder mit Porto und Arbeitsaufwand den ganzen kleinen Betrag gekostet hätte. Ich blieb lieber anonym und verließ die mir noch freundlich nachwinkenden Frauen.

Nur wenig weiter der Alten Oder entlang liegt auf eben dem Sandberg, an dem auch das Haus steht, der Friedhof des Ortes, und nahe der Kirchenmauer suchte ich das Grab von Louis Henry Fontane auf, zu dem der Sohn ein schönes Gedicht geschrieben hat. Es war auf einer Blechtafel im Freien aufgestellt, und trotz nicht nachlassendem Regen schrieb ich es ab und gebe es hier wieder:

Und ein andrer Platz dem verbunden ich bin:
Berglehnen, die Oder fließt dran hin.
Zieht vorüber in trägem Lauf,
Gelbe Mummeln schwimmen darauf,
Am Ufer Werft und Schilf und Rohr,
Und am Abhang schimmern Kreuze hervor,
Auf eines fällt heller Sonnenschein -
Da hat mein Vater seinen Stein.

Noch ganz erfüllt von dem Erlebten stiegt ich vom Friedhof den steilen Weg zum Wagen hinab und fuhr einen anderen Weg zurück über kleine Landstraßen, um nicht erneut in den Massenverkehr zu geraten, und erreichte so

Letschin, wo ich im Gasthaus „Zum Alten Fritz“ einkehrte, in dem sich Fontanes Kriminalnovelle „Unterm Birnbaum“ in seiner dichterischen Phantasie zugetragen hatte. Rhabarberkuchen und Kaffee, den eine freundliche Wirtin brachte, richteten mich wieder auf, und über Zechin und Sophienthal kehrte ich durch das Kampfgebiet des Zweiten Weltkrieges nach Kienitz zurück.

## Mein Zimmer

Ich wohne in einem Gasthaus hinterm Oderdeich. Es ist ein altes Anwesen, das Haus selbst zweigeschossig, mit einem Dachgiebel zur Flussseite hin, in dem zwei kleine Fenster sind. Hinter dem rechten liegt mein Zimmer, das ich über eine steile Holzstiege erreichen kann. Zunächst gelangt man in einen schmalen, dunklen Korridor, von dem am Ende und an den Seiten einige Türen in die wenigen Gästezimmer führen. Mein Zimmer hat die Nr. 1 und ist, da in der Mitte des Hauses liegend, zuerst zu erreichen.

Schon vor dem Aufschließen der alten weiß lackierten Holztür kann ich aus dem Fenster sehen, nur dass der Fluss oben ist und der Himmel unten: das Schlüsselloch wirkt in dem dunklen Korridor wie eine Camera obscura und wirft ein umgekehrtes Bild an die helle Tapete der gegenüberliegenden Korridorwand. Man muss schon genauer hinsehen, sonst könnte das Bild für einen gewöhnlichen Lichtfleck gehalten werden, aber Fluss, Bäume und Himmel sind doch recht gut auszumachen. Aufgeschlossen tut sich der gleiche Blick auf, nur aufrecht jetzt und eingerahmt von einer recht einfachen Zimmereinrichtung. Ein dunkelbraunes ehemaliges Ehebett ist in der Mitte auseinander genommen worden und steht jetzt Fuß- an Fußende mit den hohen Kopfenden an den Schmalseiten des Zimmers. Bleiben noch gut eineinhalb Meter der Raumbreite übrig, die auf der rechten Seite von einem mit tristem Resopal beschichteten Kleiderschrank und zum Fenster hin von einem quadratischen, niedrigen Couchtisch und zwei Armlehnsesseln ausgefüllt werden. Zwei kleine Nachtschränkchen, zum Ehebett gehörig und nun weit auseinandergerückt, bilden den Abschluss der Möblierung. Ein graugemusterter Läufer liegt auf grau gestrichenen Dielen.

Es wird gewiss niemand aus der bisherigen Beschreibung des Zimmers eine große Begeisterung herausgehört haben. Aber je länger ich mich hier aufhalte, desto gemütlicher scheint mir das Quartier, nur kann ich mich schwer mit dem niedrigen Tisch abfinden, denn er ist zum Schreiben nicht sonderlich geeignet und kann auch sonst nicht all meine Utensilien aufnehmen, die ich gerne um mich herum habe. Ein Radiogerät noch aus DDR-Produktion nimmt seine ganze Wandseite ein und verringert den ohnehin knappen Platz. Wenn ich das Radio einschalte, fällt mir jedesmal die Frontblende entgegen, so dass sein Inneres offen liegt, außerdem kommen fast nur polnische Sender aus dem Lautsprecher, was aber wohl nicht dem Gerät anzulasten ist. Spannungsschwankungen, für einen Großstädter ein unbekannter Begriff, lassen hier das Licht mal heller, mal dunkler leuchten und den Sender verrauschen. Aber das hat auch seine Vorzüge, weil man sich in die frühe Zeit der Elektrifizierung zurückversetzt fühlt, wo die neue Technik noch eine spannende Sache war.

Auf dem Radiogerät habe ich meine kleine Reisebibliothek aufgestellt, zwischen zwei vorsorglich mitgenommenen Bücherstützen. Schneide ich mir zum Abendbrot auf dem wackeligen Tisch einiges von dem festen italienischen Landschinken herunter, so fallen immer wieder die Bücher auf den Tisch, wenn ich sie nicht nach jedem Geschnetzel wieder in ihre Ausgangslage zurückschiebe. Ein kleines Schreibtischlämpchen, auch dieses vorsorglich mitgenommen, steht ebenfalls auf dem Radio und ist genauso wie die Bücher ständig in Bewegung. So kann ich immerhin meine ausbleibenden Gedanken und den schlechten Stil auf die äußeren Umstände schieben, was sonst nicht immer so leicht geht.

An der Wand über dem Radio habe ich wie ein GI ein Pin-up-Girl an die Wand geheftet, ein Bild meiner lieben Frau, aber nicht so leicht bekleidet wie die jungen Frauen bei den Soldaten in den Kasernenstuben.

Bett und Matratze sind gut, ebenso Zudecke und Kopfkissen, das ich mir allerdings doppelt legen muss, um abends im Bett noch etwas lesen zu können. Auch hier sorgt eine eigene Klemmleselampe für das nötige Licht, welches die beiden hauseigenen Nachttischlämpchen mit ihren reizenden Stoffschirmen nicht bieten können. Sie stehen jetzt oben auf dem Kleiderschrank, neben einer Waschschüssel aus früheren Zeiten, einem Aschenbecher und einer Vase mit künstlichen Blumen.

Meine Verpflegungskiste mit dem italienischen Schinken, einem Stück Hartkäse gleicher Provenienz, einer französischen Bergsalami und einem Gersterbrot habe ich unters Bett geschoben und ziehe sie allabendlich hervor, um mir von allem etwas herunterzuschneiden. Dazu gibt es etwas stillos reines Leitungswasser, das hier wegen der fehlenden Karbonathärte etwas fade nach Fluss schmeckt.

Der Blick zum Fenster hinaus entschädigt für manche Dürftigkeit, ich sehe auf das gegenüberliegende bewachsene Ufer des Kienitzer Hafens, und wenn ich mich etwas hinauslehne, kann ich den Tonnenhof des Wasserbauamtes sehen und etwas weiter die Einmündung des Hafens in die Oder, die hier gemächlich vorüberströmt. Drüben am Ufer steht meist ein Fischreiher bewegungslos mit seinen langen Stelzen im Wasser und späht nach Beute. Das sieht komisch aus, zumal er dabei wie der spitzwegische Hypochonder den Blick nach oben gerichtet zu haben scheint, um so den Fischen weiszumachen, dass er ja gar nicht ins Wasser sehe. Dabei hebt er unendlich langsam eines seiner langen Beine an und setzt es vorsichtig einen Schritt weiter. Die Störche stehen da weniger lächerlich am Ufer oder zwischen den Seerosen und machen auch im Flug einen eleganteren Eindruck, wenn sie mit ein paar Flügelschwingen von Ufer zu Ufer fliegen.

Ein Hafenarbeiter, ein freundlicher kleiner Mann in mittleren Jahren, schneuzt sich morgens auf Charlottenburger Art, bevor er seinen Dienst antritt und zwischen Bojen und Steinen zur Uferbefestigung herumkriecht. Viel zu tun hat er wohl nicht, seitdem der Flussschiffverkehr fast zum Erliegen gekommen ist. Aber das alles gehört ja gar nicht mehr zur Beschreibung meines Zimmers, ich bin schon weit draußen in der Welt, die allerdings hier am polnischen Ufer oder an den baumbestandenen Chausseen der Oderbruchniederungen schnell ihr Ende hat.

Mein Zimmer misst etwa vier mal zweieinhalb Meter, ist also zehn Quadratmeter groß. Erstaunlich, mit wie wenig geometrischem Raum man auskommt, aber das geht nur gut, wenn man auch etwas geistigen Raum in sich trägt, sonst kann es schnell langweilig werden hier in Kienitz, wo ich auch der einzige Sommergast des Hauses bin, der sich für eine ganze Woche hier eingenistet hat.

## Land und Leute

Unter dieser klassischen Überschrift von Reiseführern möchte ich ein allgemeines Bild versuchen, das aber, wie ich befürchte, ziemlich verzeichnet werden wird, denn in einer Woche ist dergleichen nicht zu erfassen. Der erste Eindruck: Land und Leute sind ziemlich flach. Die höchste Erhebung ist der Garnischberg mit seinen 16 Metern über dem Pegel von Amsterdam, höchstes Genie meines Ferienortes ein Johann Gottlieb Koppe, der die Schafzucht verbesserte und eine Zuckerfabrik errichtet hat. Fontane muss ich ausklammern, denn er war hier nur gelegentlicher Gast.

Aber wir Berliner sollten den Mund nicht zu voll nehmen, denn unsere Trümmerberge sind kaum höher, und aus den großen Häuserkarrees ist auch nur selten etwas Geistvolles hervorgegangen. So gilt obiges Urteil wohl für die ganze Mark, wenn nicht für die ganze Erde. Dass ich mich davon nicht ausnehme, versteht sich wohl von selbst.

Das Land ist wie gesagt sehr eben und von Gräben durchzogen, die bei hohem Wasserstand der Oder das ansteigende Grundwasser ableiten sollen. Große Pumpwerke sind dann in Betrieb, um die durchsickernden Wasser wieder zurück in die Oder zu drücken. Mehrfach haben schon Dammbrüche das ganze Land überschwemmt, zuletzt 1947, als bei Reitwein der von den Kriegsereignissen mitgenommene Deich den Wassermassen nicht standhielt, und beinahe auch im Sommer 1997, als mit letzter Kraft an mehreren Stellen ein Durchbruch verhindert werden konnte. Ein Militärpfarrer dankte nach überstandener Gefahr der Bundeswehr, den freiwilligen Helfern und Gott, was die ganze Flachheit noch unterstreicht. Jetzt, wo ich hier bin, sieht man es der Oder nicht an, dass sie derartig über ihre Ufer treten kann, zumal vor den Deichen und auf der polnischen Seite reichlich natürliches Überschwemmungsland liegt.

Das Oderbruch war einmal eine landwirtschaftlich sehr produktive Gegend, aber heute nach der Wende liegen viele Höfe verlassen da, und in den Dörfern sieht man leerstehende Häuser, die allmählich verfallen. Die Arbeitslosigkeit ist entsprechend groß, die Abwanderung in größere Orte oder nach Berlin wohl ebenso, auch wenn die Hoffnungen der Landflüchter auf ein besseres Leben sich kaum erfüllen werden.

Das Straßennetz ist gut, wenn man sich nicht gerade auf den kleinen Nebenwegen versucht, die schnell irgendwo auf einem Acker enden, wie es mir wiederholt passiert ist, als ich mir mit unserem kleinen Stadtwagen mühsam durch Sand und Sumpf meinen Weg bahnte und mir dabei Gedanken machte, wie wohl der Abschleppdienst des ADAC hierher kommen würde.

Das Land findet zunehmend Freunde, die mit ihren Rädern die Deichkronen entlangfahren, ohne mühsame Steigungen und mit freiem Blick auf Fluss und Felder. Es liegt eine große Ruhe auf dem Land, besonders abends an der Oder, wenn man auf einer der steinernen Buhnen sitzt, die hier in den Fluss hineingebaut sind, um die Strömung zu lenken und die Schifffahrt zu ermöglichen. Leider ist der Schiffsverkehr fast ganz zum Erliegen gekommen. Man hat keine Zeit mehr, selbst Pflastersteine und Kies für den Straßenbau müssen heute schnell am Ort sein und werden aufwendig und teuer mit Lastwagen herbei transportiert, nur um einige Tage eher mit dem Bau fertig und dann doch wieder ohne Arbeit zu sein.

Der alte pensionierte Hafenmeister erzählte uns an einem Neujahrstag, als er seinen Silvesterrausch mit einigen Bieren bekämpfte, zunächst misstrauisch und zögerlich, dann aber immer lebendiger und trotz seines bedenklichen Alkoholspiegels überraschend geordnet und interessant von besseren Tagen, als er polnische Lastkähne wieder von den Sandbänken freimachen musste und vorn auf dem Flussschiff dem Steuermann nach hinten die Richtung angab, in die zu fahren sei. Die untergründigen Sandbänke wandern unablässig weiter und erschweren bei Niedrigwasser die Schifffahrt sehr. Einen Fluss muss man lesen können und an seiner Oberflächenströmung erkennen, was unten am Grunde los ist. Das nahmen wir dem Mann gern ab und schimpften mit ihm gemeinsam auf die jungen Herren von den Akademien, die ihm ausgerechnet vom Rhein als Dienstleiter vor die Nase gesetzt wurden, um die Oderschifffahrt zu lenken. Da ist gewiss viel Verletzendes geschehen, als man traditionelle Erfahrung gegen politisch motivierte Besserwisserei der Wendezeit austauschen wollte. Wir erfuhren von ihm noch einiges, besonders, da wir uns nicht ganz blöd gaben und seiner schweren Zunge mit passenden Worten nachhalfen.

Jetzt im Sommer, wo ich als Feriengast hier bin, erfahre ich von meinem Wirt noch einiges von diesem Mann, der ein selbstloser Organisator war, mit den russischen Soldaten in Küstrin einen gut florierenden privatkapitalistischen Markt aufgebaut hatte und damit die Normen des sozialistischen Staates erfüllen half. Er selbst, so hörte ich, hat aus seinem Talent nichts für sich herausschlagen können und wohnt jetzt neben dem Wasser- und Schifffahrtsamt in einer kleinen Dienstwohnung; sein eigenes Haus verfällt, weil er kein Geld zum Unterhalt hat. Ich würde ihn gerne aufsuchen, um weiteres von ihm zu erfahren, wenn es nicht so unhöflich wäre, ihm auf die Bude zu rücken und vielleicht auch Alkohol nötig ist, um seine Zunge zu lockern.

Das ist ein Mann des Oderbruchs, mein junger Wirt ein anderer, sehr tüchtig und ordentlich, der seinen Besitz in Schuss hält und nicht dem Alkohol frönt. Zunächst etwas reserviert, wie wohl alle hier im Bruch, rückt er doch freigebig mit seinen Gedanken heraus, die nicht uneben sind. Am freundlichsten erschienen mir die Frauen, die ich bisher in den Gastwirtschaften getroffen habe. Sie brachten mir Kaffee und Kuchen und Hackbraten oder eine Omelette, natürlich gegen Bezahlung, aber doch so, als ob man zur Familie gehören würde.

Die Leiter der wenigen Museen, die ich besuchte, waren stets sehr erfreut, wenn ich sie ansprach und um Auskunft ersuchte, sie scheinen nicht gerade verwöhnt zu sein von Besuchern, die rasch durchgehen und weiterziehen. Es muss eine Qual sein, über etwas Bescheid zu wissen und keine Abnehmer dafür zu finden.

Die Tier- und Pflanzenwelt ist mir noch verschlossener geblieben als die Welt der Menschen, denn wenn ich auch Störche, Reiher, Schwäne und Wildgänse gesehen habe und gelegentlich von der Insektenwelt geplagt wurde, so muss man doch mehr Geduld und Zeit für seine Mitgenossen aus der Schöpfung aufwenden, um sie in ihrer Lebensweise näher kennenzulernen.

So soll dieses kleine Gemälde des Oderbruchs als unvollständige Skizze enden, die ich wohl nie weiter ausführen werde, denn ich bin nicht Georg Forster oder Humboldt oder Fontane, die ich zwar sehr bewundere und schätze, an die ich aber nicht heranreiche. „Klein sein, unausgeglichen und unfertig, ist eine gute und wackere Sendung." Dieses Zitat des tschechischen Dichters Karel Čapek soll denn auch als einer meiner Lieblingssprüche am Ende dieses Versuchs stehen.

## Hymnus an den Fluss

Der Fluss ist schon alt, alles was um ihn herum ist, entstand erst später. Der Fluss war schon immer da, und durch ihn erst sind die Berge und Täler entstanden, die er aufgeschwemmt oder weggespült hat.

Er war früher breiter und führte mehr Wasser, aber auch heute noch beeindruckt er durch seine Ruhe und Selbstverständlichkeit, mit der er dem Meer entgegenfließt.

Der Fluss hat alles geprägt und geformt, die Landschaft, die Pflanzen- und Tierwelt seiner Auen und die Menschen, die an ihm und von ihm leben.

Ohne den Fluss gäbe es keine Häfen und Schiffe, die die Verbindung zur Welt herstellen, ohne den Fluss könnte das Getreide und das Holz nicht weiter verkauft werden, die hier wachsen, und nicht die Tiere, die auf den Wiesen weiden.

Der Fluss hat die Kolonisten hierher gelockt. Er hat Grenzen gezogen und Länder verbunden. Flößer und Schiffer aus fremden Ländern kommen vorbei und bringen und holen Waren, die sonst keiner kennen würde.

Er kennt Schmuggler und Spitzbuben und setzt hoffnungsvolle Emigranten und verzweifelte Flüchtlinge auf die andere Seite, wo das Glück oder Elend wartet.

Es führen stolze Brücken über ihn und er reißt im Winter Brücken ein, wenn die Eisschollen die Pfähle und Pfeiler zerdrücken.

Er trennt Liebende oder führt sie zusammen, Kriege und Raubzüge gehen über ihn hinweg oder bleiben an seinen Ufern stehen, aber der Fluss fließt weiter, unbeeindruckt von dem, was um ihn herum vorgeht.

Er tritt über die Ufer und reißt alles mit sich fort und lockt mit seinen Auen zum Verweilen.

In früheren Zeiten, als die Menschen noch enger mit der Natur verbunden waren, glaubte man den Fluss im Besitz eines Gottes oder hielt ihn für einen Gott selbst. Man opferte ihm, um ihn gut zu stimmen, um Überschwemmungen zu vermeiden und die Fische in ihm zu erhalten.

Man gab ihm einen Namen, der sich oft über Jahrtausende erhalten hat, und dieser Name hat sich auf die Städte übertragen, die an seinen Ufern entstanden sind, und auf die Länder, die an ihm grenzen.

Als ich heute Abend auf der Buhne stand, habe ich dem Fluss geopfert, einen Zloty und einen halben Euro, um doch auch einmal recht heidnisch und abergläubisch zu sein, vielleicht stimmt es den Fluss gut gegen mich, wenn ich wieder einmal an seinem Ufer stehe.

## Abschlussgedanken

Dieses Jahr habe ich mir als Ausweichquartier für einen Kurzurlaub Kienitz an der Oder gewählt. Es war in mancherlei Hinsicht ähnlich mit meinem bisherigen Ferienort Petzow. Das Zimmer nahezu gleichgroß und ebenso einfach eingerichtet, ebenfalls in der ersten Etage gelegen mit Blick aufs Wasser, nur dass es diesmal die Oder war und nicht der Schwielowsee. Das Quartier war bescheiden, aber für meine Ansprüche genügte es und ließe sich auch durch einen anderen Tisch noch praktischer einrichten. Die Wirtsleute sind unkompliziert und unaufdringlich. Toilette und Waschgelegenheit sind auf dem Flur. Da der Gasthof unter der Woche wenig belegt ist, hatte ich das Bad meist für mich allein. Zum Schreiben im Freien bot sich ein kaum belegter Zeltplatz hinter dem Haus an, an dessen Ende Obstbäume stehen oder in seiner äußersten Ecke ein schöner, schattiger Nussbaum. Der Blick von da geht zum etwa 50m entfernten Gasthof und auf den Oderdeich. Menschen und Autos kommen kaum vorüber, der Abstand zur Straße beträgt 30 oder 40 Meter. Somit ist eigentlich alles ideal. Vergleichbar mit meinem Blick unter dem Apfelbaum auf den Schwielowsee ist der neue Platz allerdings nicht, dafür war es dort zu schön. Möglichkeiten zum Spazierengehen oder um über die Felder zu steifen, gibt es hier genauso wie dort. Das Deichvorland ist ganz unberührt, auch übt die Oder einen großen Reiz aus, wenn sie so still an einem vorbeifließt.

Für eine tiefer gehende Arbeit war ich nicht vorbereitet, ich war froh, endlich etwas Abstand zu meinem Therapeutenberuf zu haben, um ganz für mich allein zu sein. Langeweile kam kaum auf, trotz des recht unfreundlichen Wetters. Die ersten beiden Tage war es warm, fast zu warm, dann kam Regen auf, der mit Unterbrechungen bis zum vorletzten Tag anhielt. Die Temperaturen blieben dabei aber erträglich. Erst am Abreisetag schien wieder die Sonne aus blauem Himmel und versprach hochsommerliche Tage.

Die Verpflegungsfrage war gut gelöst, ich hatte genügend zu Essen mitgenommen und aß auch immer einmal im Gasthof, um keinen Unmut über den Selbstversorger aufkommen zu lassen. In so einem kleinen Gasthof ist man etwas abhängiger als in dem Hotel in Petzow. Sich noch abends in die Gaststube zu setzen geht nur, wenn man auch mit den wenigen Einheimischen Kontakt aufnimmt und dabei seine zwei, drei Biere trinkt, was ich nicht wollte. Abseits an einem Extratisch bei einem Glas Mineralwasser würde seltsam wirken und mich als komische Figur erscheinen lassen. So blieb es bei einem einzigen Abendbesuch mit oberflächlichem Gerede, obwohl die Gäste aus dem Dorf freundlich und verträglich waren. Man muss hier einen Status erreichen des freundlichen und schlagfertigen Sommergastes, der sich aber auch zurückziehen darf und unbehelligt bleiben möchte. Das ist mir recht gut gelungen. Etwas Neugier kam auf, was ich denn da so schreiben würde; ob ich über das Oderbruch schreibe oder an einem Buch sitze und dergleichen. Ich schob eine Mischung aus beruflicher Arbeit und einigen privaten Aufzeichnungen vor, was auch in etwa stimmte.

Mein Notebook erwies sich mit dem bei Ebay ersteigerten Akku als ausgesprochen beständig. Ich brauchte nicht einmal meinen Extra-Akku anzuschließen, mit dem ich auf sechs oder acht Stunden Arbeitszeit komme, sondern machte nach drei Stunden Schluss, lud den Akku auf dem Zimmer wieder auf und konnte am Nachmittag noch einmal drei Stunden schreiben, ohne dass das Notebook abschaltete. Nur auf die Anzeige durfte ich mich nicht verlassen, die meist schon nach einer halben Stunde ein Ende der Laufzeit anzeigte.

Mit Kleidung war ich richtig versorgt, ich lief meist wie ein Einheimischer herum und wurde nicht bestaunt. Meine alten Sandalen taten ungebrochen ihren Dienst, nur die angeblichen Wanderschuhe von Mephisto erwiesen sich erneut als ungeeignete Modeschuhe, gut aussehend, aber sie waren beim leichtesten Regen oder bei einem Gang durch die nassen Wiesen sofort durchnässt; auch habe ich sie eine Nummer zu klein gekauft, so dass ich mit gekrümmten Zehen laufen musste. Ich werde mir in Berlin gleich ein Paar bessere Wanderschuhe besorgen.

Meine Gesundheit war gut, ich machte einige größere Spaziergänge von zehn oder zwölf Kilometern, die mich zwar in der Sommerhitze oder schwülen Luft anstrengten, mir aber weiter nichts ausmachten. Das Geklapper der Störche und das Gesumme der Fliegen erreichten mein Ohr, auch hörte ich die Wildgänse in der Höhe schnattern. Geschlafen habe ich immer acht Stunden ohne Unterbrechung.

Seelisch ging es mir recht gut. Langeweile empfand ich nicht, erlebte ganz im Gegenteil den Tag immer als viel zu schnell vorüber. Den Kontakt und das Gespräch mit fremden Menschen aufzunehmen gelingt mittlerweile recht gut, ich bin da mit mir zufrieden.

Zum Lesen kam ich fast gar nicht, zumal sieben Tage an einem neuen Ort zu wenig sind, um die innere Ruhe dazu zu finden. Insgesamt fühlte ich mich etwas ziellos; einfach nur die Ruhe zu genießen, ohne dabei etwas zu tun, ist mir noch nie gelungen und gelang mir auch diesmal nicht richtig. Das finde ich aber in Ordnung, bloßes Liegen im Liegestuhl bei seichter Lektüre kann ich mir nicht für mich vorstellen. Aber für die nächsten Jahre muss ich mir Gedanken darüber machen, welches Thema ich in das Zentrum meines Lebens rücke, um etwas mehr geistige Strukturen zu haben und um das, was ich mir die letzten Jahre erarbeitet habe, sinnvoller anwenden zu können.

23. bis 30. Juli 2006

## Mühsamer Start in die Ferien

Der Beginn meines kleinen Oderurlaubs stand im Zeichen von Krankheit und Schwäche. In Berlin hatte ich mir durch eine Unbedachtsamkeit den Rücken verspannt und verkrampft, so dass ich mich nur schleppend bewegen konnte und jede Änderung in der Haltung von Schmerzen begleitet war. Hinzu kam die schon seit vielen Wochen anhaltende große Hitze, die allen zu schaffen machte. Wie aus Solidarität zeigte auch der gerade erst neu eingebaute Vergaser allerlei Schwächen, wodurch der Wagen etwas stotterte und im Leerlauf ständig ausging. Immerhin erreichte ich mein Feriendomizil und bezog sogleich mein Zimmer. Das Hinauftragen meiner Sachen bereitete mir einige Schwierigkeiten, da mir auf der steilen Stiege Knie und Wirbelsäule in den Rücken fielen.

Ein kleiner erster Spaziergang an die Oder, immerhin zwei Kilometer in glühender Mittagshitze, lockerte zwar die Bänder und Gelenke meines Skeletts etwas auf, trieben dafür aber die Schweißdrüsen zur Höchstproduktion an. Wieder zurück, kühlte ich mich unter der Dusche ab und hielt mich an einer Tasse Kaffee und einem Stück Kirschkuchen schadlos, worauf ich mich unter Ächzen und Stöhnen auf mein Bette legte und versuchte, eine erträgliche Stellung zu finden.

Eine leichte Bedeckung des Himmels ließ mich auf Kühlung hoffen, und ich machte mich auf zu einem Spaziergang durchs Dorf, am ehemaligen Bahnhof und an der LPG vorbei bis unterhalb des Ortes wieder an die Oder heran, an der Stelle, wo einmal die Bahngeleise bis zum Hafen verliefen. Ich fand auch Reste der Trasse und konnte den Verlauf der schon lange stillgelegten Strecke verfolgen. Bei diesem Unternehmen fand ich allmählich wieder zu mir selbst und vergaß die Schmerzen, die sich nur noch bemerkbar machten, wenn ich mich bückte, um am Erdboden einige Erscheinungen und Vorgänge zu beobachten.

Zunächst war es ein junger Singvogel, der hilflos am Boden saß und bei meinem Anblick seinen Schnabel aufriss, um gefüttert zu werden. Ich hatte aber nichts dabei, suchte erfolglos die Hecken und Sträucher nach Würmern und Raupen ab und träufelte ihm schließlich mit dem Finger etwas von meinem Speichel in seinen Schnabel, was er halb annahm, halb verweigerte. Es war wohl nicht das Richtige, aber bei der großen Hitze und Trockenheit schien es mir nicht ganz verkehrt zu sein. Schließlich scheuchte ich ihn vom Weg fort ins hohe Gras und überließ ihn seinem Schicksal.

Einige hundert Meter weiter lag ein junger Maulwurf im Gras, aber hier war nichts mehr zu helfen, er war bereits tot, obwohl er nach Haltung und Blick noch zu leben schien.

Ein seltsamer kleiner Wald von Essigbäumen hatte sich von selbst am Wegesrand ausgebreitet, zehn Meter lang, drei Meter tief und die Baumkronen vielleicht drei Meter hoch. Ich ging in ihn hinein, wand mich durch und um die kleinen Stämmchen und war natürlich bald wieder draußen. Fast wäre ich wie ein Kind wieder hineingelaufen, so seltsam kam es mir vor. Zum Glück war es Sonntagnachmittag und die Dorfbewohner steckten in ihren kühleren Häusern, denn als einziger Sommergast des Ortes muss man sich doch etwas den Anschein von Normalität geben, wenn man nicht gleich zum Dorfgespräch werden will.

Die Oder führte extremes Niedrigwasser, weil es in ihrem Einzugsgebiet seit zwei Monaten kaum geregnet hatte. Eine steinerne Treppe bis in den Fluss hinein führte an der Seite eine Pegelleiste, deren unterste Anzeigemarke bereits oberhalb des Wasserspiegels lag. Vorn auf der Buhne überraschte es mich dann aber dennoch, dass der Fluss, wenn auch abgesenkt, noch kräftig strömte, so dass die grüne Boje für die Kennzeichnung der Fahrrinne recht tüchtig hin und her schwankte. Im Abendlicht sah der Fluss doch majestätisch aus, und ich verargte es einem Wasserskisurfer, dass er und das ziehende Motorboot die Stille und Ruhe des Anblicks zerstörten. Gäbe es noch Götter, so wäre er gewiss gestraft worden.

Nach fast drei Stunden Ausgang wieder zurück im Gasthof fand ich in der Gaststube den jungen Wirt mit seiner Frau und den Hafenarbeiter vor, der von seiner täglichen Arbeit im Freien ungemein tief gebräunt war, so dass nur Frisur und Gesichtsschnitt auf einen Einheimischen hindeuteten. Das Gespräch ging, wie sollte es anders sein, über das Niedrigwasser, denn so ein Fluss beherrscht die Menschen in ihrem Sinnen und Trachten. Durch mein Hinzutreten wandelte sich dann auch bald das Gespräch zu großstädtischen Themen von Parkplatznot und zunehmendem Autoverkehr, was durchaus auf kein höheres Niveau hindeutete, aber bei diesen Temperaturen darf man auch nicht mehr erwarten.

Ich warf noch ein Zwanzigcentstück in das Telefon draußen im Gang und gab die wichtigsten Neuigkeiten nach Berlin durch, bis der Apparat nach Ablauf der entsprechenden Zeit unser Gespräch grußlos beendete. Als lang verheiratetes Paar darf man sich wohl so etwas erlauben, was bei Frischverliebten kaum denkbar wäre.

Oben in meinem kleinen Zimmer zog ich meine Verpflegungskiste unter dem Bett hervor und schnitt mir zwei Scheiben Gersterbrot ab, die ich jeweils mit sächsischem Schinken und zwei Jahre altem italienischen Landkäse bepackte. Bei dem Geschneide und Geschnetzel fiel durch den wackeligen Tisch die kleine Einschlaglupe vom Radiogerät in die wassergefüllte Blechtasse, was ich aber ganz gelassen hinnahm und woran ich ablesen konnte, dass ich meine Urlaubsstimmung schon etwas erreicht hatte.

Um zehn Uhr lag ich im Bett und fand nach einigen Versuchen auch die richtige Einschlafstellung, die mir mein geschundener Körper endlich erlaubte.

## Im Kampf mit den Elementen

Nicht jedem ist es heute mehr gegeben, sich im Kampfe als wahrer Mann zu zeigen und auszuzeichnen. Augenblicklich ist keine Regierung da, die zu den Waffen ruft, weil die Ehre des Vaterlandes es verlangt, auch steht kein feindliches Heer an Deutschlands Grenzen, welches es zu schlagen gilt. Der innere Feind ist seit der Fußballweltmeisterschaft mit seinem Vaterland versöhnt und trägt wieder Schwarzrotgold. Seit der friedlichen Nutzung des Weltraums ist auch von dorther kein Angriff von Ufos zu erwarten, und ein gelegentlich verirrter Wolf oder Bär zieht so leicht keine Mobilmachung nach sich. Was also tun? Der Bauch wird immer weicher und runder und imponiert schon lange nicht mehr der eigenen Ehefrau, geschweige denn den Mädchen, die sich nach jüngeren Jahrgängen umsehen.

In dieser großen Not bin ich auf einen Feind gestoßen, dessen Heimtücke all die vorgenannten Fährlichkeiten weit übersteigt und zu Ruhmestaten lockt: es ist die uns umgebende Natur. In den Städten, auf den wohl ausgebauten Autostraßen oder gar in der eigenen Wohnung ist dieser Feind natürlich nicht zu finden, auch nicht auf den eingezäunten Pfaden der Naturschutzgebiete oder den markierten Wanderwegen, die inzwischen den ganzen Kontinent überziehen. Wohl aber abseits der Wege, auf den brachliegenden Feldern, im Ödland, an Bahndämmen und Böschungen jeder Art. Hier lauern Gefahren ungeahnter Größe, und jede Hilfe ist weit.

So habe ich es erfahren, als ich bekleidet mit dünnen Socken in offenen Sandalen, einer kniekurzen Hose und einem leichten halbärmligen Hemd es wagte, abseits der vorgegebenen Wege in das Reich der Natur einzudringen. Die Sonne hatte sich auf die Seite meines Gegners geschlagen, blendete mich und ließ die Schweißtropfen von der Stirn rinnen und den ganzen Rücken hinunterlaufen. Das Feld - oder wie sich zeigen sollte, das Schlachtfeld - war seit Jahren nicht mehr bestellt und von allerlei Sträuchern und heimtückischen Unkräutern bewachsen und machte mir das Durchkommen schwer. Bald steckten allerlei Samenkapseln von den Ähren der Gräser in meinen Socken und drangen bis zur Haut vor. Ein Herausziehen ließ sich nicht bewerkstelligen, weil offenbar feine Widerhaken sich in dem Gewebe verankerten und den Pikern nur ein Vorwärts und kein Zurück erlaubten. Andere Gewächse hatten sich stachlige oder klebrige Früchte ausgedacht, die sich in meinen behaarten Unterschenkeln verfingen und kaum noch entfernen ließen. Ein Heer summender Insekten, die im Schutze der Kräuter nur auf einen Eindringling gewartet hatten, warf sich mir überraschend entgegen. Versuchte ich nun, einen dieser unangenehmen Widerhaken aus meiner Socke zu entfernen, saß schon eine Bremse an der Wade des anderen Beines und bohrte sich ganz ungerührt hinein. Zwar erwies ich mich hier zunächst als Sieger, denn mit einem schnellen Schlag erledigte ich das träge Insekt, aber tot hin, tot her, die Stelle brannte hinfort ganz erbärmlich, während oben über meinem Kopf ein Geschwader gemeiner Fliegen ihre Runden drehte und sich nicht durch wuchtige Luftschläge vertreiben ließ.

Ihnen schnell davonzulaufen wäre einerseits Feigheit vor dem Feind gewesen, ging aber auch nicht, weil mich unten die bodenbedeckenden Kriech- und Schlingpflanzen festhielten. Zu allem Unglück hatten auch noch die Bauern vor etlichen Jahren den ehemaligen Ackerboden so uneben umgepflügt, dass ich alle Momente in ein nicht erwartetes Loch trat und dabei fast zu Boden gegangen wäre, wenn ich nicht die mitgeführte Digitalkamera für so wertvoll gehalten hätte, dass ich sie unter keinen Umständen auf den Boden fallen lassen durfte und sie damit sozusagen meinem Feind zu überlassen. Meinen naiven Vorsatz, mit diesem Apparat die schönen Blüten der unberührten Natur zu fotografieren, hatte ich längst bereut und in den leuchtendbunten Blumen feindliche Agenten erkannt, die mich ins Verderben locken sollten.

Nun aber stand ich inmitten des Ackers, wild um mich fuchtelnd, mit ausgebreiteten Armen um meine Balance ringend und sah mich verzweifelt nach

Verbündeten um. Ein schlichter Feldweg wäre schon so ein treuer Freund in der Not, aber das knie- und hüfthohe Gestrüpp versperrte jede Sicht, und was sich vielleicht wie ein Weg ausnahm, erwies sich nach mühsamem Heranarbeiten als ein Streifen irgendeiner verwilderten Pflanze, die hier einmal als Zwischenfrucht angebaut war und hinfort alle ihre Samen ungeniert dem Erdboden zur weiteren Vermehrung anvertraut hatte.

Und auch dieser Erdboden erwies sich als mein Gegner, der zusammen mit Kraut, Insekten und erbarmungslos herab brennender Sonne meine Kräfte langsam zermürbte. Denn er trug nicht richtig; wo ich festen Halt erwartete, zerbröselte die Scholle zu reinem Sand, der durch die engen Maschen der Socken kroch und zwischen den Zehen sein schleifendes und schmirgelndes Unwesen trieb, und wo ich glaubte, durch kräftiges Auftreten mir eine vorübergehende Stellung zur Rundumverteidigung aufzubauen, erwies sich der Boden als scharfkantiger Feldstein, der obendrein noch kippelte und mich abrutschen lies.

War ich also jetzt in der Basis beschäftigt oder abgelenkt, so zermürbten mich inzwischen oben die Gegner. Fliegen können zwar lästig, aber kaum richtig gefährlich werden, nicht so die Mücken, die unversehens in die Schar der fliegenden Angreifer eingeschwenkt waren und den Ohren sofort durch ihr feines hohes Gesumme höchste Alarmstufe signalisierten. Also musste ich aus der gebückten Stellung heraus nach oben schlagen, und da der Mensch zur Seite und nach hinten keine Augen hat, mir selbst einige ungezielte Ohrfeigen geben, worauf ein erwartungsvoller Blick auf die Handfläche nur zu deutlich zeigte, keinen dieser Bösewichter erwischt zu haben. An der Innenfläche meines Unterarms hatte sich inzwischen unbemerkt wieder eine Bremse an meine Kapillaren gewagt, die ich zwar erneut vernichten konnte, was mir aber nur zu einem Pyrrhussieg verhalf, denn nach noch so einem Sieg wäre auch ich verloren gewesen. Inzwischen ging der Kampf am Erdboden aber weiter. Es schien, als ob Hände aus der Erde herauskämen und mich bei den Beinen packten, und da der Kampf sich in aller Stille abspielte, ahnte ich die Anwesenheit Pans, was mich in großen Schrecken versetzte.

Mit letzter Kraft und Konzentration steckte ich die Kamera in ihr Futteral und lief ungeachtet meiner Socken und des Schuhwerks, unten ein langes Büschel herausgerissener Pflanzen und oben eine Wolke aus Mücken und Fliegen hinter mir herziehend, aufs Geratewohl irgendwohin und hatte das Glück, doch noch einen kleinen Feldweg zu erreichen, der mich sicher in das Dorf zurückführte, in dem ich dieses Jahr meine Ferien verbringe. Nun erst verstehe ich, wie es Sokrates zumute war, und warum er lieber den Kampf mit den Persern aufnahm als elendig in einem Distelfeld zu enden.

Den Einheimischen von meinen Heldentaten zu erzählen schien indes wohl nicht rätlich, denn es könnte höchstens ihren Spott, wohl kaum aber ihr Mitleid erregen. Aber was wissen diese Dörfler schon von der Welt, die sie umgibt, denn sie sitzen hoch zu Trecker oder Mähdrescher oder haben zumindest Gummistiefel an, wenn sie sich aufs Schlachtfeld begeben, was nicht viel Mut erfordert. Aber das soll erstmal einer nachmachen, mit weicher Städterhaut und modischen Sandalen sich bis ins Zentrum des Feindes vorzuwagen. Meine Knöchel und Waden sind seitdem auf den doppelten Umfang angeschwollen und von erschreckender Röte, aber damit einen dieser Landärzte aufzusuchen verbietet mir meine Ehre, und das ist doch auch sehr männlich!

## In der Schuhfabrik

Im Deutsch-Russischen Museum in Karlshorst sahen wir anlässlich des 61. Jahrestages der Kapitulation einen kurzen Dokumentarfilm über das Oderbruch. Er war wohl in den achtziger Jahren gedreht worden und zeigte die Bewohner dieses Landstriches nach dem verheerenden Krieg in ihrem Alltagsleben. In Kienitz, so sahen wir, bestand damals eine Schuhfabrik, und die jungen Näherinnen saßen in ihrer Mittagspause auf der Treppe des alten Gutshauses, in dem die Fabrik untergebracht war. Sie waren verlegen vor der Kamera und warfen nur hier und da Brocken ein auf die Fragen der Filmleute. Nicht anders taten es die jungen Burschen von der LPG, die in ihrer Mittagsrast auf dem Felde gefilmt wurden und irgendwas von einem besseren Leben vor sich hin nuschelten. Welch ein Gegensatz zu den hitzigeren Mittelmeervölkern, die mit prahlendem Redeschwall und viel Mimik und Gestik auf ähnliche Fragen geantwortet hätten. Schließlich sahen wir noch eine Hochzeit zwischen einer der Fabrikarbeiterinnen und einem jungen Traktorfahrer, im Brautkleid und im schwarzen Anzug, was zu erneuter Verlegenheit Anlass gab. Aber das Brautpaar und die Gäste aus Schuhfabrik und LPG waren gleichwohl tüchtige und liebe Leute, das sah man ihnen an, und noch nicht vom großstädtischen Getue angekränkelt.

Nun war ich in Kienitz, zwanzig Jahre später, und fragte nach der Schuhfabrik. Man wies mir freundlich den Weg, sichtlich überrascht, dass noch jemand danach fragte. Die Produktionsstätte umfasste nicht nur das alte Gutshaus, sondern einen ganzen Komplex von Anbauten, die aber heute bis auf wenige Ausnahmen leer standen und verfielen. Es war keine Kunst, in das Haus einzudringen, die Türen waren bereits aufgebrochen und verlockten mich, die ganze Anlage näher anzusehen. Aber es war schon alles geplündert und ausgebaut, was auszubauen ging. Reste von Neonlampen hingen noch in Reihen von der Decke herab, die wohl einst die Arbeitsplätze der jungen Frauen beleuchtet hatten. An Maschinen stand gar nichts mehr herum, vielleicht war auch alles irgendwohin verkauft worden. Sprayer hatten ihre Kunstwerke an allen Wänden angebracht, allerdings von einem erschreckend niedrigen Niveau, wenn man ihre Arbeiten mit den nächtlichen Kunstwerken mancher Berliner Sprühdosenkünstler vergleicht.

Das alte Treppenhaus war noch begehbar, allerdings ohne Geländer, dessen kunstvoll gedrechselte Puppen zum Plündern verlockt hatten und nun vielleicht in Kienitz oder anderen Orten der Umgebung manches Haus von innen schmückten. Ich schlich mich hinauf in die obere Etage, immer gegenwärtig, dass die hölzernen Treppenstufen unter meinen Tritten zusammenbrechen könnten. Aber sie hielten, waren schließlich noch aus kaiserlichen Zeiten, wo bekanntlich alles so viel besser war. Oben sah es ähnlich verkommen aus. Hier schienen einige Dienstwohnungen untergebracht gewesen zu sein, aber nun war völlig demoliert, was die einstigen Bewohner an wertlosen Sachen zurückgelassen hatten.

Wieder unten ging ich in die großen angebauten Hallen, in denen einst fünfzig oder mehr Frauen und Männer Arbeit gefunden hatten, die nun aber beinahe besenrein verlassen waren und deren Fenster den Steinwürfen dummer Jungen ausgesetzt waren. Wucherndes Gestrüpp verdunkelte den Ausblick, und als ich, nun wieder draußen, die Treppe suchte, auf der die jungen Frauen sich gegenseitig kichernd anstießen, dem Mann am Mikrofon doch etwas von ihrem Alltag zu sagen, musste ich mich unter allerlei tiefhängenden Zweigen hindurcharbeiten, um schließlich vor der völlig zugewachsenen Eingangstreppe zu stehen. Ohne ein Souvenir in Händen, ohne irgendeinen Lederrest oder sonstiges Zeugnis der ehemaligen Produktion verließ ich die Anlage, einigermaßen bedrückt und nachfühlend, wie es hier wohl den Leuten zumute gewesen sein wird, als mit der Wende das erhoffte Glück ausblieb. Vielleicht war eine der Frauen, die ich nach der Schuhfabrik gefragt hatte, eine von den

Näherinnen im Film, die auf der Treppe standen, aber ich habe sie nicht danach gefragt.

## Abends auf der Buhne

Gestern am frühen Abend machte ich mich auf, um unseren traditionellen Neujahrslagerplatz auf dem Odervorland aufzusuchen, der sich jetzt im heißen Sommer gewiss anders darbieten würde als in frostigen Wintertagen. Meine Vorliebe, die reale Natur mit der Darstellung auf einer Landkarte zu vergleichen, ließ mich ein Messtischblatt der Region mitnehmen, um mir vor Ort die Gewissheit zu holen, dass alle kleinen Höhenunterschiede und jede in den Fluss hinein gebaute Buhne auch wirklich vorhanden sind. Mein Weg war mir längst vertraut, denn ich habe ihn im Laufe der Jahre gewiss schon an die zwanzig Mal beschritten, und es war ein beruhigendes Gefühl, all die kleinen Merkmale in der Überschwemmungslandschaft wieder am alten Ort vorzufinden.

Zunächst musste ich ein kleines Laubwäldchen durchschreiten, das mir in Anlehnung an Fontanes Vaterbesuch den etwas abgewandelten Schillerschen Vers durch den Kopf gehen ließ: „Und in Poseidons Pappelhain, tritt er mit frommem Schauder ein.“ Mich erwarteten zwar keine Wegelagerer, wie es dem Ibykus geschah, aber ich weiß noch vom letzten Jahr, dass mir in später Abenddämmerung so ganz allein in dem dunklen Hain wirklich ein leichter Schauder aufkam und ich froh war, den schmalen Hohlweg zwischen den dunklen Bäumen hinter mich gebracht zu haben. Heute aber war es noch hell und ich überlegte, ob so ein Angstanflug dem Menschen gemäß sei, oder ob ihm eine anerzogene Ängstlichkeit zu Grunde läge. Ich kam zu keinem Ergebnis, neige aber doch eher zur Annahme einer phylogenetisch erworbenen Vorsichtshaltung, die freilich nur der empfindet, der ganz allein durch das Wäldchen geht und nicht laut schwatzend zu zweit oder innerhalb einer Gruppe dort durchmarschiert. Gerade die stillen Seelenregungen scheinen mir einen Zugang zu unserer Lebenshaltung zu bilden und weniger die großen, affektgeladenen Ängste, von denen wir manchmal heimgesucht und überschwemmt werden.

Einmal waren wir am Neujahrsmorgen auf unserem Weg zum Lagerplatz in das Eis einer zugefrorenen Wasserrinne eingebrochen und hatten uns bei zehn Minusgraden nasse Füße geholt, die wir an einem schnell entfachten Feuerchen wieder halbwegs trockneten. Heute, im Juli, lag diese Überlebensstation inmitten eines üppig wuchernden Schilfgürtels, und ich hätte mir statt Feuer lieber Eis herbei gewünscht, um meine Füße zu kühlen, denn die Abendluft war immer noch 32° warm und heizte die Insektenwelt zu temperamentvollen Angriffen auf. Jeder Schritt durch die hochstehenden Gräser und Kräuter scheuchte die daran haftenden Kerbtiere auf, die mir Kopf, Arme und Waden bevölkerten und an meiner Lebenskraft saugten.

So ein großer Fluss hat an seinen Ufern quer zur Strömung hinein gebaute Steindämme, die nach Meinung mancher Angler extra für sie aufgeschüttet worden sind, damit sie bequem ihre Angeln auswerfen können. Gebildetere unter ihnen wissen aber, dass diese Buhnen zur Regulierung der Fahrrinne dienen, denn nur ein schnell strömender Fluss schwemmt den Sand weiter anstatt ihn abzulagern und damit die Schifffahrt zu behindern. Und es ist auch wirklich erstaunlich, mit welcher starken Strömung das Wasser an den Köpfen der Steindämme vorbeifließt und dabei heftige Wirbel erzeugt. Ob allerdings diese Wirbel einen Schwimmer in die Tiefe ziehen, wie es ein einheimischer Gast zu später Stunde oben im Wirtshaus erzählte, scheint doch etwas übertrieben, und auch seine Ratschläge, wie man dem Mahlstrom entkommen könne, schienen nicht gerade auf eigener Erfahrung zu beruhen.

So kommen mir erneut Schillers Verse in den Sinn vom Jüngling, den keines der ab- und aufrauschenden Wasser mehr wieder bringt. Seltsam, wie oft die früh eingeübten Balladen zu kleinen Begebenheiten der Gegenwart passen. Es ist vielleicht Schillers leicht überreizte Phantasie, die uns heutige tatenarme Menschen entzündet. Goethes exaktes Phantasieren scheint da näher an der Realität und damit weniger aufregend zu sein.

Aber noch stehe ich vorne auf einer der Buhnen und beobachte die grüne Boje, die sehr dicht vor mir die Begrenzung des Fahrwassers auf der, in Strömungsrichtung gesehen, linken Flussseite angibt. Die rechte Begrenzung wird durch eine rote Tonne markiert und befindet sich inmitten des Flusses mehr zur polnischen Seite hin. Alle vier- oder fünfhundert Meter zeigen neue Bojenpaare den Verlauf der Fahrrinne an, die sich keineswegs gradlinig in der Flussmitte befindet, sondern sich mäandernd durch den breiten Fluss schlängelt. Jetzt, bei extremem Niedrigwasser lässt sich sowieso kein Schiff blicken, und ein polnischer Kapitän hat seinen Schubschiffverband flussaufwärts bei Lebus schon auf eine Sandbank gesetzt. Ich war gestern mit dem Auto dorthin gefahren, fand aber nicht die richtige Stelle oder er hatte sich bereits wieder freigekämpft.

Nicht jede der über ein Dutzend Buhnen zwischen der alten Fährstelle und der Hafenbuhne betrat ich. Manche waren schwer zu erreichen und boten sowieso nur einen ähnlichen Blick auf den Fluss und das gegenüberliegende Ufer, das der Karte nach eine ziemlich undurchdringliche Sumpfniederung sein muss und ehemals das Bett der alten Oder bildete. Auch an unserer Neujahrsbuhne wäre ich beinahe vorbeigelaufen, denn wo im Januar kreisrunde Eisschollen auf dem Fluss herumtrieben, war jetzt Strand, und die Steinmole, die im Winter nur wenige Meter in die Strömung hineinragte, war jetzt weit in den Fluss hinein zu betreten.

Große Fische sprangen hoch aus dem Wasser heraus und fielen laut aufklatschend wieder zurück. Dennoch habe ich keinen Fisch an der Leine einer der vielen Angler gesehen, sie scheinen schlau zu sein und wissen, Köder von lebender Beute zu unterscheiden. In dem lauwarmen Uferbereich tummelte sich die junge Brut zu Tausenden, und ebensoviel große Muscheln und Schnecken wälzten sich über den Flussgrund und suchten in dem Schlamm nach Nahrung.

Vor hier bis zur Hafeneinfahrt lagen jetzt noch fünf oder sechs Buhnen, und ich schlug mich weiter auf kaum erkennbarem Weg durch das übermannshohe Schilf. Die Bodenvegetation wechselte überraschend oft. Mal waren es bestimmte Ampfersorten, mal gelb blühende Sumpfpflanzen, dann wieder hohe Disteln, und endlich behauptete sich an einer Stelle der große Wegerich in so stattlichen Exemplaren, wie ich sie noch nie gesehen habe. In Erinnerung an ein frühes Kinderspiel riss ich eines der breiten Blätter ab und zählte an den herausragenden Fasern die Anzahl der Kinder, die ich einmal haben werde. Fünf hätten es sein sollen, was zeigt, dass dieses Spiel noch aus einer Zeit kommt, in der man noch nichts von Empfängnisverhütung wusste.

Schließlich hatte ich die letzte Buhne erreicht, an der sich der Fluss gabelt und mit einem zurückweichenden Nebenarm den Kienitzer Hafen bildet. Drüben auf der Dorfseite badeten einige Menschen und ein rühriger Vater versuchte seiner Tochter die Angst vor dem Schwimmen zu nehmen, was ihm augenscheinlich auch gelang, denn er war freundlich und geduldig dabei, was ich selber nicht immer bin, wenn ich meiner Frau die Handgriffe am PC vermitteln möchte. Also werde ich in Zukunft an diesen jungen Vater denken, der doch seine Tochter auch nicht lieber haben kann als ich meine Lebensgefährtin.

Ein Mann kam auf einer Luftmatratze zu mir herübergepaddelt und begrüßte mich per Handschlag. Er wollte nach seinen Angeln sehen, die er hier an der äußersten Mole aufgestellt hatte. Wir sprachen vom Niedrigwasser, von den hohen Temperaturen, aber schließlich auch von der Arbeitslosigkeit, die hier die Menschen drückt und sie nicht zur Entfaltung kommen lässt. Nach anfänglicher Euphorie über den Anschluss an den Westen und entsprechenden angefangenen Projekten von Hausumbau und Modernisierungen aller Art lasten nun Kosten auf ihnen, die ihre Existenz bedrohen. Da wird nun überall nach den Schuldigen gesucht, in der Regierung, im System oder sonst wo. Man kann es den Leuten nicht verdenken, dass sie ratlos sind und in den Augen mancher schlauer Städter ungereimte Ansicht von sich geben. Vielleicht sollten sie mal die Lebensmittellieferungen an die Großstädte einstellen, damit man dort merkt, dass das Brot nicht in den Regalen der Supermärkte wächst.

Von der Buhne aus beobachtete ich den Sonnenuntergang, der immer wieder etwas Schönes ist und nie langweilig wird. Überhaupt kann alles Große nie langweilig werden, so wie ich jetzt schon über hundert Mal in Weimar war und mich immer noch an den Wirkungs- und Wohnstätten der Weimarer Riesen erfreuen kann. Und auch noch an meiner Frau, nach über vierzig Ehejahren, auch wenn manche unruhige Zeit dazwischen lag. Und auch an meine über dreißigjährige Mitarbeit an einem gemeinschaftlichen Projekt einer bildungs- und kulturorientierten Psychologengruppe entwicklungsbeflissener Menschen. Offenbar hat man etwas davon, denn so lange einer Sache anzuhängen ist ohne Eigennutz kaum denkbar.

Nicht nur als empfindender und denkender, sondern auch als messender Mensch versuchte ich mit meinem vorsorglich mitgenommenen Reisethermometer die Temperatur des Flusswassers zu bestimmen. Sie betrug 29 Grad, war also fast zu warm für ein erfrischendes Bad, denn die umgebende Abendluft lag auch nur um zwei Grad höher. Leider sollte dieses meine letzte Messung sein, denn mir fiel beim Bücken das Thermometer aus der offenen Hemdtasche, und trotz der schützenden vernickelten Hülle zerbrach dabei das gläserne Instrument. Es hatte mich schon über drei Jahrzehnte begleitet und Frostgrade von minus zwanzig Grad wie auch die hohen Temperaturen der heißen marokkanischen Wüstenluft getreulich angezeigt, und nun war es hin. Ich warf die Reste in den Fluss, um nicht ihren traurigen Anblick vor Augen zu haben, aber insgeheim empfand ich doch eine Genugtuung, den Verlust nicht allzu tragisch zu nehmen, was bei einer Charakterstruktur wie der meinen keineswegs selbstverständlich ist.

Ich hatte es mir zur Gewohnheit gemacht, allabendlich auf einer Buhne eine Papyrossi zu rauchen, jener russischen Zigarette mit einem sehr langen Pappmundstück, welches ein Rauchen auch in dicken Pelzhandschuhen erlaubt. Es war eine Kulthandlung zu Ehren der Roten Armee, die hier über die Oder kam, vielleicht lächerlich, aber schließlich kennt wohl jeder solche Kulthandlungen, und sei es das abendliche Rooibos-Teegetränk oder der trockene Kuchen aus Vollkornmehl, der unser Lebensende hinausschieben soll.

Nachdem ich das Pappmundstück mit dem kyrillischen Aufdruck bewusst auf den großen Steinen liegengelassen hatte, um mögliche Finder in ratloses Spekulieren zu stürzen – denn wer außer einigen versteinerten Sowjetveteranen raucht so etwas noch –, machte ich mich auf den Rückweg, wobei ich bemerkte, dass schon ein kurzer Aufenthalt in dem ziemlich dichten Pflanzendschungel eine zunehmende innere Sicherheit erzeugt, die mein anfänglich ängstliches Herumtasten in ein resolutes Voranschreiten verwandelte. Das ist eine Erfahrung, die man wohl getrost auf alle menschlichen Lebenssituationen übertragen kann, denn selbst die Kontaktscheu eines schüchternen Menschen verliert sich durch zunehmende Berührung mit der Welt. Langes Analysieren traumatischer Kindheitserlebnisse hilft weniger als freundliche Ermutigung zum Handeln, wenngleich ersteres auch nicht nutzlos ist und zum Verstehen beiträgt, welches durch bloßes Handeln kaum erreicht wird.

Als ich mich in der Dämmerung wieder dem Wäldchen annäherte, horchte ich in mich hinein, ob sich da etwas kollektiv Unbewusstes in mir regen würde, aber es blieb still und der Hain schien mir auch im Dunkeln friedlich. Den Weg zurück zum Oderdeich sang ich einige Lieder vor mich hin und summte eine Mozartweise, die mir in den Kopf kam. Ob das auch eine Angstabwehr war? Die Psychologie verleitet doch sehr zum Spekulieren, was Messtischblätter und Reisethermometer nicht tun, weshalb ich allen spekulativen Geistern empfehlen kann, sich mehr mit der Realität zu befassen als mit den Fiebergebilden alter Weiden, wie es im „Erlkönig“ beschrieben wird, der nun allerdings nicht von Schiller ist.

Oben im Gasthaus „Zum Hafen“ angelangt, war noch Licht in der Gaststube; ich bestellte mir noch ein kleines Bier und ließ mich auf ein Gespräch mit der Wirtin und dem einzigen Gast ein, einem Dachdecker, mit dem ich aus eigener Erfahrung fachsimpeln konnte, wie man Falzdächer aus Titanzinkblech verlegt und wie heiß es tagsüber auf dem Dach sein kann.

Ich ging als erster, tastete mich im Dunkeln die steile Stiege hinauf ins Obergeschoß und sah zum Fenster in die dunkle Nacht hinaus, die nun angebrochen war. Das Sternbild der Andromeda stand gegenüber hoch am Himmel, und ich freute mich über die alte Bekannte, die dort oben angeschmiedet ist und auf ihren Befreier Perseus wartet. Hier im Dorf gab es kaum Mücken, und sobald ich das Licht gelöscht hatte, öffnete ich weit das Fenster und schlief bei der kühlen Nachtluft fest durch bis in den Morgen.

22. bis 29. Juli 2007

## Zimmerbelegung

Ein aufgeklärter Mensch glaubt zwar an eine Veränderbarkeit der Welt, ja seit Marx ist es sogar erklärtes Ziel, die Welt zu verändern, aber es hat auch seinen Reiz, wenn man alles unverändert wieder vorfindet. So ging es mir dieses Jahr in Kienitz, als ich in mein Zimmer trat und es so wiederfand, wie ich es vor einem Jahr verlassen hatte. Nicht nur, dass alle Möbel unverrückt am selben Platz standen, sondern es wiederholten sich sogar die alten Handlungsabläufe. Der kleine wacklige Tisch musste ausgerichtet und fest gegen die Wand geschoben werden, damit er einigermaßen stabil steht. Das alte Radiogerät, das einen Großteil der Tischplatte einnimmt, brachte immer noch Nachrichten in polnischer Sprache, die ich nicht verstehe, und beim Versuch, mir zur Mittagszeit von meinem mitgebrachten Gersterbrot eine Scheibe abzuschneiden, rutschte durch das Gesäbele wieder meine Einschlaglupe vom Radiogerät herunter, nur dass sie dieses Mal nicht in eine Tasse mit Wasser fiel, sondern auf den Südtiroler Landschinken, der dieses Jahr meine Haupternährungsquelle sein sollte. Andere Handlungssequenzen folgten in traditioneller Weise, so dass ich so recht an eine determinierte Welt mit einer ständigen Wiederkehr des Gleichen glauben konnte.

Ich richtete mich also in meinem Zimmer ein. Vorrangig zwei Taschen galt es auszuräumen, eine kleinere mit meiner Wäsche und sonstigen persönlichen Utensilien für das leibliche Wohlbefinden, und eine größere mit meinem wissenschaftlichen Gerät für Geist und Gemüt. Das sind von Seiten der Naturwissenschaften vor allem die bereits erwähnte Einschlaglupe, dann ein Reisethermometer, das ich glücklicherweise zu Hause noch in Reserve hatte, da mir im vergangenen Jahr ein ähnliches herunterfiel und dabei zerbrach. Sodann ein Höhenmesser, eigentlich absurd für das nur wenige Meter über Normalnull liegende Oderbruch, der mir aber als Barometer dient, damit ich nicht aus dem Fenster sehen muss, ob sich das Wetter verändert hat. Es folgen noch ein Hodometer, um meine Schritte zu zählen, die ich deichauf-, deichabwärts zu vollbringen hoffe, ein Kurvenmesser, um auf der Landkarte ebenfalls meine tägliche Wanderleistung ablesen zu können, ein kleines Fernrohr, ziemlich untauglich, eine Pinzette gegen Zecken und sonstige Hauteindringlinge, und ein alter Marschkompass, um nicht versehentlich in die Oder zu laufen.

Die schönen Wissenschaften waren durch Skizzenblock, Bleistift, Radiergummi usw. repräsentiert, die allerdings die letzten Jahre in großer Regelmäßigkeit unbenutzt wieder mit zurückgebracht wurden, da ich nicht die nötige Ruhe zum Zeichnen fand. Ob ich sie dieses Mal finden werde, wird sich zeigen. Eigentlich zeichne ich ganz gerne, und die Bilder gelingen auch immer recht gut, aber seit einigen Jahren bemächtigt sich mir eine Unruhe, die mir die nötige Geduld nimmt, eigentlich belanglose Dinge zu Papier zu bringen. Vielleicht ist es auch die moderne Digitalkamera, die ich seit drei Jahren besitze, und mit der man viel bequemer und schneller abbilden kann, was man für wert hält, fixiert zu werden.

Die Geisteswissenschaften werden durch einige Bücher abgedeckt. Von höherer Seite wurde mir Nikolai Hartmanns „Problem des geistigen Seins" wärmstens anempfohlen, so dass ich nicht umhin kam, es mir sogleich auf antiquarischem Wege zu besorgen und zu Hause auch die ersten Seiten mit einigem Verständnis durchzuarbeiten. Aber als Lektüre für einen Urlaub, der nur eine Woche oder wenig länger dauert, schien es mir doch zu ungeeignet für jemanden, der sich nicht richtig disziplinieren kann und sich gerne von den „holden Anerbietungen der Natur" ablenken lässt. Stattdessen packte ich ein kleines Büchlein über Vico ein, von Peter Burcke, und von Isaiah Berlin eine Aufsatzsammlung mit dem Titel „Wider das Geläufige". Auch noch einige Aufsätze von Johann Georg Hamann, mit dem ich mich seit langer Zeit seltsamerweise verwandt fühle, obgleich er ein tiefgläubiger Mensch war, während ich selbst mit Gott so gar nichts anfangen kann. Nun sind die genannten Texte wohl kaum weniger anspruchsvoll als Hartmanns großes Buch, aber sie haben für mich den Vorteil, dass ich sie alle bereits ein- oder zweimal gelesen habe, wodurch sie doch leichter zu verstehen sind.

Was sich sonst noch in der großen Tasche befindet, die ich für mich gern meine „Bildungstasche" nenne, bezieht sich mehr auf technisches Gerät, ohne das ein moderner Mensch nicht mehr leben kann: Netzteile für Notebook, Handy und Digitalkamera, eine Bleiakkumulator mit Ladegerät, um die schwache Batterie meines Notebooks zu entlasten, eine Bettleselampe, eine Schreibtischlampe sowie diverse Doppelstecker und Verlängerungskabel, um die dürftige haustechnische Anlage der Hafengaststätte, in der ich mich befinde, etwas an meine Bedürfnisse anzugleichen.

So wurde mit dem Ausräumen und Einrichten aus Morgen und Abend der erste Tag, doch lief ich auch noch eine ziemliche Strecke bis nach Groß Neuendorf und über die Felder wieder zurück, und am Abend noch einmal hinunter zur alten Fährstelle an der Oder, um dort einen sehr schönen Sonnenuntergang zu erleben, jenes „alte Stück“, das bei aller Wiederholung auch nie langweilig wird.

## Die Besteigung des Garnischberges

Bergbesteigungen haben für mich neben ihren sportlichen und wissenschaftlichen Leistungen immer auch etwas Anrühriges oder gar Groteskes an sich. Es scheint nur den Menschen derartiges vorbehalten zu sein; kein Tier würde von sich aus ohne Not auf einen Berg klettern, und selbst die Alpenbewohner kannten früher nicht den Drang, die sie ringsum überragenden Gipfel zu erklimmen. Obwohl ich kein Bergsteiger bin, haben mich immer wieder Schilderungen einer Bergbesteigung interessiert, besonders wenn dabei einiges von der Persönlichkeit ihres Bezwingers sichtbar wurde. Man denke dabei nun aber nicht an Edmund Hillary mit seiner Everest-Erstbesteigung oder gar an Reinhold Messmers unsinnigem Achttausenderehrgeiz. Eher schon an Alexander von Humboldts Versuch, den Gipfel des Chimborazo zu erreichen, dessen Beschreibung wegen ihrer zeitgemäßen Umständlichkeit mir sehr zusagt. Besonders aber denke ich an den französischen Insektenforscher Jean-Henri Fabre, der - wie sehr viel früher schon Petrarca – im Laufe seines langen Lebens fünfundzwanzigmal den 2000 m hohen Mont Ventoux, den Windberg, in der Provence erstiegen hat, oder an die Besteigung des ebenso hohen Bagzan-Massivs im Aïr-Gebirge inmitten der Sahara durch den Schulinspektor der Stadt Agadez zusammen mit einigen Hilfslehrern und einer Karawane von einheimischen Trägern. Auch passt in einem gewissen Sinne Brechts Schilderung von der Besteigung des Hatelmaberges hierher, wo Matti von dem Trümmerhaufen der Wohnungseinrichtung aus seinem Herrn Puntila mürrisch die schöne Aussicht von oben schildert.

Etwas Ähnliches hatte ich mir nun auch vorgenommen. Mein Ziel war der Garnischberg im Oderbruch, nicht ganz so hoch wie die eben genannten Berge, aber immerhin doch auch 16,2 m über Normalnull oder sieben Meter über dem Wasserstand der Oder, der hier bei 9,2 m liegt. Das mag nicht sonderlich hoch erscheinen, aber wenn man bedenkt, dass das umliegende Oderbruch sich selten über die Zehnmetermarke erhebt und im Umkreis von zwanzig Kilometern sich keine vergleichbare Höhe zeigt, so sind die sieben zusätzlichen Meter doch bemerkenswert. Der Berg wird von zwei Flüssen umflossen, von der eigentlichen Oder und von der Alten Oder, die seit Friedrichs des Zweiten Flussbegradigung nur noch strömungslos vor sich hin träumt und zunehmend verlandet. Zwischen diesen beiden Flüssen erhebt sich inmitten der Kalenziger Wiesen - deren namensgebender Ort inzwischen zu Polen gehört - der Garnischberg, dessen Gipfel nun das Ziel meiner Wanderung werden sollte.

Diese Exkursion hat eine Vorgeschichte, denn vor zwei Jahren bin ich mit unserem kleinen Stadtwägelchen an diesem Berg vorbeigefahren, als ich die Orientierung verloren hatte und durch sumpfiges und sandiges Brachland mehr dahinrutschte als fuhr und verzweifelt nach einem Ausweg suchte, um wieder auf eine feste Straße zu gelangen. Erst als ich endlich den alten Oderdeich erreicht hatte und aufatmend zurücksah, bemerkte ich den Berg, den ich an seiner Flanke soeben umfahren hatte und der mir irgendwie merkwürdig vorkam. Dieses Jahr nun wollte ich näher sehen, was es mit dieser Erhebung auf sich hat, welche die Kartographen des Oderbruchs immerhin stolz mit dem Attribut „Berg“ versehen hatten.

Geographisch interessierten Lesern mögen die Koordinaten des Berges wichtig sein: dem Messtischblatt entnommen liegen sie bei 52° 38‘ 4“ nördlicher Breite und 14° 29‘ 17“ östlicher Länge. Da ich aber nicht zur See fahre und mich auch sonst nicht in unbewohnten Gegenden befinde, wären diese Angaben eigentlich überflüssig, aber es klingt dabei doch immer aus alten Zeiten von Mercator bis hin zu Gauß ein zaubersamer Ruf herüber in unsere in jeder Hinsicht vermessene Welt, in der von Satelliten aus sogar schon nachts die Schmuggler auf ihren Schleichpfaden an den Grenzen erkannt werden.

Zunächst wollte ich noch etwas für mich schreiben, aber ein recht kühler Wind trieb mich unter meinem Nussbaum hervor, und ich packte einen kleinen Klapphocker, eine Wasserflasche, ein belegtes Brötchen, das ich von meinem Frühstück abgezwackt hatte, einen Apfel, Kamera, Karten und mein neues Handy ein, mit dem ich Lebenszeichen, wenn nicht gar Überlebenszeichen, an die Daheimgebliebene aussenden sollte.

Der Weg zum Berg war nicht unbeschwerlich, denn da ich nicht den asphaltierten Fahrradweg oben auf der Deichkrone entlang marschieren wollte, wählte ich die Stecke geradewegs durch die sumpfigen Niederungen des breiten Überschwemmungslandes, das den Hochwasserdeichen vorgelagert ist. Da die Bauern noch nicht die hochwachsenden bunten Wiesenpflanzen abgemäht hatten, musste ich Pionierarbeit leisten und mir meinen Weg selber bahnen.

Das Wetter hatte sich inzwischen aufgeklart. Von Westen her zogen weiße Haufenwolken vor einem tiefblauen Himmel über mich hinweg und gaben der flachen Landschaft eine unglaubliche Weite und Tiefe. Bedeckte gerade eine Wolke die Sonne, so zog ich meine Schirmmütze vom Kopfe, ließ sie sich wieder strahlend sehen, so setzte ich die Mütze wieder auf und ging so scheinbar freundlich grüßend meinen Weg.

Das feindliche Insektenvolk blieb dieses Jahr aus und es war eine rechte Lust, so meines Weges zu ziehen. Überraschend auftauchenden Wasserlöchern musste ich ausweichen, aber ansonsten ging ich schnurgeradeaus auf den in der Ferne liegenden Deichabschnitt zu, hinter dem die Alte Oder liegt, von Seerosen überzogen und an ihren Ufern von einem undurchdringlichen Schilfgürtel umgeben. Nur ganz vereinzelt haben Angler einen Pfad bis zum Wasser freigelegt, von wo aus sie still verharrend auf einen Fisch warten. Das wäre nichts für mich, aber da auch ich nicht ob meiner Eigenarten gerne gescholten werde, so muss ich auch sie nach Kants Moralvorstellungen in ihrem Treiben gelten lassen.

Mit dem Erreichen des alten Oderdeiches war ich allerdings noch lange nicht an meinem Ziel. Nun ging es auf festem steinigem Weg weiter, der mir die Radfahrer fernhielt, die ansonsten lautlos von hinten angeradelt kommen und einem durch ihr Klingeln oder lautes Zurufen aus den Gedanken oder Betrachtungen herausreißen. Auch das Fahrradfahren wäre nichts für mich, nicht nur, weil ich dabei einmal mächtig zu Boden gegangen bin, sondern weil es zu viel wache Aufmerksamkeit erfordert, um seinen hochgelegenen Schwerpunkt zu erhalten. Als Fußgänger fällt man nicht so leicht um, auch wenn man in Gedanken ganz woanders ist.

Ich zog also auf dem alten Deich entlang und sah endlich von oben durch die Lücken des dichten Weidengebüsches in der Ferne das Ziel meiner Wanderung liegen, den Garnischberg. Er hob sich nur wenig von den umliegenden Wiesen ab, ja man würde ihn überhaupt nicht bemerken, wenn man nichts von ihm wüsste.

Aber ich wusste von ihm, und entsprechend freudig näherte ich mich ihm an. Zwei Stunden brauchte ich, um ihn von meinem Quartier aus zu erreichen, und nun stand ich am Fuße der Erhebung und schritt die letzten Meter in recht mäßiger Steigung zu seinem Gipfel empor, wenn dieser Ausdruck bei so einem kleinen Berg erlaubt ist. Das Landesamt für Vermessung hielt es nicht für unter seiner Würde, auf dem höchsten Punkt einen Steinquader in den Boden gesetzt zu haben und obendrein noch durch ein kleines Schild darauf hinzuweisen, dass es sich um Landeseigentum handelt, dessen Beschädigung mit einer Geldstrafe geahndet wird. Im hohen Grase fand ich umgestürzt ein Gipfelkreuz aus Haselruten gefertigt liegen, das ich trotz seines religiösen Symbolgehalts sogleich in den sandigen Boden hineinbohrte und so dem Berg noch mehr Bedeutung zumaß.

Hatte bis jetzt im Oderbruch alles irgendwie mit Wasser zu tun, ziehen Entwässerungsgräben durch die Felder, schützen Deiche das Land oder stehen die Häuser auf hohen Grundmauern, so tat sich hier oben auf dem Garnischberg eine ganz eigene Welt auf mit einer herrlichen Trockenrasenvegetation. Flechten, harte Gräser und niedrige Kräuter bedeckten den sandigen Boden, in dem sich einige Ameisenlöwen eingegraben hatten und auf Beute lauerten. Vereinzelte niedrige Eichen hatten hier ihre Heimat gefunden, und es lag ein stiller wehmütiger Zauber über dem kleinen Stückchen Erde, der vielleicht aber mehr aus meiner Seele emporstieg, die in einsamen verlassenen Situationen frühe Erinnerungsbilder aufsteigen lässt, die mir beinahe den Hals zuschnüren.

Da ging ein siebenundsechzigjähriger Mann durch das dürftige flache Heidegesträuch, sammelte hier und da ein Steinchen, eine Vogelfeder oder sonst etwas auf, fasste zärtlich an die Blätter der niedrigen Eichen, als wolle er sie als alte Freunde begrüßen und legte sich schließlich seltsam glücklich und müde auf den warmen Sandboden und verschlief wie der Hirtenknabe von Lenbach eine ganze Stunde des Tages.

Inzwischen hatte sich ein gelbes Schmetterlingspaar eingefunden und flatterte bald voneinander getrennt zu den kleinen Blüten, bald in aufgeregtem Schwirren umeinander herum und nahmen keine Notiz von mir, als ob ich zum Berg gehören würde. Immer neue Wolken aus weißem Wasserdampf schoben sich von Westen nach Osten über das Land, und hoch darüber noch standen beinahe unverrückt regelmäßige Zirruswolken und kündigten einen Wetterwechsel an.

Ich konnte mich nur schwer von dem Fleckchen Land trennen, aber es war inzwischen drei Uhr geworden, und zwei Stunden würde auch noch der Rückweg dauern, so dass ich mich schließlich auf den Weg machte und mich dabei wie nach einer Liebsten immer wieder umsah, obgleich mir von da oben niemand zurückwinkte.

Halb lächelte ich über meine Sentimentalität, halb schalt ich über meine Wehmut, die doch aber ganz echt vom Herzen kam und zeigt, wie abhängig wir von unseren frühen Lebensgefühlen sind, auch wenn wir es im Alltag selten wahrnehmen und unter einer Fülle von Rationalisierungen vor uns selbst verbergen. Eine Kindheit voller Mut, Ansprache und Geborgenheit scheint doch das schönste Geschenk für einen Menschen zu sein, der ohne dieses immer wieder von seinen Mangel- und Ohnmachtgefühlen heimgesucht wird.

Der Weg zurück ging schnell und war eigentlich nur eine Ertüchtigung für Muskeln, Knochen und Bänder, die ich denn auch bald deutlich spürte. Eine kleine Badestelle, einmal von der Gemeinde Sydowswiese eingerichtet, nun aber wieder verfallen und verlassen, verlockte mich zu einem Bade in den geheimnisvollen Seerosengewässern, ganz ohne Badekleidung, obgleich ein großes Schild FKK-Baden erst ab 16 Uhr erlaubte. Doch soviel Mut hatte ich mir in meinem Leben inzwischen angeeignet, einem obrigkeitlichen Schild zu trotzen. Nach sechs Stunden kam ich schließlich wieder im „Gasthaus zum Hafen“ an, an dessen herausgestellten Tischen sich die Gäste lärmend unterhielten. Aber ich schlief trotz des Geredes und ständigen Gelächters bei offenem Fenster sogleich ein und wachte erst wieder auf, als es schon zu dämmern anfing.

## Gedanken auf einer alten Bahntrasse

Kienitz war früher einmal eine Bahnstation. Vom Bahnhof ist nichts mehr zu sehen, auch sind die Gleise und Schwellen nicht mehr da, so dass man eigentlich keinen Anhaltspunkt für eine Bahn hätte, wenn nicht noch überall im Land die alte Trasse zu sehen wäre, die sich besonders auf der Landkarte oder in Luftaufnahmen und auf Satellitenbildern erkennen lässt. Wie auch sonst im ganzen Land gab es auch im Oderbruch früher einmal weit mehr kleine Eisenbahnlinien, weil es noch keine Überlandbusse gab und vor allem der private Autobesitz keine Rolle spielte. Doch nach und nach wurden die unrentablen Strecken stillgelegt und bleiben nun stumme Zeugen einer Zeit, in der es noch ruhiger zuging, zumindest verkehrsmäßig, denn politisch, wirtschaftlich und gesellschaftlich gab es doch arg unruhigere Zeiten als heute. Sich da ein genaues Urteil zu bilden, wann eine Zeit besser, wann sie schlechter war, ist nicht leicht. Ob es da einen ständig wiederkehrenden Aufstieg und Verfall gibt, wie Vico und später Spengler und Toynbee meinten, oder ein beständiges Bergauf, wie es die Menschen der Aufklärungszeit und später noch Marx sich erhofften, oder schließlich gar ein Bergab, wie es schon Hesiod beklagt hatte und wie es heute wieder viele befürchten. Wahrscheinlich hat Mephistopheles Recht mit seinem Ausspruch: „Die Menschen dauern mich in ihren Erdentagen“. Mein früher unbedingter Fortschrittsglaube jedenfalls hat im Laufe der Jahre einen ziemlichen Knacks bekommen.

Kienitz war früher einmal eine Bahnstation. Als die russischen Soldaten überraschend im Januar 1945 übers Eis der zugefrorenen Oder kamen, lief noch alles so geordnet, dass sogar der Bahnhofsvorsteher den kommandierenden russischen Offizier um Erlaubnis fragte, ob er den Zug nach Berlin abfertigen dürfe. So selbstverständlich schien in der Seele eines preußischen Bahnbeamten immer noch der Dienst geregelt. Nein, der Zug durfte nicht abfahren, stattdessen wurde die schwache Garnison des Ortes gefangengenommen und musste den schweren Weg in die Kriegsgefangenschaft antreten, der aber immer noch leichter war, als in sinnlosen Endkämpfen das Leben zu verlieren.

Die Bahn wurde bald wieder in Betrieb genommen, hatte einen Gleisanschluss zum Hafen und führte auch noch weiter nach Groß Neuendorf, wo auf der heute verödeten Hafenanlage immer noch ein Prellbock vergebens auf die heranrollenden Waggons wartet. Es bestand hier ein Umschlaghafen für die landwirtschaftlichen Produkte des Oderbruchs, auf dem diese dann auf Lastkähne verladen und nach Berlin gebracht wurden. Aber bald verlagerte sich der Lastverkehr auf die Straße, und Anfang der siebziger Jahre wurde die Oderbruchbahn ganz stillgelegt.

Kienitz war früher einmal eine Bahnstation. Wenn ich auf meinen morgendlichen Spaziergängen vor dem Frühstück den Ort durchschreite, treffe ich überall auf Reste der einstigen Anlage. Gehe ich am Hafen entlang – der übrigens nur aus einer kurzen Spundwand besteht, die in die Oder gerammt ist – so fallen zwei jetzt nutzlose kleine Betonbrücken auf, über die einmal die Anschlussgleise führten. Gehe ich in Richtung Friedhof, so überquere ich die alte Bahntrasse und kann den ehemaligen Verlauf der Bahnlinie erkennen. Gehe ich an der verlassenen LPG vorbei, so kreuze ich wiederum die Trasse und finde sogar noch die alten Schwellen als Zaunpfähle wieder, die auf diese Art immer noch ihren Dienst tun. Auf meinen kleinen Wanderungen treffe ich, kaum das ich die Wege auf den Deichen verlasse, immer wieder auf die verlassene Bahnlinie.

Verlassene Bahnanlagen, wie überhaupt ganz allgemein verlassene und verfallene Anlagen, üben einen seltsamen Reiz auf mich aus, der kaum von ihnen selbst ausgeht, sondern dessen Ursprung wohl in meiner Seele und Phantasie gesucht werden muss. Viele Menschen empfinden es ähnlich, so dass ich es nicht nur meiner speziellen seelischen Verfassung zuschreiben kann, wenngleich es gewiss etwas damit zu tun hat.

Derartige Anlagen sind wie ein Niemandsland, verlassen wartend zwischen nicht mehr und noch nicht, die sich in der Geschichte nicht halten konnten und nun von der Natur wieder zurückerobert wurden. Sie waren nicht mehr zugehörig zu der lauten und gewinnsüchtigen Welt der Menschen und wurden einfach wieder fallen gelassen, da sie nicht mehr in die Zeit passten. Das werden besonders die brüchigen Menschen spüren, die sich durch die verwilderten Anlagen schlagen und hier und dort einen Rest von Zivilisation entdecken, eine liegengebliebene Schwelle, einen aufgeschütteten Damm, einen Bergeinschnitt, einen Betonklotz oder Reste rostigen Eisens.

Wobei man bei letzterem nie genau weiß, ob es sich um Überbleibsel der alten Bahnanlage handelt, oder ob es Splitter von Granaten und Bomben sind, die im Kampf um das Oderbruch hier zu Tausenden in der Luft und am Boden explodierten. Bahnlinien wurden immer heiß umkämpft, weil sie einen kleinen taktischen Vorteil im Stellungskampf haben und einen großen strategischen Nutzen für den Sieger bringen, weil er sein Kriegsmaterial schneller an die Front transportieren kann – und seine Verwundeten ins Hinterland. Nicht umsonst haben die sich zurückziehenden Nazitruppen das russische Schienennetz mit dem eigens dafür konstruierten „Schienenwolf“ zerstört, und nicht umsonst haben die russischen Siegermächte das deutsche Gleisnetz nach dem Kriegsende demontiert, wo immer es anging, um damit ihr eigenes Eisenbahnnetz wieder aufzubauen.

Der eigentliche Gewinner aus dieser menschlichen und zivilisatorischen Blamage und Tragödie ist die Natur, die kein Gut oder Böse, kein Richtig und Falsch kennt und sich überall dort breitmacht, wo es ihr möglich ist. So sind die alten Bahntrassen heute ein wahres Paradies für die Tier- und Pflanzenwelt, in dem es kaum noch einen Platz und ein Durchkommen für den Menschen gibt, so als ob er sein Recht verspielt hat, sich darin aufzuhalten. Wer es dennoch wagt, der wird mit Schrunden, aufgeweichtem Schuhwerk und zerrissener Kleidung bestraft und obendrein von seinen Mitmenschen merkwürdig angesehen. Das ist denn wohl auch der Grund dafür, dass ich noch nie auf den wild überwucherten Bahntrassen einen Menschen angetroffen habe.

## Nachts an der Oder

Der Mond näherte sich seiner vollen Gestalt an. Um auch den Fluss einmal beim Mondenschein zu erleben, zog ich mit Dunkelwerden los, nicht ohne vorher den Wirt zu benachrichtigen, dass er eine kleine Hoftür offen lassen möge, damit ich nicht ausgeschlossen wäre, wenn ich zu nächtlicher Stunde wieder zurückkommen würde. Fotoapparat, Stativ, einen kleinen Klapphocker und eine Taschenlampe hatte ich bei mir, so dass eigentlich nichts schief gehen konnte.

Aber ich hatte nicht mit den Mücken gerechnet, die draußen auf der Buhne auf mich gewartet hatten und mich, als ich mich durch Schilf und Rohr hindurchgearbeitet hatte, freudig begrüßten. So wurde mein Unternehmen zur reinsten Qual, und bei meinem Abwehrkämpfen hätte ich beinahe die Kamera samt dem dreibeinigen Stativ in den Fluss gestoßen. So zog ich mich bald wieder in meine Herberge zurück, nicht ohne bei meinem Wirt ein leichtes Grinsen zu bemerken, das gewiss mir seltsamen Städter galt.

Doch am anderen Morgen war bis auf ein leicht angeschwollenes Gesicht alles wieder vergessen, und ich machte mir unter meinem Apfelbaum Gedanken über Sonne, Mond und Sterne. Hier im Oderbruch kann man so recht wieder ein Anhänger des Ptolemäus werden. Soweit das Auge reicht, liegt das Land flach ausgebreitet vor einem, und dreht man sich einmal um seine eigene Achse, so dehnt sich das Land kreisförmig wie eine flache Scheibe um einen herum aus und findet erst am Horizont ein Ende. Regelmäßig an jedem Morgen steigt an gleicher Stelle der rote Feuerball über den Rand der Scheibe empor, wandert im Laufe des Tages hoch in den Himmel über uns hinweg, und senkt sich an der entgegengesetzten Seite wieder dem Rand des Landes zu, um schließlich dahinter zu verschwinden. Kaum hat die letzte Röte am Himmel der Dämmerung Platz gemacht, da steigen überall am Rande kleine, leuchtende Pünktchen empor und bedecken schließlich den ganzen Himmel mit einem Sternenzelt. Auch dieses wälzt sich dem aufmerksamen Betrachter langsam quer über den ganzen Himmel, um mit beginnender Morgenröte wieder zu verblassen und erneut der strahlend aufsteigenden Sonne zu weichen.

Jahraus, jahrein wiederholt sich jeden Tag, jede Nacht das gleiche Schauspiel, und nur ein nächtlich wachender Träumer bemerkt zusätzlich, dass sich einige besonders helle Sterne langsam unter den Tausenden von Einzelsternen hindurch auf einer Bahn entlang bewegen, die sich ähnlich der Sonnenbahn durch den Himmel zieht. Auffällig und unverständlich zugleich wandert in der Nacht der Mond als eine weit blassere Scheibe über den Himmel, einmal voll und rund, dann wieder nur halb oder gar sichelförmig schmal, um sich dann ganz den Blicken zu entziehen. Doch auch hier bemerkt der Mensch bald eine Regelmäßigkeit in der Abfolge der Erscheinungen, so gewiss und sicher, dass sich sogar voraussagen lässt, wie dieses fahle Nachtlicht wohl in der kommenden Nacht aussehen wird.

Diese Beobachtung machten die Menschen schon zu allen Zeiten, und mit noch sprachlosem Zeigen und Ausrufen gab man sich untereinander kund, dass man die Dinge da oben am Himmel kennt und von frühesten Kinderjahren an schon immer gekannt hat. Eine ewige Ruhe und Gleichförmigkeit schien dort oben zu herrschen, und selbst wenn sich oft dunkle Wolken dazwischen schoben und tagelang nichts von den täglichen oder nächtlichen Himmelserscheinungen zu sehen war, so war man sich doch sicher, dass bei nächster bester Gelegenheit alles wieder so sein wird, wie man es von früh an kannte.

Nun will mir aber die siebenjährige Tochter meines Gastwirtes erzählen, dass das alles nicht stimmt, was ich da sehe. Sie kommt jetzt in die zweite Klasse und hat im Rechnen und einigen anderen Fächern einen Smiley bekommen, jene lachenden bunten Scheibchen (☺), über die sich mein Wirt aufregt, weil er meint, einem siebenjährigen Mädchen solle man nicht mit solchen Kindereien kommen und ihnen statt dessen lieber richtige Noten von eins bis sechs geben. Finde ich auch, denn das Mädchen ist klug, so klug, dass sie mir sagen kann, dass alles gar nicht stimmt, was ich da eben zusammengeschrieben habe, und dass alles ganz anders und vor allem ganz einfach sei. Wir würden gar nicht auf einer Scheibe wohnen, sondern auf einer Kugel, und die Sonne gehe gar nicht auf, weil sich nämlich die Kugel dreht und es nur so aussieht, als ob die Sonne aufginge.

Das aber verstehe ich nun wieder nicht, denn ich sehe doch, dass die Sonne morgens aufgeht, und auf einer Kugel stehe ich schon gar nicht, eher in einer wassergefüllten Senke, wenn ich nicht aufpasse und genau darauf achte, wo ich hintrete. Über die kleine blaue Libelle, die sie gefangen hatte und sorgfältig mit der Hand umschloss, wurden wir uns noch einig, dass es ein Fluginsekt sei, und sie nahm es mir sogar ab, dass sie im Wasser heranwachse und dann von dort herausklettere und schließlich davonfliege. Aber das, was sie mir mit der Kugel und dem Drehen erzählte, schien mir doch zu sonderbar.

Ich hatte mir zwar schon als junger Mann, weil ich keine Freundin fand, ein kleines Fernrohr gebaut und es auf den nächtlichen Himmel gerichtet, ja ich hatte da mit Erstaunen gesehen, dass alles auf dem Kopf stand, was ich da sah, aber von einer Kugel sah ich nichts, und auch nicht, dass die Erde sich drehte. Ja, der Mond wanderte langsam aus dem Blickfeld der kleinen gläsernen Okularlinse heraus, aber das tat der Mond und nicht die Erde und auch nicht das Fernrohr, das fest auf seinem dreibeinigen Holzstativ stand. In den Büchern las ich dann allerdings, wie alles zusammenhängen solle, das mit dem Drehen, mit dem Auf-dem-Kopf-stehen und sogar das mit den bunten Rändern, die den Mond umsäumten, ja ich lernte dann auch etwas von einem Doppler-Effekt und der Rotverschiebung, von einem Hertzsprung-Russell-Diagramm und - fast wie in einem Märchen - etwas von weißen Zwergen und roten Riesen, und konnte noch viel schlauer als die kleine Gastwirtstochter meinen staunenden Mitschülern davon erzählen, so dass ich von meinem Physiklehrer zwar keinen Smiley, dafür aber eine eins bekam, wie es mein Wirt für richtig hält. Auch später konnte ich sogar noch als Lehrling meinen staunenden Arbeitskollegen von der nächtlichen Welt da droben erzählen, und als mich ein junger Meister, der mir übel gesonnen war und mich reinlegen wollte ob meiner schlauen Bemerkungen, unvermittelt fragte, wie weit der Sirius von der Erde entfernt sei, da konnte ich zu seinem Ärger ganz ruhig sagen, dass es 8,8 Lichtjahre wären, was etwa 83 Billionen Kilometern entspräche. Sein Gesicht war da kein Smiley, und er hat mich nie wieder etwas gefragt.

Doch, wie gesagt, hier im Oderbruch kommt mir das alles recht verkehrt vor, das was mir das Mädchen erzählt und was ich selber einmal so klug gewusst habe. Und ich glaube auch zunehmend weniger daran, was ich da gelegentlich in populärwissenschaftlichen Zeitschriften oder Zeitungsberichten lese, wie sich das Weltganze zusammensetzt. Es scheint manchmal auch gar nicht so neu zu sein, denn schon in meinen jungen Jahren las ich, dass sich die Galaxien mit hoher Geschwindigkeit auseinander bewegen würden und dass anscheinend alles einem gemeinsamen Zentrum entfliehe, in welchem sich die Millionen von Spiralnebeln vor fünf oder mehr Milliarden Jahren befunden hätten. So viel anders klingt es heute auch nicht, selbst wenn neuerdings Forscher auf die nicht sonderlich geistreiche Idee kommen, dass auch schon vor dem Anfang etwas da gewesen sei.

Gewiss, heute ist es nicht mehr bloße Spekulation, es stehen feinste Messungen und Berechnungen dahinter, die nicht nur die Himmelsphänomene, sondern auch die Vorgänge im subatomaren Bereich mit einbeziehen. Und natürlich verstehe ich schon lange nicht mehr, was mir da erzählt wird und was ich glauben soll. Mit den drei Keplerschen Gesetzen ging es ja noch, und auch die bereits erwähnten Effekte und Diagramme nach Doppler, Hertzsprung und Russell schienen mir noch nachvollziehbar, aber alles, was jetzt über Kosmologie durch die Nachrichten und Internet-Seiten geht, will mir nicht mehr recht behagen, weil ich es auf keine Weise mehr nachvollziehen kann und nur noch schlichtweg glauben soll, genauso wie es in früheren Zeiten die Kirche und der Herr Pfarrer verlangten.

Sich in der Kosmogonie Hesiods mit ihren zahllosen Göttergestalten auszukennen ist dagegen ein Kinderspiel. Heute lächeln und spotten wir über die grotesken Behauptungen der mittelalterlichen Scholastiker. Zu Recht, das ist gar keine Frage. Aber ob heute, vor einem durchaus wissenschaftlichen Hintergrund, nicht manchmal ähnlich unhaltbare Vermutungen lanciert werden, über die gewiss nach einigen hundert Jahren wiederum die dann so sehr viel klügeren Menschen zu erneutem Lächeln und Spott anregen werden? Mir kommt es immer wie die Spitzfindigkeiten der Scholastik auf höherer Ebene vor, und mir will die Sache nicht munden, wenn mit Jahrmilliarden jongliert und mit Begriffen aus der Quanten- und Relativitätstheorie herumgeworfen wird wie mit Stoffbällen auf dem Jahrmarkt. Mit pseudopopulären Sensationsdarstellungen werden täglich Zirkusnummern abgezogen und allerorten wird über diese Zauberkunststücke gestaunt und geklatscht.

Vielleicht ist es zunehmende Gedankenschwäche, vielleicht ist es das unreife Obst des Oderbruchs, das ich auf meinen Deichspaziergängen anbeiße und wieder wegwerfe, was mich da nicht mehr mithalten lässt, und vielleicht wird es die Gastwirtstochter alles viel besser als ich verstehen, wenn sie einmal groß sein und die Universität besuchen wird. Aber da ist denn doch ihr Vater wieder dagegen, der sie schon mit einem zukünftigen Schwiegersohn die Wirtschaft führen und übernehmen sieht, auch wenn es noch zehn oder zwanzig Jahre hin sind. Und dann wird sie abends vor der Schenke auf dem Deich stehen und den Mond aufgehen sehen, genauso wie ich jetzt und vielleicht auch wieder daran glauben, dass die Erde doch nur eine Scheibe ist, um die herum sich alles dreht. Wir wissen es nicht, ignoramus, wie es Johannes Müller meinte, und vielleicht werden wir es nie wissen, ignorabimus, wie es Du Bois-Reymond ergänzte.

## Der Abschied

Eine Woche Ferien sind zu wenig! Wie oft habe ich schon diese Erfahrung gemacht und bin dann doch wieder nur für eine Woche weggeblieben. Früher war ich nicht so sparsam mit meiner Zeit. Vielleicht bin ich ängstlicher geworden mit den Jahren. Ich gebe dann gerne meiner Frau oder meinem Beruf die Schuld, die beide alles geregelt, vernünftig, abgemessen, enthaltsam und beherrscht haben möchten, was meiner Grundstruktur der Selbstherrlichkeit widerspricht. Immer wenn mir von außen oder von innen Grenzen gesetzt werden, bäumt sich etwas in mir auf und ich ziehe mich dann in meine eigene Welt zurück. Von außen ist das gewiss nicht immer zu sehen, da erscheine ich als maßvoll und vernünftig, was ich zuweilen auch wirklich bin, aber in meinem Inneren ist der alleinige Maßstab mein eigenes Ich, oder – wer es lieber so haben möchte – mein neurotisches Ich.

Heute habe ich verschlafen, die Sonne schien schon hell in mein Zimmer, obwohl doch der Wetterbericht Regen angesagt hatte. Dennoch verzichtete ich nicht auf meinen Morgenspaziergang auf dem Deich. Eine große grüne Raupe war von einem unaufmerksamen Radfahrer zur Hälfte überfahren worden, und ihr Vorderteil krümmte sich ohnmächtig auf der Stelle. Welch ein herrlicher Schmetterling wäre daraus geworden. Ich trat sie ganz tot, dachte dabei aber zugleich an Isaak Babel, der ein gleiches nicht mit einem tödlich verletzten Kameraden übers Herz brachte und sich dadurch die Verachtung der Kosaken zugezogen hatte. Welch ein weiches Herz muss er gehabt haben; ich überlegte und glaube, dass ich den gequälten Kameraden doch wohl erschossen hätte.

Beim Eintreten in den Frühstücksraum grüßte ein Radwanderpaar nur sehr reserviert zurück, und auch das von mir angefangene Gespräch über das schöne Wetter erstarb bald. Auch war mein Frühstücksei zu weich gekocht, so dass schon der Tag gelaufen schien. Aber als ich mein Zimmer räumte und die untauglichen Nachttischlämpchen, die kleinen Häkeldeckchen und die Vase mit den Kunststoffblumen wieder an ihren alten Ort stellte, auch ein Sesselkissen aufschüttelte und mit einer akkuraten Mittelfalte versah, hatte das Zimmer allen persönlichen Reiz verloren, und ich konnte leichten Herzens das Haus verlassen.

Nur den Garten hinten hinaus mit den Obstbäumen suchte ich noch einmal auf, setzte mich mit meinem kleinen Schreibgerät unter einen Apfelbaum und schrieb diese Abschiedsgedanken nieder. Dabei kam die kleine Gastwirtstochter zu mir und zeigte mir einen Apfel, der einen roten Ring um eine braune Stelle gebildet hatte. Sie wollte von mir wissen, wie das zustande gekommen sei. Ich betrachtete den Apfel mit meiner Lupe, krempelte darauf mein Hosenbein hoch und zeigte ihr an meiner Wade eine vom Gestrüpp zerschrundene Stelle, die einen gleichen roten Rand hatte. Da wird sich der Apfel wohl auch gestoßen und ringsum die Stelle rot gefärbt haben. So ähnlich hätte es ihr auch schon der Vater erklärt und von einem blauen Fleck gesprochen, während die Oma meinte, es sei Schorf. Nur die Deutung der Mutter lehnten wir beide ab, die von einem Leberfleck sprach, denn ein Apfel hätte doch gar keine Leber. Da waren wir uns wieder einig. Nun vertrauter geworden, wollte die Kleine noch wissen, ob ich da ein Buch schreibe, sie hätte auch ein Buch und es schon halb durchgelesen. Ein Buch nicht, aber kleine Aufsätze für mich und meine Freunde, und die hinzutretende Oma meinte zu ihr, sie würde auch bald in der Schule über ihren schönsten Ferientag schreiben müssen.

So kann ein Kind oder eine Oma doch schnell wieder die Welt zurechtrücken, die sich mir schon ob der kleinen Morgenbegebenheiten verfinstern wollte. Ich packte endgültig ein, verabschiedete mich von allen, und nach zwei Stunden gemächlicher Fahrt war ich wieder zu Hause. Viel zu kurz, die eine Woche!

27. Juli bis 9. August 2008

## Gedanken morgens am Fluss

Heute früh habe ich neben einem Schwan gesessen, und wir haben uns gut vertragen. Er saß ganz vorn auf der steinernen Buhne in der frühen Morgensonne. Aber nach da ganz vorne wollte ich auch und mir den Fluss ansehen, wie er aus der östlichen Biegung heraus ganz nah mit seinen Hauptwassermassen dem Westufer zuströmt und hier in ziemlichen Turbulenzen weiter nach Norden abbiegt. Die grüne Boje zur Markierung des Schifffahrtsweges war in ständiger heftiger Bewegung und signalisierte, hier besser nicht schwimmen zu gehen. Dieses kleine Schauspiel wollte ich mir ansehen, aber nun war der Platz schon durch den Schwan besetzt. Einfach verscheuchen wollte ich ihn nicht, er war schließlich als erster da und hatte genauso wie ich ein Recht auf Muße. Also ging ich langsam schlendernd den holprigen Steinweg am hohen Schilf vorbei nach vorn auf die Buhne. Der Schwan wurde aufmerksam, reckte seinen Hals in die Höhe und schien unschlüssig, ob er bleiben oder lieber gehen sollte. Ich blieb stehen, schaute wie absichtslos mal auf das Wasser, dann auf den Schwan, dann aufs gegenüberliegende polnische Ufer und ging dann langsam Schritt für Schritt weiter nach vorn. Als der Schwan gar zu unruhig wurde, setzte ich mich nieder auf die Steine, vier, fünf Meter von ihm entfernt, und sah mir das Wasserschauspiel an. So saßen wir wohl eine viertel Stunde friedlich zusammen und nahmen nur wenig Notiz voneinander. Es war wie ein Beispiel von guter Nachbarschaft; man rückt nicht zu nahe, stört sich nicht, dominiert nicht, sondern lässt den anderen gewähren. Dabei sind wir doch recht unterschiedliche Arten, nicht einmal vom Stamm der Säugetiere war mein Nachbar, und doch ließ sich so miteinander auskommen. Man muss den Tieren nur genügend Zeit lassen, dann gewöhnen sie sich an uns und werden sogar übermütig neugierig, um zu sehen, was sich da in ihrer Nachbarschaft aufhält. Mit Löwen und Haifischen würde ich es allerdings nicht versuchen, obgleich einige Menschen gezeigt haben, dass sogar das geht. Mit den Menschen geht es im Grunde genommen auch. Hier im Oderbruch, wo man nicht so eng aufeinander hockt und genügend Abstand zueinander hat, scheint es weitgehend friedlich zuzugehen. Nur wenn die Menschen zu eng und fremd zusammenleben, kommt es zu störenden Übergriffen. Dann schreien die Menschen ungeniert in ihr Handy, unterhalten sich in einer unangemessenen Lautstärke oder lassen ihre Automotoren aufheulen. Wenn ich so dem Schwan entgegengegangen wäre, dann hätte auch er gefaucht und wäre davongeflogen. Vielleicht sollten wir von ihm lernen: wenn die lieben Nachbarn zu aufdringlich werden, sollten wir fauchen und uns eine Buhne weiter niederlassen. Nur gibt es leider nicht so viele Buhnen, wie es lästige Menschen gibt.

## Wetterkundliche Gedanken auf dem Garnischberg

Heute war ich trotz extremer Temperaturen mit einem gelben Postfahrrad zum Garnischberg gefahren, was mich natürlich etliche Schweißtropfen kostete. Aber diese Belastung war vorauszusehen, denn der Wetterbericht hatte schon viele Tage zuvor von diesen hohen Temperaturen berichtet. Überhaupt hat die Zuverlässigkeit der Wetterberichte in den letzten Jahren doch sehr zugenommen. Noch vor vielleicht zwanzig oder dreißig Jahren konnte man sich nur sehr bedingt nach den Vorhersagen richten und musste sich neben Sommerkleidung immer auch einen Regenschirm und warmen Pullover mit auf die Reise nehmen. Das ist heute kaum noch nötig.

Dieser technische Erfolg scheint mit den weltweit verbreiteten Messstationen und wohl noch mehr mit der Verbesserung der elektronischen Datenverarbeitung zusammenzuhängen, denn es müssen Tausende von Messergebnissen ganz kurzfristig verglichen und ausgewertet werden.

Genau an diesem Problem sind die Bemühungen Goethes und seines Landesherren Karl August gescheitert. Seit etwa 1815 hatte sich Goethe auf Anregung Karl Augusts intensiv mit dem Aufbau von Messstationen im ganzen Herzogtum beschäftigt. Auf der Wartburg, in Ilmenau, auf dem Ettersberg, in Weimar auf der Bibliothek, in Jena auf der Sternwarte und anderswo wurden kleine Wetterstationen mit dem notwendigen Instrumentarium gebaut und eingerichtet, um die Schwankungen des Luftdrucks, der Temperatur, der Luftfeuchtigkeit und anderer physikalischer Zustände zu messen. Das Ablesen der Instrumente wurde zuverlässigen Bürgern übertragen, Lehrern und Bibliothekaren zum Beispiel, aber auch Husaren oder einfachen Bauern. Die eigentliche Zentrale war in der Sternwarte Jena eingerichtet und unterstand somit der Universität, deren oberaufsichtliche Leitung Goethe aufgetragen war. Es ist erstaunlich, in welchem Umfang sich Goethe in den letzten anderthalb Jahrzehnten seines Lebens mit der Meteorologie beschäftigt hat. In der Regel hört man nur etwas von den vielen „Altersdichtungen“, etwa des west-östlichen Divans, der Beendigung des Faust-Dramas, den autobiographischen Aufzeichnungen in Dichtung und Wahrheit, der Marienbader Elegie, von Wilhelm Meisters Wanderjahren, vom Briefwechsel mit Schiller usw. Aber genauso oft verzeichnen die Tagebücher seine Beschäftigung mit naturwissenschaftlichen Themen, von denen die Witterungslehre wiederum nur eines ist.

Kürzlich haben Freunde von mir zu meinem Geburtstag tüchtig zusammengelegt und mir einen weiteren Ergänzungsband von Goethes Naturwissenschaftlichen Schriften geschenkt, der auf 800 Seiten Angaben zu Goethes Beschäftigung mit der Meteorologie – und in kleinerem Umfang auch der Astronomie – enthält. Das ist keine langweilige Nebensächlichkeit, denn man hört und liest hier etwas von Freude und Bangen, von geduldigem Ausharren, von Unmut über unzuverlässige Mitarbeiter, von skurrilen und höchst gewagten Zwischenfällen, von einem internationalen Briefwechsel mit Korrespondenten aus drei Kontinenten und einem Bestreben, zu erkennen, was die Welt im Innersten zusammenhält. Goethe – und auch Karl August – waren mit ihrer ganzen Person mit dem Projekt verbunden und zeigen uns vorbildlich, dass nicht der Kopf allein, sondern der ganze Mensch mit Leib und Seele mit jeder wichtigen (und auch mancher unwichtigen) Sache verbunden ist.

Mich selbst nahm die Sache so mit, dass ich mir schon zu Hause ein Cyanometer zur Ermittlung der Himmelsbläue baute, nach Goethe natürlich, aber auch nach Saussure, dem Montblanc-Besteiger. Ebenso sollten es auch die gleichen Tabellen sein wie die, mit denen sich die ausgewählten Landeskinder Thüringens abquälen mussten, um bei jedem Wetter morgens, mittags und abends ihre Beobachtungen darin einzutragen. Nur bei etwaigen Gewittern werde ich es ihnen nicht gleichtun, um anhand überspringender Funken die Luftelektrizität zu messen. So schaffte ich höchst überflüssig nach, was Goethe am Ende der Versuche als ebenfalls höchst überflüssig erkannte, denn die Auswertung der ihm weltweit zufließenden Daten war selbst den tüchtigen Physikern der Jenaer Universität nicht möglich.

Man gab nach Karl Augusts Tod das Projekt landesweiter Wetterstationen wieder auf, um es einer späteren und wissenschaftlich fortgeschritteneren Zeit zu überlassen, sich erneut damit zu befassen. Heute sind wir endlich so weit, und ich kann am Abend vorher schon wissen, dass ich am morgigen Tag arg schwitzen werde, was dann auch wirklich zutraf.

## Nachts auf dem Garnischberg

Mit untergehender Sonne erreichte ich den Berg. Alles lag still und verlassen da, wie schon die vergangenen drei Tage, die ich tagsüber hier verbracht hatte. Dieser unbedeutende Hügel inmitten der flachen Landschaft des Oderbruchs hatte es mir angetan. Längst vergessene frühe Bilder stiegen wieder auf, als ich das erste Mal im vorigen Jahr auf meinen Streifzügen die sandige Höhe aufsuchte. Nicht ganz ahnungslos, denn bereits zwei weitere Jahre zuvor hatte ich den Weg zurück in mein Ferienquartier verfehlt und war über ausgefahrene Feldwege und zuletzt über die Überschwemmungswiesen des Bruchs mit unserem kleinen Stadtwägelchen geholpert und dabei auch über den Garnischberg gefahren. Aber damals konnte sich mir dessen Schönheit nicht einprägen, weil ich nur damit beschäftigt war, wieder auf normale Straßen zurückzufinden. Letztes Jahr also hatte mich dieser Berg ergriffen, so als ob ich nach langen Jahren wieder zurück in meine Heimat gekommen wäre.

Dabei ist die Landschaft meiner Heimat von ganz anderer Art, eine kurzhügelige Glaziallandschaft mit Feldern, Hainen und kleinen Dörfern dazwischen, und immer wieder der Blick auf die blaue Ostsee. Aber mit zehn oder zwölf Jahren, als mein Geist recht verspätet langsam erwachte, fuhr ich in den Schulferien mit meinen Eltern, dem Bruder und einer verwandten Familie an den Strand der Eckernförder Bucht und fand hier eine kleine Dünenlandschaft vor, menschenleer und still, in der ich so recht meine Einsamkeit empfand und - da die sonst übliche Strenge, die Ermahnungen und Strafandrohungen fehlten - beglückend erlebte. Hier konnte ich endlich für kurze zwei oder drei Wochen ganz bei mir sein, niemand verlangte etwas von mir, niemand kümmerte sich um mich, und ich wurde eins mit der mich umgebenden Natur.

Diese Natur trat mir nun unverhofft auf dem Garnischberg wieder entgegen. Eine sandige Höhe, kaum sechs oder sieben Meter höher gelegen als die umliegenden flachen Überschwemmungswiesen, mit einer kargen Vegetation. Trockene Flechten und Moose, dürre, harte Gräser, die büschelweise versuchten, dem Sand ihr Lebensrecht abzutrotzen. An den abfallenden Flanken des lang hingezogenen Berges standen einige Eichen, in deren tiefen Schatten man sich vor der flimmernden Mittagshitze verbergen konnte. Oben auf der Sanddüne gelangten die Eichen nur zu einem knöchelhohen Krüppelwuchs. Wehte der Wind über den Berg, so wogten die Halme des trockenen Steppengrases wie Meereswellen über die Höhe. Dieses Bild löste so tiefe Empfindungen in mir aus, dass sich mir die Kehle zuschnürte und ich mit den Tränen kämpfen musste. Weit über fünfzig Jahre waren vergangen, seitdem ich als Kind die Einsamkeit als meinen Freund kennengelernt hatte, aber all die dazwischen liegenden Jahre hatten es nicht vermocht, dieses frühe Grundgefühl meiner Existenz zu verändern. Verschiedene Berufe, ein politisches Engagement in pazifistischen und sozialistischen Kreisen, eine jahrzehntelange Ehe, eine beinahe ebenso lange Mitarbeit in einem psychologischen Arbeitskreis, ein Studium, schließlich mein späterer Beruf als Therapeut sowie eine kontinuierliche Erweiterung meines Wissens und meines Weltbildes haben es nicht vermocht, dieses schlafende Grundgefühl aufzulösen.

Da stand ich nun mit Tränen in den Augen und war erfüllt von einer traurigen Glückseligkeit, so dass ich mich ins trockene Gras legte und wie ein Kind einschlief. Selbst überrascht von diesem heftigen Affekt versuchte ich zu verstehen, was da in mir ablief und kam zu dem Schluss, dass ich wohl im innersten Wesen immer noch das einsame und scheue Kind von damals bin und nur äußerlich gelernt habe, mich an die sozialen Gegebenheiten anzupassen. Zu einem inneren Wandel ist es nie gekommen.

In diesem Jahr werde ich achtundsechzig. Wie sollte ich da glauben, dass sich in meinem Wesen, in meiner Persönlichkeitsstruktur, in meinem Charakter noch etwas grundlegend ändern könnte. Ob es bei allen Menschen so ist, oder bei mir so viel ausgeprägter, weiß ich nicht, vermute aber stark, dass ich da keine so große Ausnahme bilde. Ich weiß es nicht, aber mir selbst habe ich es seit längerem zur Regel gemacht, so zu leben und zu sein wie ich bin und nicht länger irgendwelchen Illusionen und vorgegebenen Zielen nachzuleben, da, wie es Goethe in seiner Selbstanzeige zu den „Wahlverwandtschaften" formuliert hat, auch in der heiteren Vernunft-Freiheit die Spuren trüber leidenschaftlicher Notwendigkeit nicht völlig auszulöschen sind.

Damit zusammen hängt nun auch mein diesjähriges Ferienprojekt, den Garnischberg zu erfassen und mich selbst dabei besser zu verstehen. Den Berg selbst werde ich wohl nicht verstehen, dass habe ich von Vico und Dilthey und Rattner gelernt, obwohl in mir eine starke Tendenz zur Einswerdung mit der Dingwelt vorliegt. Schon zu Hause hatte ich mich intensiv vorbereitet und kleine geologische, botanische, landeskundliche und historische Studien betrieben, um dem Berg näher zu kommen. Nun, vor Ort, lieh ich mir von meinem Wirt ein altes, gelb lackiertes Postfahrrad aus und radelte täglich wie ein Landzusteller den Oderdeich entlang zum meinem Berg und richtete mir dort eine kleine

Forschungsstation ein, zu der ein kleines Tischchen, ein noch kleinerer Hocker, ein Mini-Notebook, ein kleiner Vorrat an Lebensmitteln und Trinkwasser sowie diverse Instrumente gehörten, ohne die ein Wissenschaftler nun einmal nicht denkbar ist: Thermometer, Lupe, Kompass, Cyanometer, Fotoapparat und dergleichen mehr. Natürlich auch ein ausgesuchtes Kartenmaterial.

Das einzige, was mir bei meiner etwas unüblichen Tätigkeit Probleme bereitete, war die große Hitze, denn es ist keine Kleinigkeit, bei 32 Grad im Schatten durch sandige Hügel zu steigen, Baumhöhen zu messen, Pflanzen zu bestimmen und die Arten der Tierwelt zu erkunden, die sich vorwiegend aus dem Insektenvolk rekrutierten. Erschöpft nach so einer Tagesarbeit tauchte ich in einen Altarm der Oder hinein und schlug mich mit Seerosen herum, deren lange Wurzeln mich in die Tiefe ziehen wollten. Abends wieder in meinem Quartier blieb dann nur noch wenig Zeit zum Eintragen der verschiedenen Erlebnisse und zu einem kurzen Gespräch mit dem Gastwirtsehepaar, das ihren einzigen Dauergast in diesem Durchgangsquartier für Radwanderer inzwischen gut kennt und ihn in seinem Treiben gewähren lässt.

Aber genau so, wie man eine Geliebte doch auch einmal des Nachts besuchen möchte, kam in mir der Wunsch auf, eine Nacht auf dem Berg zu verbringen. So fuhr ich am gleichen Tage noch spät am Abend erneut mit dem Postrad über die alten Schlafdeiche zu meiner Liebe, gab aber zuvor meinen Wirtsleuten Bescheid, damit sie sich nicht wundern, wenn im Gästezimmer Nr. 1 kein Licht brennt. So kam ich gerade noch rechtzeitig zu dem „alten Stück" eines Sonnenunterganges, der die ganze Höhe in ein rotes Licht tauchte. Ein Storch kam im eleganten Schwebeflug sehr dicht an mir vorbei und hatte mit einigen Flügelschlägen bald die Höhe in ihrer gesamten Länge überflogen. Ungewöhnliche Tierstimmen waren rings um mich her zu hören, Rehböcke riefen mit ihren rauen Stimmen aus dem Schilf, Wildgänse fingen ein lautes Geschnatter an, doch dann wurde es still.

Viel Zeit blieb mir nicht, mein Nachtlager unter einer der Eichen einzurichten, denn die Nacht brach dunkel hervor und ich war müde von dem vielen Hin- und Hergelaufe und –gefahre. Gewiss wäre ich auch bald eingeschlafen, wenn sich da nicht das Mückenvolk, von dem ich auf dem Berg bislang nichts bemerkt hatte, mit dem bekannten Summen meinem unbedeckten Kopf näherte. In meiner Not versuchte ich ganz in den leichten Biwaksack hineinzukriechen und ihn an der Kopföffnung fest zuzuschnüren, allein es stellte sich bald Atemnot ein und ich musste wieder hervorkommen. Nach einem längeren

Versteckspiel zogen sich die Plagegeister zurück, entweder, weil ihre Stunde vorbei war oder weil ein kühler Abendwind über die Düne zog und sie vertrieb. So schlief ich bis gegen drei Uhr fest durch und sah beim Öffnen meiner Augen unter dem Eichenlaub auf den tief stehenden Großen Bären und darüber den Polarstern. Die Welt hatte sich also noch nicht verändert.

Früh vor fünf Uhr weckte mich das erste Morgengrau. Am nordöstlichen Horizont machte sich ein ganz schwaches Rot bemerkbar, und ich stand auf, um von dem gleichen Ort, an dem sich die Sonne verabschiedet hatte, sie nach dem kurzen Lauf unter dem nördlichen Horizont im Osten wieder begrüßen zu können. Was denn auch mit der ihr gebührenden Pünktlichkeit geschah, obgleich wir genau genommen unserer Erde diese Regelmäßigkeit verdanken.

Mit den ersten Sonnenstrahlen machte ich mich zu einer Fototour auf, um die nördliche Seite des Garnischberges im Sonnenlicht fotografieren zu können, die sonst immer im Schatten liegt. Vierzehn Grad Lufttemperatur klingt ja ganz erfrischend, aber ich schlotterte am ganzen Leib, als wenn es Minusgrade wären, weil mein Körper den Unterschied zu den 32 Grad am Tage durchaus richtig als Kälteeinbruch auffasste. Also stolperte ich, eine alte Wolldecke um meine Schultern gelegt, kräftig über die unregelmäßigen Wiesen los, um mich wieder etwas aufzuwärmen. Dabei musste ich zwei sumpfige Altarme durchschreiten, wobei ich beim nächsten Schritt nie genau wusste, ob mein Fuß noch auf festem Boden oder im morastigen Schlamm aufsetzte. Zwei Rehböcke sprangen vor mir auf und erschreckten mich wohl mehr, als ich sie selbst aufgeschreckt habe. In übermütigen Sprüngen und darin eingelegten Hochsprüngen, die jeder afrikanischen Antilope Ehre gemacht hätten, zeigten sie mir, dass ein Nachlaufen keinen Erfolg haben würde. Mir ging es aber mehr darum, wieder aus dem hohen Schilf der toten Oderarme herauszukommen, die obendrein noch den nicht gerade ermutigenden Namen Koboldte trugen. Dann aber ging es auf festem Wiesengrund weiter, und ich konnte nun meine Aufnahmen vom Berg machen.

Um sieben Uhr hatte ich mein frühes Werk vollbracht, um acht Uhr fand ich mich wieder am Frühstückstisch des Gasthofes ein, voller Eindrücke, und es ärgerte mich fast ein wenig, dass die Wirtsleute nicht einmal nachfragten, wie ich die Nacht verbracht hätte. Nur die Großmutter, der ich am Abend von meinem nächtlichen Ausflug erzählte, nickte zustimmend und anerkannte mein nächtliches Wagestück.

## Kobolde

Kobolde sind kleine Haus- und Erdgeister, die in der Regel dem Menschen behilflich sind, wenn er sie nur in Ruhe lässt und ihnen nicht nachstellt. Doch können sie gelegentlich auch ziemlich giftig werden, und da bekommt man in der Dunkelheit plötzlich eine derbe Ohrfeige oder sie stellen einem ein Bein, so dass man auf ebenem Wege unverhofft am Boden liegt. Was man dann eigentlich verschuldet hat, ist gar nicht so leicht auszumachen, sie haben da so ihre eigenen Gesetze und Moralvorstellungen, die mit unseren Werten nicht immer zusammenpassen, und dann nehmen sie wohl manches krumm, was in unseren Augen weiter nichts bedeutet. So bekam ich zum Beispiel einmal, als ich noch spät abends an die Oder ging, einen recht kräftigen Stoß in die Kniekehle, der mich beinahe in den Fluss geworfen hätte. Da ich ganz gegen meine Gewohnheit abends im Dorf noch ein Bier getrunken hatte, fand ich es weiter nicht ungehörig, mich von einer Buhne aus in den Fluss von dem überflüssigen Wasser zu befreien. Aber einem Kobold, der zwischen den Ufersteinen versteckt gewesen sein muss, erschien die Sache anscheinend höchst freventlich, so dass er sich von hinten heranschlich und mir den Stoß versetzte. Als ich mich umdrehte, konnte ich im Dämmerlicht nichts sehen, aber mir war, als ob sich ziemlich kurze und schnelle Schritte rasch entfernten. So ganz wohl war mir nun nicht mehr, und ich hielt es für besser, auch zu gehen und mich in mein Quartier zu begeben. Auf dem Rückweg sah ich mich öfter um, ob mir auch niemand folgte, aber es blieb alles ruhig.

Die Sache ließ mir jedoch keine Ruhe, und ich befragte etliche Brücher, ob sie näheres über die Kobolde wüssten und versuchte in der einschlägigen Literatur etwas darüber zu erfahren. Die meisten sahen mich recht seltsam an, als ich sie nach ihren Erfahrungen mit Kobolden fragte, und auch die Fachliteratur zur Geisterkunde, Esoterik und Parapsychologie erwies sich als ziemlich mager. Einzig bei Swedenborg und Jung-Stilling fand ich einige diesbezügliche Hinweise, aber sie waren so allgemein und vage gehalten, dass damit auch nichts anzufangen war. In Agricolas berühmten Werk über das Hüttenwesen wurden Bergmännlein erwähnt, lateinisch *daemon subterraneus* genannt, aber hier im flachen Oderbruch waren doch keine Berge, wo man sie antreffen könnte.

In den alten Sagenbüchern des Oderbruchs fand ich jedoch einige Hinweise auf die Kobolde, und auf einer alten Karte waren auf den ehemaligen Wiesen von Kalenzig sogar einige Stellen mit „Koboldte" verzeichnet. Das interessierte mich sehr, und ich machte mich auf und betrieb auf eigene Faust vor Ort Feldstudien, um genaueres über diese seltsamen Wesen zu erfahren.

Wie kam ich nun aber an die Kobolde heran? Um mich möglichst ungehörig zu benehmen, schlich ich nachts mit meiner Kamera durch die Kalenziger Wiesen, um unverhofft und aufs Geratewohl einige Blitzlichtaufnahmen frei in die Dunkelheit hinein zu machen. Auch ließ ich plötzlich meine vorsorglich mitgenommene Taschenlampe aufblitzen, und einmal leuchteten mir auch zwei gelbe Augen entgegen. Aber als ich darauf zuging, traf ich auf eine Katze, die sich sogleich davon machte. Doch kurz danach fand ich mich am Boden liegend wieder. Irgendetwas war mir unter die Beine geraten, so dass ich stolperte und schließlich stürzte und dabei Mühe hatte, meinen kostbaren Fotoapparat nicht aus der Hand fallen zu lassen. Und doch lohnte sich der Sturz, denn ich spürte, dass etwas Lebendiges unter mir lag und ziemlich energisch herumzappelte. Ich griff im Dunkeln zu und hatte einen kleinen Arm in der Hand und bald auch ein ganzes Männchen, das sich da unter meinen Beinen hervorwand. Wir waren beide einigermaßen erschrocken und wussten nicht gleich etwas zu sagen. Aber dann sagte es mit seltsam knarrender Stimme, ich solle den Arm loslassen, was ich auch tat, um mir nicht Unannehmlichkeiten einzuhandeln. Doch bat ich freundlich um Auskunft, was hier eigentlich los sei in der Dunkelheit. Das würde es von mir auch gerne wissen, erwiderte das Männlein heftig, denn die Wiesen seien sein Revier und die Menschen haben sich zur Nacht in den Häusern aufzuhalten. Es entspann sich daraufhin ein kurzer Disput über die Frage der Berechtigung, nachts auf freiem Feld herumzustreifen, zumal meines Wissens auch die Kobolde mehr zum häuslichen Bereich als in die freie Natur gehören.

Diese Bemerkung schien dem Kobold sehr nahe zu gehen, denn er verstummte und ich vermeinte sogar, ein leichtes Schluchzen zu hören. Endlich sprach er mit einer anrührend getönten brüchigen Stimme weiter und erzählte mir von seinem Schicksal. Hier auf den Kalenziger Wiesen sei er jetzt der einzige Kobold. Das sei früher anders gewesen. Angefangen hätte es mit der großen Flussbegradigung vor über zweihundert Jahren, als man die beiden großen Flussschleifen zwischen Schaumburg und Klewitz durch einen Kanaldurchstich einfach trockengelegt hätte. Damals hätten sehr viele Kobolde die anliegenden Dörfer verlassen, um das Werk der Menschen zu stören, denn es sei nicht recht gewesen, einem ehrwürdigen Fluss einfach sein altes Bett zu nehmen. Dem alten Fritz hätten sie Jahrzehnte vorher schon mit seiner Oderverlegung bei Güstebiese arg zugesetzt, und nun sollte es auch hier losgehen. Man könne in den Chroniken dieser Zeit noch darüber lesen, dass viele Arbeiter in Unruhe gerieten, weil ihnen ihr Arbeitsgerät abhanden gekommen wäre und dass oft genug am anderen Morgen der Kanalabschnitt wieder mit Erde aufgefüllt gewesen sei, den sie tags zuvor so mühsam ausgehoben hätten. Etliche Arbeiter seien sogar fortgegangen, weil es ihnen dort nicht ganz geheuer vorkam. Aber dann hätten die Menschen es doch geschafft und den Kanal geflutet, so dass die Oder nun mächtig in das neugeschaffene Bett einströmte und damit die Kalenziger Wiesen von den Ortschaften der Neumark trennte. Die Kobolde aber hätten dadurch keinen Weg mehr zurück in ihre Wohnstätten gefunden, und da es ihnen nach einem alten Gesetz nicht erlaubt war, einen Fluss zu überqueren, wären sie heimatlos auf den nun linksseitigen Wiesen geblieben. Die Bruchdörfer hinter den alten Deichen auf kurmärkischer Seite hätten alle schon ihre eigenen Kobolde gehabt, und so blieb ihnen nichts anders übrig, als auf den Kalenziger Wiesen zu bleiben und sich dort in Erdlöchern aufzuhalten. Auf einer alten Karte könne man noch sehen, dass das entsprechende Gebiet „die Koboldte“ genannt wurde. Damals gab es noch keinen Oderdeich vor den Wiesen; stiegen die Wasser der Oder an, dann hätten sie sich auf den Garnischberg flüchten müssen. So konnten sie zwar überleben, aber ihr eigentliches Element seien doch die Behausungen der Menschen, und die gab es dort nicht.

Nur einmal noch ließen sich Menschen auf den Wiesen nieder; das waren die Soldaten der Roten Armee, die eines Tages in Massen vom anderen Ufer herüberkamen. Das war damals ein Gedränge und eine Unruhe, und sie konnten so recht nach ihrem Herzen allerlei Schabernack mit ihnen treiben. Mancher Soldat suchte verzweifelt nach seinem Gewehr oder seiner Feldflasche, und man sprach schon von Sabotage, aber es waren unsere Leute, die ihnen alles wegnahmen oder versteckten. Es war allerdings auch eine harte Zeit, denn alle Kräuter über der Erde und alle Wurzeln unter der Erde seien durch die vielen Unterstände und Schützenlöcher fast ausgerottet worden, aber da entdeckten sie in den Kochgeschirren der Russen eine herrliche Kascha aus Hirse, und alle Not war vorbei. Nicht aber für die Soldaten, die sich nun gegenseitig beschuldigten, ihre Kascha aufgegessen zu haben. Auch fehlten plötzlich alle Tapferkeitsmedaillen oder die Formulare für die Aufnahme in die Partei, wodurch die Kampfmoral abzusinken drohte. Das war ebenfalls ihr Werk. Aber es seien damals auch etliche Kobolde umgekommen, denn andauernd flogen Bomben und Granaten auf die Wiesen und richteten großes Unheil nicht nur unter den Soldaten an. Dann jedoch sind diese plötzlich aufgebrochen und mit lautem Hurra über die Deiche der Alten Oder nach Westen gestürmt, und es wurde wieder still auf den Wiesen. Heute kämen außer einigen Bauern kaum noch Menschen hierher, ich sei seit langem der erste, der nachts hier herumschleiche, und da hätte es ihm Freude bereitet, mir ein Bein zu stellen. Nur sei er inzwischen so aus der Übung gekommen, dass er dabei selbst hinfiel und unter meine Beine geriet.

Inzwischen war der Mond aufgegangen, und ich konnte in dem fahlen Licht das kleine runzlige Gesicht auf einem übergroßen Kopf sehen, der wiederum auf einem dürren Hals saß. Mein Ansinnen, eine Aufnahme von ihm zu machen, lehnte er schroff ab. Mit der modernen Technik wolle er nichts zu tun haben, die Menschen sollten sich lieber um den Erhalt ihrer Erde kümmern anstatt sie so sehr auszuplündern. Gleichwohl schieden wir in Freundschaft, und ich bin nie wieder auf den Kalenziger Wiesen oder auf dem Garnischberg ins Stolpern geraten. Den Kobold aber habe ich seither auch nicht mehr angetroffen.

## Gespräch mit dem Flussgott

Heute habe ich den Flussgott getroffen und konnte sogar einige Worte mit ihm wechseln. Von seiner Existenz wusste ich durch die Literatur, obgleich ich natürlich nicht daran glaubte. Mit dergleichen Geschichten konnte man mich vielleicht als Kind beeindrucken, aber selbst damals schon erschienen mir die Märchen mit all ihren wunderlichen Gestalten wenig glaubwürdig. Später, in der Schule, hörten wir von der nordischen Sagenwelt, da ging es schon etwas interessanter zu, wenn etwa Wieland der Schmied eine flugfähige Maschine baute, aber spätestens mit Beginn des Physikunterrichts wurde mir klar, dass dergleichen Flugapparate nicht tauglich für die Lüfte sein konnten, und so wurde die Welt der Helden und Götter immer weiter zurückgedrängt, um einem streng wissenschaftlichen Weltbild mit Formeln und Gesetzen zu weichen. Nur einmal noch tauchten die Geister der Vorzeit auf, als die griechische Philosophie und die mit ihr verbundene antike Götterlehre lebendig wurde, aber da war doch schon soviel Abstand und Reflexion dazwischengetreten, dass von einem wirklichen Glauben nicht mehr die Rede sein konnte. Später

haben dann Feuerbach und Marx den Himmel endgültig entvölkert, zumal der einzig gepriesene Jahwe zu keiner Zeit in meinem Leben Fuß fassen konnte.

Da wird man sich vorstellen können, wie irritiert ich war, als ich dann doch einem dieser angeblichen Fabelwesen leibhaftig gegenüberstand. Ich war wie stets gegen Abend vor Sonnenuntergang noch einmal an die Oder gegangen, um mir angesichts des ruhig und breit vorbeiströmenden Flusses noch einmal die Tagesereignisse durch den Kopf ziehen zu lassen, damit sie nicht unverarbeitet zur Nacht im Traum ihr Unwesen treiben konnten. Der kleine Pappelhain warf schon seine Schatten auf die Buhne, auf der ich mich ganz vorn auf den letzten trockenen Stein gesetzt hatte und das Spiel der sich unablässig bildenden kleinen Wasserwirbel verfolgte, die hinter der steinernen Buhne wieder zurückflossen und sich dann erneut in das turbulente Geschehen einreihten. Das ging wohl eine ganze Zeit so, und ich spürte, wie von dem abwärtsrauschenden Wasser eine beinahe magische Anziehung ausging, sich dieser Naturkraft hinzugeben. Goethes Gedicht von dem Fischer kam mir in den Sinn, doch ich hütete mich, es dem Jüngling gleichzutun und der Verlockung der Tiefe nachzugeben. Wie ich den Blick von den Strudeln abwende, um wieder in der Weite festen Halt zu finden, steigt vor mir schnaubend aus dem Fluss eine kräftige Männergestalt empor, durchaus von antiker Figur, so dass gewiss auch Winckelmann daran seine Freude gehabt hätte. In seiner Rechten trug er, entgegen meiner Erwartung, keinen Dreizack, sondern ein ziemlich unförmiges Holzruder, mit dem er wohl die Wellen und Strudel seines Flusses aufrührte. Ganz wohl war mir nicht, obgleich die große Ruhe und Gelassenheit, die er ausstrahlte, ziemlich vertrauenerweckend wirkte. Ich hielt es für geraten zu schweigen und eine allfällige Gesprächseröffnung lieber dem Flussgott zu überlassen, als den ich ihn sogleich erkannte. Er selbst schien auch abzuwarten, ob sich da ein vorwitziger Mensch über ein Jahrtausende altes Recht hinwegsetzen würde und mit moderner Geschwätzigkeit die Ruhe der Götter zu stören getraute. Wir sahen uns wohl eine lange Minute an, bis er schließlich mit einer tiefrauschenden Stimme anhub und nach meinem Begehr fragte. Nun, eigentlich wollte ich doch gar nichts von ihm, aber einmal aufgefordert, fragte ich ihn, wie er mit der modernen Zeit der Flussregulierung und Uferbefestigung zurechtkäme. Obwohl Götter nur selten über Menschen lachen, war er von soviel Naivität doch herzlich angetan, dass er prustend und glucksend auflachte und dabei mit seinem erschütterten Leib zahllose Ringe im Wasser erzeugte, die sich rasch über den ganzen Fluss bis auf das polnische Ufer ausbreiteten. Die Strudel standen eine zeitlang still, und durch sein Gelächter herbeigelockt sah ich, wie eine Odernixe auf eine nahe Sandbank glitt und ihrem Chef verliebte Blicke zuwarf. Also auch diese Nixen gab es wirklich, was mich noch mehr verwirrte.

Doch der Gott der Oder fasste sich bald, die Wasser fingen wieder an zu strömen und die Strudel zu kreisen, und er begann ganz behaglich, mir zu antworten. Die Frage wäre doch wohl eher, wie wir Menschen mit dem alten Fluss zurechtkämen, aber das sehe uns ähnlich, aus den Erfahrungen eines kurzen Lebens vorschnell auf Äonen zu schließen. Ob ich denn überhaupt wisse, wie alt er eigentlich wäre? Nun, besann ich mich, er müsse ja eigentlich schon mit dem abschmelzenden Eis der letzten Kaltzeiten dagewesen sein, und das wären immerhin so an die Hunderttausend Jahre. Der Gott patschte vor Vergnügen mit seinem Paddel auf die Wellen, wodurch ein Schwall Wasser überschwappte und mich völlig durchnässte. Nichts für ungut, meinte er, aber Hunderttausend Jahre, nun ja, vielleicht noch ein oder zwei Nullen angehängt, so genau wüsste er es allerdings auch nicht mehr, auf ein paar Hunderttausend Jahre käme es schließlich auch nicht an. Auch die Nixe kicherte vor sich hin, was mich ärgerte, denn die wusste es bestimmt auch nicht besser als ich, der ich mich doch immerhin etwas mit den hydrographischen Verhältnissen des Stromes beschäftigt hatte. Es sei noch gar nicht lange her, so fuhr der Flussgott fort, da führte ihn sein Weg in die Nordsee, zusammen mit seiner alten Freundin, der Elbe, doch dann hätte er selber soviel Kies und Geröll aufgetürmt und sich dabei den Weg verbaut, so dass er nun seit einiger Zeit in die Ostsee einmünde. Überhaupt fehle es ihm augenblicklich etwas von seiner berauschenden Kraft, und mit Wehmut denke er daran, welche Wassermassen er noch vor etlichen Zehntausend Jahren vor sich hingewälzt habe. Aber die Zeiten ändern sich. Ich solle nur einmal einige Tausend Jahre warten, dann sähe es wieder anders aus.

Ich fühlte mich etwas geehrt, dass er mich im Eifer seiner Rede beinahe den Göttern gleichsetzte und mir eine so lange Lebenserwartung zubilligte, gab ihm dann aber doch zu bedenken, dass ich dann wohl nicht mehr unter den Lebenden sei. Das brachte ihn wieder zu sich, und er beschränkte sich auf die jüngsten Jahre. Ja, die gefielen ihm freilich wenig. Besonders dass dieser Fritz ihm vorschreiben wollte, wie er zu fließen habe, ohne es vorher mit ihm abzusprechen. Aber er wisse sich zu wehren, und wenn es die Menschen gar zu arg mit ihm treiben würden, dann bräuchte er sich bloß ein bisschen anzuheben, und schon sei alles Menschenwerk nichts als Tand und wieder dahin. Zuletzt habe er es vor gerade einmal 60 Jahren gemacht, als es ihm zu arg wurde mit all den eisernen Waffen und toten Soldaten, die man einfach in sein Bett warf. Und vor zehn Jahren waren es wiederum Soldaten, die aber diesmal wie die kleinen Kinder mit Eimerchen und Sandsäcken gegen ihn angehen wollten. Das fand er so drollig, dass er ihnen ihr kleines Spiel gönnte und sie in dem Glauben ließ, sie hätten den Fluss besiegt.

Heute seien es die Abwässer aus Industrie und Haushalt, die man ungeniert in ihn ableite. Das ärgere ihn doch sehr, schließlich sei er für die Gesundheit der Krebse und Fische verantwortlich. Die Menschen mögen sich doch bitte mit der Natur absprechen, bevor sie selbstherrlich alles zerstören würden. Sollte es nicht besser damit werden, dann müsse er wohl doch wieder einmal mit einem richtigen Hochwasser nachhelfen und die Dämme beiseite spülen. Das solle ich mal meinen Artgenossen sagen. Damit tauchte er grußlos wie er gekommen war wieder unter, kam an der Sandbank noch einmal schnaubend an die Oberfläche, fasste die kreischende Nixe um ihre schuppige Hüfte und verschwand mit ihr in der Tiefe.

Inzwischen war es schon ziemlich dunkler geworden, und ich hörte aus dem Pappelhain die ersten Biber an den Stämmen nagen. Höchste Zeit für mich, zurück in mein Quartier zu gehen, bevor der Wirt alle Tore abschloss. Auf meinem Zimmer fühlte ich mich von all dem ebengerade Erlebten ganz benommen und warf mich auf mein Lager, ohne mich zu entkleiden. Die Nacht war traumlos oder mein Schlaf so schwer, dass ich mich am anderen Morgen an nichts mehr erinnern konnte. Nur die Begegnung mit dem Flussgott von gestern Abend stand mir noch ganz klar vor Augen, und ich setzte mich an den Tisch und tippte meine Erlebnisse in das Notebook, um sie der Nachwelt zu erhalten.

## Zwei Kienitzer Leben

Zwei Menschen sind im letzten Jahr in Kienitz gestorben, die ich beide kannte. Natürlich nur flüchtig, denn ich bin hier ja immer nur ein kurzer Sommergast. Unterschiedlicher kann man sich Menschen kaum vorstellen. Es waren der alte Hafenmeister und die alte Pfarrersfrau, beides Originale auf ihre Art. Wir lernten sie wohl um die gleiche Zeit kennen, Ende der neunziger Jahre oder auch erst zum Anfang dieses Jahrhunderts.

Auf den Hafenmeister trafen wir an einem Neujahrstag im Gasthaus „Zum Hafen", als er hier seinen Silvesterrausch mit etlichen Bieren vergeblich zu bekämpfen versuchte. Das Lokal war voll und so setzten wir uns an einen Tisch, an dem zwei sehr bedenklich aussehende Männer saßen, beide etwa im gleichen Alter mit mir. Nach und nach kam ein Gespräch auf. Natürlich über die Oder. Den Hafenmeister konnten wir, obgleich er sichtlich mehr getrunken hatte als sein Zechgenosse, noch einigermaßen verstehen, der andere fiel durch einen Sprachfehler auf, regte gleichwohl das auslaufende Gespräch immer wieder an. Aber unser Gegenüber war misstrauisch, wir waren fremd hier, womöglich aus dem Westen. Man hatte ihm gerade einen jungen Fachmann vom Rhein vor die Nase gesetzt, der von den Strömungsverhältnissen der Oder keine Ahnung hatte. Aber dieser kannte die Gesetze und Vorschriften besser und blieb, während der alte Hafenmeister in Pension gehen musste. Nun blieben ihm nur noch die Hafenkneipe und die Erinnerung an früher. Sein anfängliches Misstrauen konnte ich auflösen, ich erfuhr, dass sein Vater nach dem Krieg im Abbau von Pechblende beschäftigt war und sich rechtzeitig von diesem tödlichen Gewerbe verabschiedet hatte. Er kam dann nach Kienitz, sein Sohn auf unklarem Wege nach Heikendorf bei Kiel. Wieder dieses Misstrauen, weil ich von allen Orten, die er erwähnte, ziemlich genau Bescheid wusste. Erst als ich ihm der Reihe nach alle Dörfer auf der Ostseite der Kieler Förde aufzählte, glaubte er mir, dass ich aus Kiel käme. Sein lallender Tischgenosse nickte zu allem, bis wir schließlich etymologisch klärten, woher die Redensart „Mit dem Arsch auf Grundeis gehen" käme. Natürlich von der Oder, die als einziger Fluss Europas gelegentlich von unten zufriere und dadurch die Schifffahrt behindere. Zu Hause las ich nach: es stimmte, auch die Wortherkunft. Erstaunlich, was so benebelte Menschen noch von sich geben konnten. Später, in anderen Jahren, hörte ich von meinem Wirt von noch anderen Heldentaten des Mannes, die allesamt nicht von Pappe waren. Ich hätte ihn noch gerne einmal im nüchternen Zustand gesprochen, aber zuletzt war er krank, und nun ist er tot. Seine

Asche wurde auf seinen Wunsch hin die Oder hinauf zur Ostsee gebracht und dort dem Meer übergeben. Das ist würdig. Seinen schwerzüngigen Kollegen treffe ich noch heute im Lokal und begrüße ihn freundlich. Leider hat sein Alkoholkonsum nicht nachgelassen, und er wird sich wohl vor mir davonmachen.

Ganz anders dagegen das Leben der Erna Roder, der alten Pfarrersfrau hier in dem Ort. Der Krieg hatte sie von Schlesien ins Rheinland verschlagen. Als sie davon hörte, dass dem Kienitzer Pfarrer seine Frau gestorben war und er nun mit seinen beiden Kindern allein zurecht kommen müsse, zog sie kurzerhand hierher und stieg von einer Haushälterin zur Pfarrersfrau und unermüdlichen Gemeindehelferin auf, die die volle Achtung der Dorfbewohner errang. Da die Kirche des Dorfes samt Turm kurz vor Kriegsende noch von der deutschen Artillerie zerschossen wurde, um den übergesetzten Russen keinen Beobachtungsort zu lassen, machte sie es sich zur Aufgabe, durch Eigenleistung, aber besonders durch den Verkauf von selbstgemalten Bildern, die Kirche wieder herzurichten. Sie erlangte einen gewissen Ruhm als malende Pfarrersfrau und avancierte in den letzten Jahren noch zur „Frau Brandenburgs“, die von der Ministerpräsidentin persönlich ihre Auszeichnung überreicht bekam. Stolze 95 Jahre ist sie alt geworden, nicht nur 67 wie der Hafenmeister, weil sie nicht trank und unermüdlich tätig war. Sie wohnte in einer kleinen Stube in der Kirche, die man nach dem Krieg in die Kirchenruine eingebaut hatte. Dort trafen wir auf sie an einem Neujahrsmorgen, und sie erzählte uns von ihrer Arbeit. Ich hätte gern ein Original von ihr gehabt, aber jetzt ist es zu spät und ich habe nur die Kopie eines Bildes, wie sich auf der Oder kreisförmige Eisschollen bilden, wie sie tatsächlich im Winter klingend und klirrend aneinander stoßen und wie die Lotosblumen auf dem Wasser treiben.

## Möglin

Bei ziemlichem Sturm sitze ich unter einem Apfelbaum und schütze mein Notebook so gut ich kann vor herunterfallenden Äpfeln. Das passt ganz gut zu meinem Thema, über das ich schreiben will, über Obstanbau, Landwirtschaft und Viehzucht. Heute, an meinem letzten Ferientag, war ich in Möglin. Dem Städter sagt dieser Name gar nichts, dem landwirtschaftlich Interessierten alles. Möglin ist das Weimar der Agrarwissenschaft. Hier lebte und wirkte Albrecht Daniel Thaer und schuf die Grundlagen der modernen Landwirtschaft. Als

Städter bin ich natürlich auch ein Banause auf diesem Gebiet und kann nur mit wenigen Worten wiedergeben, welche Bedeutung dieser Mann und sein Mustergut am Rande des Oderbruchs haben. Die kleine Ausstellung war gar nicht besucht, so hatte ich das Glück, von der Leiterin über eine Stunde lang allein durch die Anlagen der ehemaligen landwirtschaftlichen Hochschule geführt zu werden. Die Frau war bereits Rentnerin und arbeitete hier unentgeltlich, aber mit einem ungebrochenen Elan für die Sache. Wie überall mangelte es auch hier an Geld, um das wenige noch Vorhandene weiterhin zu erhalten und vor den Aufkäufen betuchter, wohl besser gesagt ausgebuffter Spekulanten zu bewahren. Was aber, wie auch anderswo, nicht gelungen ist. Die Methode scheint überall die gleiche zu sein: Es gibt heruntergekommene kulturelle Objekte, man bietet sich an, den Tourismus in der Gegend zu fördern und aus dem Vorhandenen eine Attraktion zu machen, bekommt staatliche Fördermittel zum Ausbau und Erhalt, macht Konkurs und schafft es durch windige Tricks, die verfahrene Kiste in seinen persönlichen Besitz zu bringen. Was vormals der Kommune gehörte ist dann in Privathand. Herrenhaus und Parkanlage sind dann nicht mehr öffentlich zugänglich und die Kultur und der Tourismus haben das Nachsehen. So auch in Möglin, weshalb ich auch nicht die Räume der ehemaligen großen Akademie und das Professorenhaus betreten konnte. Gerademal das Grab konnte ich aufsuchen, weil es auf dem Gelände der Kirche liegt.

Albrecht Thaer stammt aus Celle, ein außerordentlich tüchtiger Arzt, königlicher Leibarzt der englischen Krone, der neben seiner eigentlichen Praxis ein umfangreiches botanisches und landwirtschaftliches Versuchsgut betrieb, um die damals fortschrittlichste Landbaumethode aus England nach Deutschland zu importieren. Sein Ruhm drang bis an den preußischen Hof, und König Friedrich Wilhelm III. gelang es mit Scharnhorsts Hilfe, ihn nach Preußen zu ziehen. In Möglin, am westlichen Rande des Oderbruchs, kaufte er sich ein Anwesen, das er nach den neuesten Methoden bebaute, die er an der von ihm begründeten Akademie den Studenten von der Berliner Universität weitervermittelte. Im Verlaufe des langen Bestehens gingen über 700 Agrarwissenschaftler aus dieser Einrichtung hervor. Fontane schreibt in seinen „Wanderungen“ ausführlich über ihn, und auch für Goethe war der rührige Arzt und Agronom kein Unbekannter, so dass er ihm zu seinem 50-jährigen Doktorjubiläum ein launiges Gedicht widmete:

„Wer müht sich wohl im Garten dort,
und mustert jedes Beet?
Er pflanzt und gießt und spricht kein Wort,
so schön auch alles steht.
Das Er gepfropft und okuliert,
mit sich'rer kluger Hand,
das Bäumchen zart ist anspaliert,
nach Ordnung und Verstand. ..."

In seinem „Medizinischen Testament" von 1794 äußerte sich Thaer, Zeitgenosse Hufelands, als Arzt außerordentlich modern, wenn er schreibt, dass vor allem die kleinen unterdrückten Leidenschaften: Liebe, Hass, Neid, Stolz, Furcht, Sorge, ängstliche Erwartung der Zukunft, die Krankheiten entstehen lassen und unterhalten können.

Auch in sozialen Bereichen war Thaer seiner Zeit weit voraus. Er duldete nicht, dass die einfachen Landarbeiter getrennt vom Tisch der Herren ihr Mittagessen einnehmen sollten und lud sie zusammen mit den Studenten und Doktoren an den Tisch. Vieles wäre noch zu sagen über ihn, der in seinem Leben das verkörperte, was Alfred Adler in seiner Lehre der Individualpsychologie über den Sinn des Lebens gesagt hat.

Auf der Rückfahrt in mein Ferienquartier durch die Felder und Dörfer des Oderbruchs sah ich mit ganz anderen Augen und Gefühlen auf das, was die Menschen hier geschaffen haben und täglich immer noch schaffen. Die Begegnung mit großen Persönlichkeiten relativiert die eigene Bedeutung, die wir uns manchmal einbilden, obgleich wir doch auch nicht untüchtig sind.

9. bis 23. Juli 2009

## Die Entstehung der Arten. Zu Darwins 200. Geburtstag

Es ist doch seltsam, von frühen Jahren an war es mir selbstverständlich, dass es keinen Gott gibt und dass sich alles Leben auf der Erde aus sich selbst entwickelt hat. Darwin war mir als Knabe schon ein Begriff, denn mein Vater besaß etliche populärwissenschaftliche Bücher, in denen ich fleißig blätterte, und zu den ersten Büchern, die ich von meinem schmalen Lehrlingsgeld kaufte, zählte Darwins Buch von der Entstehung der Arten. Mehr als das halbe Monatsgehalt ging dabei drauf. Ich las damals freilich nicht das ganze Buch durch, dazu fehlten mir einige Voraussetzungen und die nötige Geduld. Während meiner Vorbereitung zum Abitur, 25 Jahre nach Schulabschluss, befasste ich mich wieder ausgiebig mit der Evolutionstheorie, und auch noch im Studium sollte ich mich mit Darwin beschäftigen. Jacques Monod und Francois Jacob gaben dem Ganzen dann noch einen philosophischen Hintergrund, so dass es gar keinen Schlupfwinkel mehr gab, durch den man der wissenschaftlichen Wahrheit entrinnen konnte.

Und doch, wenn ich so durch die Felder gehe, durch die feuchten Wiesen mit ihrem üppigen Pflanzenwuchs, und das ganze Mücken- und Flattergetier mir um den Kopf schwirrt, dazu die helle Sonne scheint und weiße Wolken über mir hinweg ziehen, dann fällt es mir schwer, in allem nur ein launenhaftes Ungefähr walten zu sehen und dass sich alles nur durch zufällige Abänderungen entwickelt haben soll, von der Urzelle an bis zur heutigen Vielfalt der Arten, als deren vorläufigen Endpunkt wir Menschen uns ansehen. Es ist wie mit dem kopernikanischen Sonnensystem, ich weiß es, glaube es auch, kann es sogar ein gewisses Stück wissenschaftlich verfolgen, aber wenn dann die ganze Vielfalt der Erscheinungen vor meinen Augen und vor meiner Seele steht, dann schrumpft dieses kleine Wissen und weicht einer staunenden Ehrfurcht, die alles Wissen verstummen lässt.

Wie geht man damit um? Der Weg zu einem Schöpferglauben ist verbaut, außerdem würde er nicht weiterführen, denn mit der simplen Behauptung, dass schon in der Bibel stehe, dies alles habe Gott geschaffen, ist einem doch überhaupt nicht weitergeholfen. Soll ich mir noch weitere Bücher über die Evolutionstheorie kaufen? Ich habe meinen kleinen Bestand im Geiste durchgezählt und komme da auf über zwanzig Titel, darunter eine ehrwürdige 2. Ausgabe von Darwins „On the Origins of Species“ aus dem Jahr 1860, die mir kostbarer und heiliger als jede Bibel ist. Aber viel klüger würde ich durch weitere Bücher auch nicht werden, also lasse ich es lieber.

Doch weiß ich immer noch nicht, wie ich den Zwiespalt zwischen Wissen und Anschauung überbrücken kann. Als Wissender, oder besser gesagt, als Halbwissender durch die blühenden Wiesen zu streifen, kommt mir lächerlich vor, so, als ob nur mein Kopf durch die Gräser stolziere. Also werde ich wohl eher meine Sinnesorgane, oder besser noch, meine gesamte Person mit allen Freuden und Unbequemlichkeiten, die so ein Spaziergang durch die Felder mit sich bringt, in Bewegung setzen und durch alle drei Reiche der Natur gehen. Vielleicht hat es Paracelsus ebenso gemacht, als er seine Bücher wegwarf und durch halb Europa zog, um zu sehen und zu hören und mit schwerer Zunge zu sprechen.

## Igelgras (Weingärtnéria canéscens)

Die Rose wird oft die Königin der Blumen genannt, offenbar, weil sie alle anderen Blumen an Schönheit übertreffen soll. Das aber ist wohl eher Geschmackssache. Ich selbst finde eine Rose, sofern sie nicht eine langstielige Züchtung einer Manipulationsgärtnerei ist, auch sehr schön, ihre Farbe, ihre Blütenblätter oder ihren Duft. Dennoch habe ich mir eine andere Pflanze zu meinem Lieblingsgewächs auserkoren. Sie wächst dort, wo eigentlich nichts wachsen kann, auf trockenen Sandflächen oder auf dürftigstem Boden. Es ist das Igelgras, auch Silbergras genannt, mit dem botanischen Namen *Corynephorus canéscens* oder auch *Weingärtnéria canéscens* bedacht. Es gehört zur Familie der Gräser (Gramineae). Nach den Merkmalen der Blätter fällt die Pflanze in die Gruppe der Borstgräser, nach den Merkmalen des Blütenstandes gehört sie der Gruppe der Rispenblütler an. Das ist alles natürlich in der Fachliteratur nachgeschlagen und angelesen, als Städter bin ich leider nur ein flüchtiger Gast im Reiche der Gräser. Aber die Fachleute kommen nicht nur aus der Landwirtschaft, so war u.a. auch Jan Christaan Smuts, langjähriger Ministerpräsident der Südafrikanischen Republik, einflussreicher Mitgestalter des Völkerbundes und der Vereinten Nationen sowie General im Burenkrieg ein bekannter Fachmann für Gräser. Mit ihm kann ich mich natürlich nicht vergleichen, aber die Liebe zu den Gräsern besteht bei mir doch auch von Kindheit an. Als Psychologe habe ich mir da eine eigene Theorie zurechtgelegt, aber ob sie sich verifizieren lässt glaube ich kaum. Karl Popper würde sie gewiss zu Fall bringen und damit der Wissenschaft einen Dienst erweisen.

Zweierlei Einflüsse sehe ich, wenn es um Vorlieben für bestimmte Dinge geht: frühes Erleben und der Charakter. Das erste kann ich ohne weiteres bis in meine Kindheit zurückverfolgen. Als einsames und oft mit mir selbst beschäftigtes Kind gefiel es mir, stundenlang über Felder zu streifen und alles, was da links und rechts von mir wuchs, beinahe zärtlich durch meine Hände gleiten zu lassen. Knabengleich die Disteln zu köpfen fiel mir nie ein. Da boten sich besonders die hochwachsenden Blütenstände der Gräser an, die mir als die schönsten Gebilde der Natur erschienen. Ein sehr alter, leider aber nie ausgeführter Wunsch war es, eine Sammlung aller Gräser anzulegen, schön geordnet nach ihren Blütenständen. Ich kann mir heute noch kaum etwas Schöneres vorstellen als im Winde schwankende Grasrispen vor einem weiten, blauen Himmel. Das muss das Glück meiner Kindheit gewesen sein.

Viel später, als ich eine Zeit lang unter ziemlichem Trennungsschmerz litt, fand ich Hoffnung und Zuversicht beim Anblick dieser schwankenden Gestalten, wenn sie silbern und leicht im Sonnenlicht glänzten und mir ein tiefes Gefühl von Freiheit und Weite der Welt vermittelten. Nicht umsonst habe ich auf dem Garnischberg neben den wogenden hohen Gräsern vor allem das niedrige, harte Igelgras als einen Spiegel meiner Seele empfunden. Das schönste Geschenk, das mir meine Frau einmal zum Weihnachtsfest machte, war ein getrocknetes Grasbüschel dieses Grases, das sie mitsamt seiner Wurzel sorgfältig mit einem kleinen Papierstreifen auf eine Postkarte geklebt hatte. Sie wusste natürlich, dass ich dieses Gras besonders liebte.

Der zweite Grund für bestimmte Vorlieben, wenn auch eng mit dem ersten verbunden, scheint mir der Charakter des Menschen zu sein, seine früh entstandene Einstellung zum Dasein, zur Welt, zum Leben und zu den Menschen. Über seine Entstehung ist schon viel gedacht und geschrieben worden. Für die Griechen war er etwas unverwechselbar „Eingeritztes“, woher auch sein Name stammt. Die englische Sprache bezeichnet mit diesem Wort auch einen Buchstaben oder ein Schriftzeichen; ein A ist eben kein B. Noch heute geht der Streit darüber, ob der Charakter den Menschen angeboren ist oder erst im Laufe der ersten Lebensjahre entsteht. Obgleich Psychologe, fühle ich mich da nicht sonderlich kompetent, bin aber fest von der Entstehung der Wesensart durch das Leben ringsum überzeugt. Nun fällt aber auf, das bestimmte Charaktere, die man etwas unschön zwanghaft oder gar anal nennt, eine Vorliebe für alles Gerade, Geordnete, Übersichtliche, ja beinahe Rechtwinklige haben und denen alles Formlose oder Verschwommene ein Graus ist.

Das ruft die Gräser wieder auf den Plan, die klar wie ein Baugerüst oder eine kühne Brückenkonstruktion in den Himmel ragen, säuberlich voneinander abgegrenzt, nicht klebrig oder sonst wie verdächtig. Dieser Typus von Mensch hat oft eine Vorliebe für Gräser, Moose, Moorkolben usw. bis hin zu den Kakteen, die mit ihren Stacheln Abstand voneinander zu halten wissen. Im Bereich der Tierwelt wären es eher die Insekten und weniger die Säugetiere, die das Interesse so eines Ordnungsmenschen erwecken.

Und die Rose? Ja, die scheint mir eher für die histrionischen Menschen zu blühen, die besonders an den langstieligen Züchtungen einer Manipulationsgärtnerei ihre Freude haben wie an allem Künstlichen, was irgendwie aus der Reihe fällt. Wie anders wird hingegen das Igelgras in der Fachliteratur beschrieben: „Anspruchlosestes Gras der deutschen Flora. Landwirtschaftlich fast ohne Bedeutung. Bedeckt mit seinen verstreuten igeligen Horsten die ärmsten, heidekrautlosen Sandfelder."

## Religiöse Gefühle

Vom Gipfel des Garnischberges aus sieht man zwar nicht auf alle Reiche der Welt, dazu ist seine Höhe nicht bedeutend genug, aber alle Herrlichkeiten dieser Welt sind auch schon aus dieser geringen Höhe zu sehen, wie überhaupt der Blick von einem Berg stets die Seele weitet und ein „ozeanisches Gefühl" in uns aufsteigen lässt. Von hier aus können wir, nach einem Ausdruck Hufelands, den Fokus unserer Augen auf entfernte Gegenstände gehörig formieren, denn unser Blick reicht häufig nur bis zum Bildschirm vor uns, sei es der Monitor eines Computers oder die Mattscheibe eines Fernsehers. Das, was wir dann sehen, ist nur eine vorgegaukelte Welt, eine virtuelle Realität, wie es heute heißt, denn hinter dem Glas der Braunschen Röhre oder der Plastikfolie eines modernen Flachbildschirms verstecken sich elektronische Bauteile, denen man mit Matthäus zurufen möchte: Hebet euch von mir. Und auch der Blick auf die Seiten einer Illustrierten oder eines Buches bleibt an der Oberfläche des Papiers haften, wenn nicht eine lebhafte Phantasie oder ein klarer Geist dahinter und darüber hinaus zu sehen weiß.

Hier oben auf dem Berg wird der Blick nur von der Linie begrenzt, die der Himmel mit der Erde bildet, und wir fühlen die Wirklichkeit einer wirklichen

Welt. Wind, Sonne, Regen, Schnee, Wärme oder Kälte, Stimmen der Tiere und der Geruch der Wiesen dringen zu uns und in uns hinein und wir fühlen, das ist die Welt und wir sind mit und in dieser Welt. Dieses Gefühl ist für mich selbst Religion genug; mir noch darüber hinaus etwas vorzustellen vermag ich nicht. Diese Ansicht reichte früher oft schon für den Scheiterhaufen, und auch heute noch werden wir Atheisten weit ärger verunglimpft als wir es mit den Gläubigen tun. Doch der aufkommende Unmut wird sogleich wieder beschwichtigt, denn der Blick in die Weite duldet keine Engherzigkeit, in der Natur ebensowenig wie in der Welt des Geistes. Also mag jeder glauben woran er will, solange der Nächste nicht davon beeinträchtigt wird.

Berggipfel sind wie Altäre, und oft sind auf ihnen sogar auch Kreuze errichtet. Mir sind die dreibeinigen hölzernen Gestelle der trigonometrischen Punkte lieber, denn sie weisen zurück auf uns Menschen und unsere Kultur und nicht hinaus in ein fragliches Jenseits. Auf dem Garnischberg ist das hölzerne Gestänge zusammengebrochen und liegt jetzt morsch und nutzlos in einem großen Sandtrichter, den Bomben oder soldatische Wühlarbeit hier geschaffen hat. Man wird den Messpunkt wohl kaum wieder aufrichten, denn heute orientieren wir uns nach den Satelliten, die hoch über unseren Köpfen die Erde umkreisen. Ganz will mir der neue Gott Technik auch nicht gefallen, und wir sollten uns hüten, ihn gedankenlos anzubeten, denn wirkliche Hilfe kommt nur von uns Menschen und sonst von nirgendwo her.

## Schwalbenschwänze

Im Laufe der Jahre bin ich nun wohl schon ein Dutzend Mal auf dem Garnischberg gewesen, um den Berg zu erleben, zu durchstreifen, auszumessen und zu erforschen, denn er lässt mir keine Ruhe und konfrontiert mich mit mir selbst. Verlassenheit, Stille, Sommerwind, ein weiter Himmel, blühende Gräser, karger sandiger Boden mit einer dürftigen Vegetation und einer Tierwelt, die sich fast nur aus dem Stamm der Kerbtiere rekrutiert, sind seine Eigentümlichkeiten.

Jedes Mal, wenn ich aus den flachen Überschwemmungswiesen des Odervorlandes die wenigen Meter zum Gipfel hinaufgestiegen bin, empfingen mich dort oben Schwalbenschwänze, bunte, gelbe, fast exotische Schmetterlinge. Manchmal nur einer, meist aber ein Paar oder mehr dieser lustigen Sommervögel. Sie sind sehr fotogen, wenn dieser Ausdruck erlaubt ist, denn sie lassen es zu, dass man sich langsam an sie heranschleicht, um sie auf ihrem Ruheplatz einer Blüte oder eines Halmes zu fotografieren, was bei nahezu allen anderen Schmetterlingsarten schwieriger ist. Das Wort Schmetterling ist eigentlich schlecht gewählt, sie müssten viel eher Flatterlinge, Taumelinge oder Torkelinge heißen, aber nun ist das Wort einmal da, obgleich ich in einer Schrift aus dem 19. Jahrhundert auch das Wort Sommervogel fand, was ebenfalls nicht schlecht klingt.

Die Schwalbenschwänze sind sehr ortsständig, sie umflattern nur die leichte Anhöhe des Berges und verlassen kaum ihren Umkreis von etwa fünfzig Metern. In einem Bestimmungsbuch las ich die Beschreibung: „lieben einsame, sandige Höhen“, so dass ich beinahe schon vermutete, diese Schmetterlinge könnten lesen und haben das Gedruckte wahrgemacht, aber es wird wohl doch umgekehrt richtiger sein, dass diese Art ein feines Gespür für ihren eng umgrenzten Lebensraum hat und die Zoologen diesen nur beschrieben haben.

Sie scheinen nichts zu tun zu haben und nur aus purem Übermut auf der Welt zu sein. Sind zwei oder mehr von ihnen da, dann fliegen sie gerne auf, treffen in der Luft zusammen, führen einige kreisende, tänzelnde Flugbewegungen um einander herum aus, um sich dann wieder zu trennen und allein einer Blume zuzusteuern. Das ist ein beständiges Auf- und Abgeflattere. Um den Menschen scheinen sie sich überhaupt nicht zu kümmern, sie fliegen an und um ihn herum und lassen sich in ihrem Tun nicht stören. Ihnen gehört der Berg, aber sie überlassen ihn uns ebenso gerne und machen vor, wie es auch mit uns Menschen sein könnte.

Die Zeichnung ihrer Flügel ist überaus schön, gelb herrscht vor, wird aber von blau und schwarz am Rande begrenzt und mit einem roten Tupfer aufgeheitert. Die Flügel laufen spitz geschwungen aus, was ihnen den Namen Schwalbenschwanz eingebracht hat. Linné hat ihm den endgültigen lateinischen Namen *Papilio machaon* L. gegeben, wie er überhaupt die unzulängliche Namensgebung Adams für die Ansprüche der Wissenschaft erweitert hat.

Die beständige Anwesenheit der Schwalbenschwänze auf dem Gipfel des Garnischberges lässt an die Kyffhäusersage denken, die bekanntlich erzählt, dass, solange die Raben noch um den Berg kreisen, auch noch der König Barbarossa in ihm schläft, um einmal zu erwachen und das Deutsche Reich wieder in Ordnung zu bringen. Aber selbst der Kanonendonner von 1945 hat ihn schlafen lassen, so dass an der ganzen Sage wohl nicht viel dran ist, wie es auch Heinrich Heine schon in seinem „Wintermärchen“ vermutete. Auch der Garnischberg soll einen Prinzen verborgen halten, der auf seine Befreiung wartet, und man könnte vermuten, dass, solange die Schwalbenschwänze noch seinen Gipfel umflattern, auch der Prinz noch am Leben sei. Aber das ist „ein weites Feld“ und es genügt, sich einfach nur an den bunten Sommervögeln zu erfreuen.

## Unkenrufe

„Abends zur Zeit des Lichteranzündens noch auf ein Stündchen zu Goethe“, so beginnen einige Tagebucheintragungen Eckermanns in seinen Gesprächen mit dem großen Manne. Hier im Oderbruch gibt es keinen Goethe, zu dem ich noch ein Stündchen gehen könnte, stattdessen sitzen vor meinem Fenster beinahe in Augenhöhe auf dem Deich einige Besucher des Gasthofes „Zum Hafen“ und tauschen lautstark ihre Meinungen über alle und alles aus. So kommt es, dass meine Tagebucheintragungen anders beginnen: „Abends zur Zeit der Unkenrufe noch auf ein Stündchen an die Oder gegangen.“

Unkenrufe kannte ich bislang nur als unheilverkündende Redewendung, hier aber an der Oder, wo zur Zeit durch ein Hochwasser die Wiesen großenteils überschwemmt sind, tönt es seltsam in den Wiesen und den Büschen entlang der Deiche aus den Kehlen hunderter von Unken. Gesehen habe ich bisher noch keine, denn dazu müsste ich knietief durch die überfluteten Wiesen waten. Das überlasse ich lieber den Störchen und Reihern, die rings um mich herum auf Nahrungssuche sind und den Chor der Unken in Grenzen halten.

Um das Schauspiel richtig genießen zu können, kletterte ich allabendlich auf die Betonmauern einer unvollendet gebliebenen Deichscharte, die einmal als Durchlass zur Wagenfähre dienen sollte. Nun steht das seltsame Bauwerk allein inmitten der Wiesen ohne Verbindung zu den Deichen. Ende der dreißiger Jahre zum Schutze des Oderbruchs begonnen, wurden schon wenige Jahre später die Arbeiten eingestellt, weil man woanders lieber zerstören als hier aufbauen wollte. Die Deichbauarbeiter von einst werden wohl zu den Pionieren eingezogen worden sein und ihr vorzeitiges Ende in den Weiten Russlands gefunden haben.

Nun aber ist hier alles still, und ich lausche den Unkenrufen, die seltsam hohl und beinahe unheimlich aus den Sümpfen herausklingen. Sie rufen bis in die Dunkelheit hinein in genau gleichbleibenden Abständen, aber da die einzelnen Individuen mit ihren Rufen ein etwas abweichendes Tempo vorlegen, so verläuft das Konzert nicht synchron und einförmig, sondern es bilden sich seltsame Interferenzen und Kadenzen, die mit ihrem beständigen Auf und Ab keine Langeweile aufkommen lassen, wie es zum Beispiel bei den Froschkonzerten der Fall ist, wo jeder Frosch nach Gutdünken einfach vor sich hinquakt.

Die Störche sind, solange sie auf den Wiesen stehen, recht vorsichtig und ließen mich nur selten mehr als zwanzig oder dreißig Meter an sie herankommen, weil sie sich dann mit einem Anlauf in die Lüfte erhoben und davonflogen. Hier oben auf der Mauer zeigen sie sich jedoch übermütig als die Herren der Lüfte und kommen ziemlich nahe mit ihren ausgebreiteten Schwingen an mich heran, so wie wir es alle machen, wenn wir uns in unserem Metier sicher fühlen. Mut hängt also mit Können zusammen, und Können lässt sich erlernen.

Etwas Mut gehört auch dazu, die Mauer der Deichscharte hinauf zu klettern, denn sie ist nur schmal und steigt ziemlich steil an, wobei man die Wahl hat, bei Gleichgewichtsstörungen entweder in ein dichtes Brennnesselgestrüpp zu fallen oder auf das Kopfsteinpflaster auf der anderen Seite drei Meter unter sich. Aber einen anderen Ruheort gibt es zurzeit nicht, denn die steinernen Buhnen, die in die Oder hineinragen und die sonst alle Jahre mein Besinnungsort waren, liegen augenblicklich metertief unter Wasser. Aber langsam sinkt der Wasserstand, und die Pegelanzeige flussabwärts zeigt jeden Tag einige Zentimeter weniger an. Vielleicht kann ich an meinem letzten Urlaubstag doch noch einmal auf meine Lieblingsbuhne gehen und von dort aus das gegenüberliegende Ufer sehen, das heute zu Polen gehört, weil man seinerzeit die Deichbauarbeiten eingestellt hatte.

## Ein Ausflug nach Polen

Mein Urlaubsort Kienitz liegt nicht weit von Polen entfernt; wenn ich laut genug rufe, dann reicht meine Stimme über die Oder hinüber an das andere Ufer, so dass ich das alte „Fährmann, hol über“ rufen könnte. Aber drüben wartet kein Fährmann mehr, denn mit dem Kriegsende wurde der Fährbetrieb eingestellt. Wer auf die andere Oderseite will, muss eine Grenze überschreiten, denn drüben liegt heute Polen. So fuhr ich über Küstrin, das heute Kostrzyn heißt und für uns, wie alle polnischen Namen, zum Zungenbrecher geworden ist. Spricht man die Namen ganz langsam aus, dann klingt dennoch oft das alte deutsche Wort heraus. An der Grenze stand kein Zöllner, ich fuhr einfach weiter, und schon war ich in Polen.

So leicht wie der Übergang äußerlich gesehen auch war, so schwierig war er dennoch in meinem Innern. Ich spürte Schuldgefühle in mir, obgleich ich als Jahrgang 1940 doch in keiner Weise für die Ereignisse während der Kriegsjahre verantwortlich war. Gleiwitz ging mir durch den Kopf, Warschau und Auschwitz. In mir hatte sich von früher Jugend an ein umgekehrter Nationalismus festgesetzt, der Deutschland stets hintanstellte, egal ob im Krieg, in der Olympiade oder bei einer Fußballweltmeisterschaft. Jeder anderen Nation gönnte ich den Sieg, nur meinem eigenen Geburtsland nicht. Das hat sich zwar inzwischen gemildert, und ich weiß, dass es Lumpen in jedem Land gibt, aber untergründig bin ich wohl immer noch ein „Vaterlandsverräter“ und „Nestbeschmutzer“, wie ich mir es oft auf Demonstrationen Ende der 60er Jahre sagen lassen musste.

In Polen tat man mir nichts, ja man beachtete mich nicht einmal, obgleich mein Auto doch ein Berliner Nummernschild hatte. Man brach auch nicht in mein Auto ein oder verbog nicht meine Autoantenne (an der sowieso kein Radiogerät angeschlossen ist). An verlassenen Häusern und Grundstücken stand in Polnisch und Deutsch: „Zu verkaufen“. Durch Geld kann wohl alles überwunden werden, sogar der alte Hass zwischen Deutschen und Polen. Die Dörfer, durch die ich fuhr, waren aufgeräumt und ordentlich, wenngleich ihr Gesamteindruck doch um einige Jahrzehnte zurückwies. Das war mir gerade recht, der ich ein Gegner aller Modernisierung bin und am gewachsenen Alten meine Freude habe.

Ziel meiner Reise war die gegenüberliegende Flussseite, die ich nun schon viele Jahre von der steinernen Buhne des linksseitigen Ufers vor Augen hatte, wenn ich täglich dort mein Abendgebet an den Flussgott verrichtete. Aber dieser erhörte nicht meine Bitte, sondern sorgte für ein ziemliches Hochwasser und nötigte mich, den Wagen auf dem überspülten Kopfsteinpflaster stehen zu lassen, meine Schuhe auszuziehen und meine Hosen bis über die Knie aufzukrempeln, um die letzten hundert und mehr Meter zum Ufer watend wie ein Storch zurückzulegen. Ein Blutegel versuchte mich anzuzapfen; ich löste ihn von meiner Wade und warf ihn wieder ins Wasser zurück. Das ganze Vorland war überschwemmt, und ich spürte, wie das strömende Wasser mich mitziehen wollte. Viel zu sehen war schließlich nicht, zumal die jenseitige Buhne völlig überspült war und die Stellen kaum zu erkennen waren, an denen ich sonst entlangging. Aber ein seltsames Gefühl war es doch, allein inmitten der überfluteten Bruchlandschaft zu stehen und so recht die Unberührtheit der Natur zu spüren.

Mein Auto sprang an, denn gar zu weit hatte ich es nun auch wieder nicht in die Fluten gefahren, und über Porzece, Namyslin, Chlewice, Kalenzko, Szumiłowo, Drzewice und Kostrzyn – oder auf Deutsch: Hälse, Neumühlen, Klewitz, Kalenzig, Schaumburg, Drewitz und Küstrin – kam ich unbehelligt wieder in Kienitz an, das gewiss heute auch anders heißen würde, wenn man die deutschen Grenzen im Februar 1945 in Jalta anders ausgehandelt hätte.

## Tiere in Not

Wenn Tiere in Not sind, dann verlieren sie ihre Scheu vor den Menschen. Es scheint da ein Rest Bewusstsein der gemeinsamen Abstammung durchzuklingen, ein Hilferuf an das Leben schlechthin, auch wenn es vielleicht etwas anthropozentrisch klingen mag. Als im Krieg die Wälder von der Artillerie beschossen und von den Flugzeugen aus bombardiert wurden, um dort vermutete Soldaten zu treffen und zu töten, flohen die Tiere des Waldes in langen Reihen voller Angst heraus - Hirsche, Rehe, Wildschweine, Füchse - und näherten sich den Menschen an, die sie nun freilich auch oft genug abschossen. Als vor Jahren ein Hochwasser das ganze Oderbruch überflutet hatte, wurden die wild lebenden Tiere zahm und zutraulich. Ebenso zieht es die Tiere bei großer Kälte und einer geschlossenen Schneedecke in die Nähe des Menschen.

Etwas Ähnliches widerfuhr mir auf dem Garnischberg. Gewohnt, dass alle Tiere vor mir fliehen – nur die verdammten Mücken ausgenommen – sah ich plötzlich wenige Schritte vor mir einen jungen Bussard im Sand sitzen, der kaum Anstalten zur Flucht machte. Mir gelangen einige Aufnahmen aus kürzester Entfernung, ohne dass er sich rührte. Hingeworfene Brot- oder Käsestückchen nahm er nicht an. Schließlich raffte er sich zu einigen schwachen Flügelschlägen auf, um zehn oder zwanzig Meter weiter inmitten der Flechten und dürren Gräser wieder zu landen. Ich ließ ihn in Ruhe und setzte mich in den Schatten einer großen Eiche, wo ich meine wenigen Gerätschaften abgestellt hatte.

Aber da saß der Bussard wieder, vielleicht dreißig Meter von mir entfernt, mitten auf dem breiten Sandweg, der quer über den Berg führt, und sah zu mir herüber. Ich versuchte einige Töne zu pfeifen, wie sie diese Vögel in der Luft von sich geben, und so lockte ich ihn immer näher an mich heran, bis er mir schließlich zu Füßen saß und mich mit großen Augen ansah. Er war noch nicht ganz ausgewachsen und hatte noch etwas von dem Kindchenschema an sich. Äußerlich schien er unversehrt, musste aber doch wohl krank oder völlig erschöpft gewesen sein. Ich hielt ihm ein Brotstückchen direkt an seinen gebogenen Schnabel, aber er öffnete ihn nicht, ich füllte etwas Wasser aus meiner Feldflasche in die Handfläche, aber er trank nicht. Ein kleiner Marienkäfer wurde abgelehnt; schließlich grub ich mit meinem Taschenmesser nach Regenwürmern, doch in dem sandigen Untergrund waren natürlich keine zu finden.

Was sollte ich weiter tun? Ich legte mich in das hohe Gras neben ihn und wir sahen uns auf gleicher Höhe Auge ins Auge. Schließlich schloss er seine Augen und schien zu schlafen. So lag ich wohl eine Viertel Stunde.

Sein linker Fuß trug einen Vogelring. Mir gelang es, vorsichtig seinen Fuß anzuheben, was er sich mit etwas Unruhe gefallen ließ, und drehte den Ring immer ein Stückchen weiter, um lesen zu können, was darauf stand. St. Orn. Gdansk Poland und eine mehrstellige Nummer. Also muss er von Danzig hierher geflogen sein, was immerhin über dreihundert Kilometer Luftlinie wären. Die letzten Tage gab es ziemlich heftige Windböen und Gewitter, vielleicht haben die ihm zu schaffen gemacht. Als ich mich schließlich aufmachte, um den Berg weiter zu erkunden und nach einer Stunde wieder zu meiner kleinen Station zurückkam, war der Bussard nicht mehr da. Ich pfiff und rief und suchte ihn, aber ich fand ihn nicht mehr. Nun werde ich wohl nach Danzig schreiben müssen, um den dortigen Ornithologen auf der Vogelwarte das Schicksal ihres Zöglings mitzuteilen.

## Im Gewitter

In der Oderbruchzeitung stand zu lesen, dass ein Radfahrer auf dem Deich von einem Blitz erschlagen wurde. Meine Wirtsleute erlebten daraufhin drei Stornierungen von Übernachtungsgästen, denen diese Art zu reisen dann doch zu riskant erschien. Ich glaube, den größeren Verlust hatten die verhinderten Reisenden, mein Wirt wird es wohl verkraften, denn oft muss er die anfragenden Gäste abweisen, weil alles belegt ist. Ein Gewitter ist doch ein großartiges Schauspiel, besonders wenn man wie hier im Oderbruch einen weiten Horizont um sich herum hat, der einem die Erde als Scheibe vorgaukelt. Man sieht schon lange vorher sich gewaltige Kumuluswolken auftürmen, die nach und nach eine bedrohliche Schwärze annehmen und einem raten, sich rechtzeitig nach Unterschlupf umzusehen vor dem Regen und den Gefahren, die natürlich doch mit so einer Naturerscheinung verbunden sind.

An der Chaussee nach Kienitz stehen mächtige alte Eichen am Straßenrand und zeigen zweierlei Narben: wulstige Überwucherungen von zahllosen Einschlägen von Granatsplittern und Gewehrgeschossen sowie vom oberen Stamm bis zum Boden hinabreichende tiefe Furchen oder Rillen, die der Blitz geschlagen hat. Das eine ist Menschenwerk, das andere hat die Natur vollbracht. Das eine wäre bei größerer Vernunft nicht nötig, gegen das andere kann man sich schützen, wenn man einigermaßen im Physikunterricht aufgepasst hat.

Benjamin Franklin hat es als erster gewagt, die hohen Spannungen über einen Drachen zum Erdboden zu lenken. Wenn er um die Gefahren gewusst hätte, wäre der Versuch gewiss unterblieben. Aber alle Pioniere begaben sich in Gefahren; Humboldt und Nansen genau so wie Galilei oder Freud, die man beschimpft oder gar mit dem Tode bedroht hat. Wir Heutigen können von ihnen profitieren und mit den Gefahren geschickter umgehen. Wer allerdings den technischen Fortschritt ablehnt und sich lieber auf die alten Bauernregeln verlässt, den können die Buchen, die man suchen soll, zum Verhängnis werden. Baum ist Baum und immer eine Verlockung für einen Blitz, sich seinen Weg durch das Dielektrikum Luft abzukürzen. Steht man schon unglücklicherweise unter einem Baum, dann sollte man sich zumindest an das Kirchhoffsche Gesetz der Stromverzweigung erinnern, um mit eng zusammengestellten Füßen kein allzu großes Spannungsgefälle über seinen eigenen Körper zu bilden.

Aber Gewitter können auch hinterhältig sein. Sie ziehen vorbei und kehren, ehe man sich's versieht, wieder zurück. So erlebte ich es an der Oder, als ich nach vorübergegangenem Gewitter die erdfeuchte Luft genießen wollte und mich nach draußen auf den Deich begab. Die Gewitterwolken, anscheinend mit den geographischen oder politischen Grenzen des Landes vertraut, machten vor der Oder halt und kehrten wieder um, so dass ich mit Eilesschritten dem Faradayschen Käfig meiner Herberge zueilte, um meinem Wirt nicht noch mehr Stornierungen einzubringen. So sah ich lieber von meinem Fenster aus zu, was sich da draußen am Himmel abspielte und von einem polternden Getöse begleitet wurde. Es ist schon ein großer kultureller Fortschritt, da nicht mehr an die Macht der Götter zu glauben.

1. bis 31. Juli 2010

# Gedanken am Monte Casino

„Die alte Maschine läuft noch“ sagte ich vor mich hin, als ich mühsam eine große Sanddüne auf der polnischen Oderseite hinaufstieg. Zu Hause war mir manches schwer geworden, die Lendenwirbel und die Knie machten mir zu schaffen, so dass ich nur schwer die Treppen hochkam oder meine alltäglichen kleinen Gänge machen konnte. Ich befürchtete schon Schlimmeres, aber nun in diesem steilen Bergauf und Bergab auf ungebahnten Wegen kamen die alten Kräfte wieder, auch wenn meine Wirbelsäule nicht mehr so leicht alle Fehltritte abfedern und ich keine großen Sprünge wagen konnte.

Der Therapeutenstuhl oder der Drehstuhl am Schreibtisch sind keine guten Weggenossen für das Alter. Für einen regelrechten Ausgleichssport konnte ich mich noch nie begeistern, er schien mir zu sehr ein vorgegebenes Programm zu sein und erregte meinen Unwillen. Hier aber, in leichten Sandalen durch eine endlos scheinende Sandwüste zu gehen, fühlte ich mich in meinem Element, selbst als ich dabei die Orientierung verlor und dreimal im Kreise ging, ohne aus dem Dünengelände wieder herauszufinden.

Dabei ist gerade das Zurechtfinden im Raum von früh an meine Stärke gewesen; egal ob ich mich in einer fremden Stadt, mitten in einer weglosen Gegend oder in einer fremden Wohnung befand. Aber diese Dünen, mit krüppligen alten Kiefern bewachsen, steil hinauf und hinabführend, ohne Bezug zueinander, ohne eine Sonne am Himmel zum Herausfinden der Himmelsrichtung, machten mir überraschend zu schaffen. Obendrein war das ganze Gelände nicht sehr groß, keine zwei Kilometer im Geviert und von Sümpfen und Wiesen umgeben, so dass ich eigentlich nur hätte geradeaus gehen müssen, um wieder herauszufinden. Aber es gab hier kein Geradeaus, nur ein dreimaliges Wiedererkennen markanter Bäume und wiederholt meine eigenen Fußspuren in gleicher oder entgegenkommender Richtung. Mir wurde zum ersten Mal deutlich, wie es in einer großen Wüste sein kann, wenn man ohne Hilfsmittel vom Wege abkommt.

Bislang waren so etwas nur theoretische Überlegungen, selbst in der nördlichen Sahara machte ich mir vor vierzig Jahren keine Sorgen um den richtigen Weg, nun war es aber ein eigenes inneres Erleben, dem ich nachsann und dabei die im Hintergrund lauernde Angst spürte. Vielleicht haben wir verborgen und verkapselt viel mehr Ängste in uns, als uns eine perfekte Zivilisation glauben machen will. Herausgerissen aus allen schützenden Einrichtungen und Verbänden spüren wir schnell ein „Hineingehaltensein in das Nichts“ und eine ungepufferte Begegnung mit unserem Dasein.

Das mag angesichts so eines unbedeutenden Ereignisses wie das kurzzeitige Verlaufen in einer Naturlandschaft läppisch klingen, aber vielleicht bedarf es nicht immer grandioser Erschütterungen, um zu sich selbst zu finden. Adalbert Stifter nannte es das „sanfte Gesetz“, welches alles Gegenwärtige bestimmt und verändert, angeregt durch den Geologen Charles Lyell, der in seiner Theorie auch keine gewaltsamen Ereignisse benötigte, um das Gewordensein unserer Erde zu erklären.

Übertragen wir diesen Gedanken auf den Menschen und auf die Psychotherapie, so hieße es, dass nicht einmalige Traumatisierungen, sondern weit mehr die unmerklichen alltäglichen Kleinigkeiten in der Familie und einem sonstigen Wirkungskreis uns herangebildet haben zu dem Menschen, der wir heute sind. Und daraus wird vielleicht auch deutlich, dass nur ein jahre- und jahrzehntelanges Miteinander in einem geistvollen und wohlwollenden Kreis Gleichgesinnter uns dahin bringen kann, wo wir gerne sein wollen.

Aber diese Gedanken kamen mir erst hinterher, nachdem ich schließlich doch noch aus der Wildnis herausgefunden hatte und wieder da stand, von wo aus ich mein Unternehmen begonnen hatte: am Fuße einer 25m hohen Sanddüne auf der polnischen Oderseite, deren höchste Erhebung den seltsamen Namen Monte Casino trägt.

Ganz ohne Eintrittsgeld entließ mich die Natur aber dennoch nicht; mit einem Dutzend Mücken- und Bremsenstichen, zerkratzten Unterschenkeln und allerlei Hautrötungen unbekannter Herkunft musste ich bezahlen, was mir in einer öffentlichen Parkanlage erspart geblieben wäre. Billiger geht’s eben nicht, wenn man sich durchaus nicht an die Regeln halten will, wonach man nur bei Grün über die Straße gehen darf.

## Am Wegesrand

Bei den alltäglichen Spaziergängen auf der Deichkrone wird zwar zunächst der Blick durch die große Weite der Landschaft in die Ferne gelenkt, bis weit über die Oder und über die großen Wälder auf polnischer Seite hinweg, aber nach einiger Zeit wendet sich dann doch wieder das Auge den nächsten Dingen zu, und das sind die Blumen am Wegesrand und alles, was einem zu den Füßen entgegenkommt. So war es ein kleines Erdloch, in das zufällig mein Blick fiel und ich darin etwas Graues weghuschen sah. Zunächst dachte ich an eine Maus, aber die Bewegung war nicht typisch dafür, und ich sah genauer in das kleine Loch, was darin los war und entdeckte eine kleine Kröte, die dort hauste und auf Insekten wartete. Kaum bewegte ich mich etwas, schon zog sie sich noch weiter zurück, um nur ganz langsam wieder hervorzusehen.

Das war hinfort auf meinen Gängen ein kleiner Haltepunkt, stets hielt ich kurz inne, um zu sehen, ob die Kröte noch am Ort sei. Langsam bildete ich mir schon ein, die Kröte würde mich allmählich wiedererkennen und zutraulicher werden, aber meine Grüße blieben unbeantwortet. Dann aber setzte nach der großen Hitze ein ziemlich heftiger Regen ein, und die Temperatur sank auf die Hälfte ihres vorherigen hohen Wertes ab. Die kleinen Wasserströme am Erdboden hatten das Loch der Kröte aufgeweicht und zum Teil verschüttet. Ich legte den Zugang wieder frei, in der stillen Hoffnung, dass sie wieder zurückfand und bliebe. Aber hinfort war es leer in dem Erdloch; sooft ich auch vorbeikam und hineinsah, es regte sich dort nichts mehr. Die Kröte wird sich gewiss ein anderes Domizil gesucht haben und benötigt keinen Beistand von höherer Hand. Genauso wenig wie wir.

## Vom Verweilen

Wenn ich aus meinem Fenster sehe, das beinahe auf gleicher Höhe wie der Deich liegt, dann kommen auf dem Damm stromauf- und stromabwärts Radwanderer vorbeigeradelt. Nicht allzu viele dieses Jahr, es war zu lange kalt und feucht, dann zu heiß, jetzt wieder zu regnerisch, so dass nicht ganz so viel vor meinem Quartier an der Oder los ist. Aber auch so ist hier ein ständiges Kommen und Gehen. Im Frühstückraum treffe ich jeden Morgen auf andere Gesichter. Die Gespräche drehen sich um die Zielorte und um die Tagesetappen. Leichtes Erstaunen, wenn man hört, dass ich mich hier für zwei Wochen einquartiert habe, aber man gönnt mir ein gnädiges Warum-nicht? und akzeptiert es. Manchmal sitze ich sogar allein da an meinem Frühstückstisch und lese in der Oderzeitung. Ich spüre keinen Drang, immer weiterzuziehen. Das Dorf kenne ich inzwischen von allen Seiten, auch sind mir einige Einwohner schon vertraut, so dass man sich grüßt und einige Worte zuruft. Neulich winkte mir sogar der Fahrer eines riesigen Mähdreschers zu, was ich beinahe als eine Ehre empfand.

Zwei- oder dreimal zieht es mich zum etliche Kilometer entfernten Garnischberg, dessen Sanddünen die umliegenden Überschwemmungswiesen um ganze sechs Meter überragen, um dort kleine botanische und geologische Studien zu treiben, natürlich nur ganz dilettantisch, versteht sich. Ebenso zieht es mich manchen Nachmittag stromabwärts in nächste Dorf, nach Groß Neuendorf, um dort in einem kleinen Laden einen Kaffee und ein Stückchen Kuchen zu bestellen, beides zusammen für einen Euro fünfzig. Meist suche ich dann noch einen sowjetischen Soldatenfriedhof auf und denke über den Krieg nach, und einen ganz kleinen jüdischen Friedhof, den zu verwüsten die Nazis vergessen haben.

Kaffee und Kuchen gibt's auch bei mir im Gasthaus „Zum Hafen", ja man fragt mich sogar neuerdings, welchen Kuchen man backen soll, weil sich herumgesprochen hat, dass ich gerne Kuchen esse. Auch alles Weitere ist wenig aufregend. Meist sitze ich einige Stunden des Tages unter einem großen Nussbaum an einem Tisch, den der Wirt dort aufgestellt hat, und versuche nachzudenken und etwas zu schreiben. Kleine Stechfliegen mit hellgrünen Augenringen halten mich manchmal davon ab; sie totzuschlagen wie die lästigen Mücken oder gar Bremsen vermag ich nicht, dazu sehen sie zu schön aus. Gehe ich wieder zurück ins Haus und treffe das Gastwirtspaar oder die übrige Familie, die hier mithilft, so halten mich stets kleine Gespräche auf, wodurch ich bestens informiert werde, was in Dorf und Kreis so los ist.

Das alles muss den eilig Durchreisenden doch entgehen. Sie sehen dafür zwar jeden Tag und jeden Kilometer etwas Neues, aber genau besehen ist dieses Neue doch auch immer wieder das Gleiche. Bleibt unterm Strich eigentlich nur die körperliche Ertüchtigung, die sie mir voraushaben. Die ist hier im Oderbruch allerdings auch nicht so gewaltig, denn die Wege sind alle eben und fein asphaltiert, so dass die Fahrräder beinahe ganz von alleine rollen.

Auch in meinem Standquartier gehe ich jeden Tag meine zwei, drei Stunden, mal mehr, mal weniger, wie es das Wetter und die Laune will. Dabei fällt mir manchmal Goethe ein, der auf seinen Spaziergängen über die Ilmwiesen nach Oberweimar mehr erlebt hat als sein Dichterkollege Kotzebue auf seinen Reisen um die halbe Welt. Dieser sah und hörte überall, wo er war, nur von den Erfolgen seiner Theaterstücke, Goethe hingegen sah in jedem Stein, in jeder Pflanze oder jeder Wolke eine ganze Welt. Das ist nicht leicht und will gelernt sein, denn gar zu leicht gehen bei einsamen Spaziergängen die Gedanken in unbewusste Richtungen oder gar in Tagträume über. Aber es steigen auch schöne Gedanken auf und ordnen, was der Alltag durcheinander gewürfelt hat.

Zum richtigen Lesen komme ich in den zwei Wochen leider nicht. Allzu groß ist die Ablenkung durch die Umstellung im Tagesrhythmus, auch ist mein Quartier dafür etwas zu eng und belebt, so dass ich nicht die nötige Ruhe und Stimmung zum Einlassen in eine andere Gedankenwelt finde. Natürlich lese ich kleinere Texte, aber allzu oft habe ich schon die dicken Bücher, die zu lesen ich mir vorgenommen habe, ungelesen wieder mit nach Berlin zurückgebracht. Dafür scheint mir der heimatliche Schreibtisch geeigneter zu sein, wenn still die Lampe leuchtet und alle Bücher und Hilfsmittel griffbereit sind, was ich hier im Oderbruch nicht habe und eigentlich auch nicht haben will.

## Tag und Nacht

Hier im Oderbruch bekomme ich wieder ein richtiges Gefühl für die tägliche Erdumdrehung. In der Stadt wird der Tagesrhythmus oft durch ganz daseinsfremde Dinge gestört. Man wacht morgens nicht auf, weil man munter ist und die frühe Sonne ins Fenster scheint, sondern weil ein lieber Nachbar mit den Türen knallt oder auf der Straße sich zwei Autofahrer ein Hupduell liefern. Abends ist es nicht anders. Da wird noch bis spät in die Nacht über einem herumgekramt oder aus einer der umliegenden Wohnungen dringt laute Musik oder wird am offenen Fenster noch ein wichtiges Telefongespräch mit dem Handy geführt. In welcher Stellung die Erde zur Sonne steht ist längst egal, Dunkelheit wird durch elektrisches Licht aufgehoben und ob es draußen kalt oder warm ist sagt einem ein Außenthermometer oder der Wetterbericht, nicht aber die eigene Haut, die für derlei Empfindungen doch recht eigentlich eingerichtet ist.

Anders hier im Oderbruch. Morgens scheint die Sonne beinahe waagerecht in meine Stube und beleuchtet die Wände. Ihre Strahlen werden von der Wasseroberfläche des Flusses an die Zimmerdecke gespiegelt und kringeln sich über mir. Da gibt es kein Liegenbleiben, alles fordert zum Aufstehen auf. Ein früher Morgenspaziergang zeigt, dass auch die wilden Blumen am Wegesrand gerade ihre Blüten der Sonne entgegendrehen und öffnen. Der Schlaf scheint noch an ihren zusammengefalteten Blütenblättern zu kleben, aber unzählige glitzernde Tautropfen besorgen schon ihre Morgenwäsche. Es ist damit nicht viel anders als bei uns Menschen.

Fischreiher, die noch im dunklen Gezweig dichter Eichen keine rechte Lust zum Fliegen haben, werden durch mein Kommen unruhig und verlassen einer nach dem anderen das schützende Laubwerk. Erstaunlich, wie viele dieser großen Vögel so ein Laubbaum vor unseren Augen verbergen kann, aber jetzt, am hellen Tag, kommen sie ans Tageslicht hervor.

Von frühem Hahnenschrei und lautem Hundegebell vom nahen Bauernhof liest man heutzutage auch nur noch etwas in bunten Bilderbüchern, aus denen die Kinder lernen, was sie später im Leben kaum noch sehen werden. Auch meine Wirtsleute sind längst aufgestanden und hantieren im Hof oder in der Küche herum, und wenn ich mich als erster Gast an den Frühstückstisch setze, ist schon alles gedeckt. Die Arbeiter vom nahen Hafen machen bereits ihre erste Pause, und so weiß man recht eigentlich, dass es Zeit wird, auch etwas zu unternehmen.

Mittags dagegen wird es auf dem Lande oder in der freien Natur still. Kein Hund bellt mehr, keine Kuh brüllt, kein Vogel singt, keine Hand regt sich, der Wind hat sich gelegt und bewegt keinen Zweig, die Sonne steht im Zenit und scheint sich nicht mehr zu bewegen, die Schatten verändern nicht mehr ihre Länge, kleine Sommerwolken haben sich aufgelöst, und nur am Horizont wartet eine weiße Kumuluswand auf ihren späteren Auftritt. Man braucht nicht auf die Uhr zu sehen, alles sagt einem, dass es jetzt Mittag ist und eine Pause eingelegt werden muss für etwas Essen und etwas Ruhe. Was hat hier ein Zeitzeichen oder gar eine Sirene zu suchen, um uns zu sagen, dass es jetzt genau zwölf Uhr ist.

Der Nachmittag wird noch einmal lebendig, es beginnt sich wieder zu regen, die Menschen treten wieder aus ihren Häusern hervor, Geräte klappern, Maschinen fahren über die Felder und setzen die unterbrochene Ernte fort. Sommergäste und durchreisende Urlauber wollen noch ein Stückchen des vorgenommenen Wegs schaffen, bevor sie sich für diesen Tag zur Ruhe setzen. Doch bald schon erschlaffen sie, kehren ein, trinken, essen, renommieren mit ihren Tagesleistungen und lachen über jeden Krümel wie die Hühner. Der Wirt und die Bedienung machen ein freundliches Gesicht, auch wenn sie ununterbrochen Getränke und Essen herbeischaffen müssen, denn jetzt heißt es, für die Wintermonate vorzusorgen, wenn nur die Dorfbevölkerung zu einem Glas Bier kommt und sonst nichts weiter verzehrt.

Bald schon steigt die Dämmerung aus dem Boden und dämpft alles. Nur die Stimmen der vom Bier immer kühner gewordenen Gäste werden lauter, und ich muss hinaus auf den Deich und den Fluss stromabwärts ein Stück begleiten, um mit ihm ein Abendgespräch zu führen. Er ist immer gleich und weiß nichts von stehender Zeit. Er hört zu, bleibt aber dabei nicht stehen, denn er weiß, dass es immer weitergeht.

Die Blumen auf dem Deich, die den ganzen Tag leuchtend ihre Blüten geöffnet hielten und ganz ungeniert die Fluginsekten zur ihrer Befruchtung aufforderten, verschließen wieder ihre Fortpflanzungsorgane und falten sich zusammen. Ganz im Gegensatz zum Menschen, der sich manchmal erst jetzt öffnet und auftut und im Dunkeln sein Liebeswerk vollbringt.

Die Sonne ist längst hinter dem Horizont verschwunden und lässt nur noch die Abendwolken aufglühen, bevor auch dieses Licht schwächer wird und alles in ein gleichmäßiges grau taucht. Nun heißt es aufs Zimmer zu gehen, um, da wir Menschen sind, noch ein Stündchen beim Lampenlicht etwas zu lesen und dann die Augen zu schließen für eine Nacht, die wirklich dunkel und ruhig ist wie seit Anbeginn der Tage.

## Die Garnischberg-Sage

Wie bei jeder herausragenden Erscheinung ranken sich auch um den Garnischberg allerlei seltsame Geschichten und Sagen. Es scheint ein Bedürfnis des Menschen zu sein, alles nicht Alltägliche mit einer gewissen Skepsis anzusehen und sich erst zu beruhigen, wenn man dem Ungewöhnlichen einen Namen gegeben oder ein besonderes Herkommen zuerkannt hat. Das mag auch Ursprung aller Religion und allen Gottesglauben sein.

Von diesem Berg nun geht die Sage, dass sich ein verzauberter Prinz darin aufhalte: „Als vor mehr als 500 Jahren in dieser Gegend das Christentum eingeführt wurde, ließ sich auch der Prinz taufen. Dadurch zog er sich den Hass seiner noch heidnischen Untertanen zu. Diese überfielen sein Schloss und wollten ihn töten. Der Prinz flüchtete in die dichten Wälder der Neumark zwischen Küstrin und Bärwalde. Die Heiden verfolgten ihn aber und holten ihn bald ein. Am Garnischberg hätten sie ihn beinahe gefangen genommen, doch plötzlich war er verschwunden. Der Christengott hatte ihn im Berg verborgen und noch heute sitzt er darin. Wem es gelingt, dreimal um den Berg zu laufen, ohne dabei zu atmen, der kann den Prinz erlösen. Am Johannistag mittags 12 Uhr läutet im Innern des Berges ein Glöckchen, aber nur Sonntagski¥nder hören es läuten.“

An einem Sonntag geboren bin ich zwar, aber inzwischen so harthörig besonders für die hohen Frequenzen geworden, dass ich das Glöckchen wohl kaum hören werde, oder falls wirklich etwas klingeln sollte, dann wäre es wohl eher mein Tinnitus, der sich oft genug störend bemerkbar macht. Und drei Runden um den Berg dauern etwa eine Stunde, solange kann ich die Luft nicht anhalten, denn mein Rekord beim Tauchen betrug früher nur anderthalb Minuten, was aber auch schon eine ganz beachtliche Zeit war.

Doch wurde mir durch diesen Text klar, was es mit dem Haselkreuz auf sich hatte, das ich bei meinem ersten Besuch mit einigen bunten Bändern geschmückt umgefallen im Grase neben dem Vermessungsstein auf dem Gipfel fand. Eine Kirchengemeinde wird wohl ihre rührigen Jünger am Johannistag dorthin geführt haben, um ihr Halleluja anzustimmen und die Ohren zu spitzen oder gar die Erde aufzugraben. Das haben aber vor über sechzig Jahren schon die Bomben und Granaten der deutschen Wehrmacht getan, die verhindern sollten, dass die Russen sich auf dem Berg festsetzen. Noch heute findet man hier kleine Senken und Trichter, die nicht durch strömendes Oderwasser entstanden sind. Ein Prinz aber hatte sich schon damals nicht gezeigt.

Also werde ich mich am Johannistag nicht aufmachen, sondern weiterhin am Neujahrstag nach Kienitz fahren, wo am 31. Januar 1945 die Rote Armee über die Oder setzte, um einen ganz anderen Lumpen als einen Prinzen zu verfolgen. Dieser konnte nicht mehr flüchten und er brachte sich schmählich um, als sich für ihn kein Berg auftat.

Es bliebe festzustellen, wann diese Geschichte aufgekommen ist. Vermutlich ist sie noch nicht so alt, auch wenn von 500 Jahren die Rede ist. Was historisch übrigens recht kurz gegriffen ist, denn die Christianisierung des Oderbruchs liegt viel weiter zurück. Von ersten Bekehrungen hört man schon am Ende des 10. Jahrhunderts. Dass sich besagter Prinz in die Wälder der Neumark „zwischen Küstrin und Bärwalde“ geflüchtet habe und dabei zum Garnischberg gelangt sei, ist geographisch-historisch wiederum glaubhaft, denn der Berg stand bis 1787 wirklich noch auf der rechten, neumärkischen Oderseite, bis er dann durch den Kanalbau von Kalenzig und Klewitz (heute Kaleńsko und Chlewice) auf die linke Oderseite ins Kurmärkische zu liegen kam. Was doch auch sehr verwunderlich ist, denn Berge werden in der Regel nur im Märchen oder durch Glauben an eine andere Stelle versetzt.

Nun gibt es aber Vorkommnisse aus der Zeit des napoleonischen Eroberungskrieges von 1806, als flüchtende preußische Offiziere nach den verheerenden Niederlagen ihrer Armee sich heimlich nachts von Einwohnern des Oderbruchs über die Oder setzen ließen, um ihrem bis nach Memel geflüchteten König zu folgen und beizustehen. Dabei mag schon manches der Garnischbergsage angedichtet worden sein.

Doch diese Vorfälle scheinen schon überlagert zu sein mit Ereignissen aus der Zeit des Alten Fritz', die eine auffallende Nähe zur Sage aufweisen: „Als Friedrich der Große bei Zorndorf (Sarbinowo) lag, wollte sich ein preußischer Prinz, der auf der Flucht vor den Russen war, bei Podelzig über die Oder retten, um nach Zorndorf zu kommen. Zwei Arbeiter aus Genschmar wagten es, den Flüchtling in der Nacht über die Oder zu setzen. Friedrich belohnte sie, in dem er jedem zwölf Morgen Acker schenkte und Holz zum Aufbau der Gebäude." Auch hier ist von einem Prinzen die Rede und von seinen Verfolgern, und auch unser Prinz wurde auf wundersame Weise gerettet: zwei Arbeiter aus Genschmar bringen ihn über die Oder, auf deren anderem, östlichen Ufer damals zur Zeit der Belagerung Küstrins ja noch der Garnischberg lag. Dort wird der Prinz wohl kaum lange verblieben sein, sondern sich sogleich nach Zorndorf aufgemacht haben, um seinem bedrängten König beizustehen. Gut und Böse, Freund und Feind, christlich Bekehrter und heidnische Untertanen, preußischer Prinz und Russenhorden, diese Gegensätze klingen doch heute noch für unsere Ohren recht vertraut, und wenn nun noch ein wandernder Berg dazu kommt, dann kann sich wohl der damalige Vorfall zu einer Sage um den Garnischberg verwoben und verdichtet haben. So rankt sich eine Begebenheit um die andere, bis schließlich kaum noch zu erkennen ist, was der wahre Hintergrund ist. Wir Psychotherapeuten haben es mit ähnlichen Problemen zu tun, wenn wir die unverständlichen Träume und frühen Erinnerungen unserer Patienten verstehen und aufdecken wollen.

Auch weitere kleine Details der Sage lassen sich als Bruchstücke betrachten, die anderen, ähnlichen Sagen abgezwackt wurden oder dem allgemeinen Sagengut angehören. Läutende Glocken aus der Tiefe kenne wir aus Rungholt, Vineta oder aus dem „Schwarzen See" bei Zehden (heute auf der polnischen Seite), bewohnte Berge finden wir in der Kyffhäusersage, in Hameln oder der Loreley, und dass die Erlösung nur in der Johannisnacht erfolgen kann ist auch allenthalben woanders bezeugt. Selbst die kleine Zutat der dreimaligen Bergumrundung finden wir in der Sage von der Entstehung eines Teufelsees bei Fürstenwalde wieder, nur dass es hier ein See war, den es dreimal zu umrunden galt, ohne dabei zu stolpern. In Gorgast war es üblich, zum Erntefest dreimal um das eigene Gehöft zu fahren. Letztlich scheint alles bis auf die ältesten Mythen zurückzugehen, oder die Ähnlichkeit aller Sagen entspringt, wie es Vico schon sagte, der gemeinschaftlichen Natur der Völker.

Nun lässt sich allerdings an eine Sage keine rationale Messlatte anlegen, ohne sie dabei zugleich zu zerstören oder zu entzaubern; darum sei zum Schluss ein kleines Fontane-Zitat angebracht, um alles wieder ins Lot zu bringen: „Erzählt man aber gar die Sage von untergegangenen Dörfern und Städten, so ist es gut, dem Volksmunde zu glauben und die Zweifel zu Hause zu lassen. Ob die Glocken dann abends in der Tiefe klingen oder nicht – der ist nicht beneidenswert, der sie schlechterdings nicht zu hören vermag."

23. Juli bis 6. August 2011

## Vorwort zum Tagebuch 2011

Nun schon das siebente Mal in Folge bin ich in Kienitz an der Oder; nach einer so langen Zeit gibt es von den kleinen Orten der Umgebung nicht mehr viel Neues zu berichten, es sei denn, ich dringe tiefer in die Lokalgeschichte ein, was aber kaum jemand, mich eingeschlossen, näher interessieren würde. Hier in Kienitz wohnte lediglich ein Herr Koppe, der den Zuckerrübenanbau und die Schafzucht im Oderbruch eingeführt hat, ein Kirchenmusiker, dessen Name mir entfallen ist, und noch ein oder zwei Persönlichkeiten von lokaler Bedeutung. Ein Dorf weiter stromabwärts, in Groß Neuendorf, war einige Male Max Schmeling bei Verwandten zu Besuch, so heißt's wenigstens. Das wäre es dann wohl, wenngleich in Anbetracht der geringen Einwohnerzahl der genannten Dörfer auch eine Großstadt wie Berlin keine größere geistige Dichte aufweisen wird.

Also muss ich in mein Inneres, in meine Gedanken- und Gefühlswelt horchen, ob da vielleicht etwas Gescheites zu finden sei, das mich und andere interessieren könnte. So versuche ich auch dieses Jahr wieder meine unzensierten Gedanken in ein Urlaubstagebuch niederzuschreiben, wobei ich mich zur Wahrung der Form diesmal von Tag zu Tag vorhangeln werde, so gut es eben geht. Jedem Tag stelle ich ein kleines Bildchen mit dem Pegelstand der Oder voran, denn es bahnte sich wieder ein kleines Hochwasser an, was doch hier im Oderbruch immer das wichtigste Gesprächsthema ist.

## Sonnabend, 23. Juli 2011

Obgleich ich mir zur Erhöhung meiner Vorfreude schon einige Tage zuvor alles zurecht gelegt hatte, was mit auf die Reise sollte, fuhr ich schließlich doch ohne Regenschirm und Anorak los, weil der Abfahrtsmorgen doch so schön war. An den Schirm dachte ich nach zwei Kilometern und fuhr noch einmal zurück, um ihn zu holen. Den Anorak, der gleich daneben hing, ließ ich dennoch hängen; ihn musste mir Renate in meinen Ferienort nachschicken als Expresspaket für viel Geld.

Daraus lässt sich vielleicht ersehen, dass einige Ferientage durchaus nötig waren, denn mit meiner Praxisaufgabe, den damit verbundenen Gedanken um meine Patienten, sowie ein bevorstehender Wohnungsumzug, nachdem wir dreiunddreißig Jahre am Ort gewohnt haben, brachten doch einige Aufregung mit sich, die sich bis in die Träume ausbreitete. Ich träumte sehr viel von unerledigten Dingen, sollte noch plötzlich eine Gasheizung einbauen, obwohl ich doch schon über ein Dutzend Jahre aus meinem alten Gewerbe heraus war, befand mich wieder in Kiel bei meinen Eltern oder stand einer großen Gruppe von Menschen gegenüber, die ich unterrichten sollte. Also höchste Zeit fürs Oderbruch, um dem allen zu entkommen.

Die Fahrt wollte ich so gemächlich wie möglich einrichten. So machte ich schon in Müncheberg Zwischenstation, um das Städtchen etwas näher anzusehen, welches wir sonst nur immer in Eile durchfahren hatten. Viel Aufregendes war nicht zu sehen, aber hinter der Kirche fand ich drei gerade flügge gewordene Bussardjunge am Boden herumhüpfen, die sich bei meiner Annäherung aber doch schon etwas aufschwingen und in Sicherheit bringen konnten. Das zu erleben war allein schon ein Aufenthalt wert.

Nächster Halt war Jahnsfelde, wo ich in einer kleinen Raststätte meinen zweiten Morgenkaffee nahm, der mich in eine rechte Urlaubsstimmung versetzte. Sechzig Cent, ich rundete großzügig auf einen Euro auf und fühlte mich dabei recht weltmännisch.

Vor Diedersdorf erfüllte ich mir endlich einen schon zehn Jahre lang gehegten Wunsch und ging einen schmalen, baumbestandenen Weg entlang, der in die Felder führte. Immer dachte ich: ein andermal, aber nun stand ich inmitten der schönsten Wildnis. Wie kleinste Dinge einen beglücken können! Drei junge Frauen kamen in einem Wagen den Weg entlang geholpert; als sie mich sahen, wollten sie zurück, aber mein freundlicher Gruß ließ sie anhalten und ihre kleine freventliche Tat durchführen: sie stahlen auf dem Feld ein großes Bund der schönsten Sonnenblumen und winkten mir auf ihrem Rückweg noch komplizenhaft zu.

Nun war ich im Oderbruch. Die Pegelanzeige der Alten Oder bei Gusow ragte eben gerade noch aus dem Wasser und ließ ahnen, dass auch ihre große Schwester Hochwasser führen würde.

Am frühen Nachmittag kam ich endlich in Kienitz an und hatte für die einhundert Kilometer lange Strecke vier Stunden benötigt. Meine Wirtsleute mitsamt dem Gesinde – was man heute aber nicht mehr sagt – empfingen mich sehr freundlich. Einige Male musste ich die schmale Stiege ins Obergeschoss klettern, um meine zahlreichen Gepäckstücke hinaufzubringen. Am schwersten war meine „Bildungstasche", gefüllt mit Büchern und allerlei Gerätschaften für meine dilettantischen Exkursionen, gefolgt von einer Verpflegungskiste mit Brot, Schinken und Hartkäse und schließlich meiner Kleidungstasche mit Wäsche für die unterschiedlichsten Wetter. Und natürlich noch sonstiger Kleinkram, den ein moderner Städter bei sich haben muss. Auf dem Kopf einen schönen Strohhut, der mich sogleich als Sommerfrischler auswies und allgemeinen Beifall fand.

Nach einer Tasse Kaffee und einem Stück – natürlich – selbstgebackenem Kirschkuchen rief mich die Oder, und ich ging den Deich entlang zur alten Fährstraße und diese hinunter zum Fluss. Die Steinbuhne war bereits halb überspült. Ich ging soweit vor wie möglich und hielt meine Hand ins Wasser, um auch den Fluss zu begrüßen. Drüben auf der polnischen Seite standen einige Angler.

Als ich in mein Quartier zurückkam, fand ich auch die alte Oma Rochlitz, die dieses Jahr neunzig wird. Ich streichelte ihre runzlige Wange, was sie sich gerne gefallen ließ. Bald schon kam sie mit einem Buch an, das ich unbedingt lesen müsse. Es handele von dem Schicksal der Oderbrücher nach der Errichtung der russischen Brückenköpfe, wobei die Bewohner unversehens zwischen die Fronten gerieten und sehr zu leiden hatten oder gar vor Hunger, Kälte oder Soldatenwillkür umkamen.

Von einem wandhängenden Telefon rief ich zu Hause an und berichtete von meiner glücklichen Ankunft und freundlichen Aufnahme. So wurde aus Morgen und Abend der erste Tag, und ich stieg müde in mein knarrendes, wohlbekanntes Bett. Kein Licht von draußen, kein Geräusch drang in mein Kämmerlein.

## Sonntag, 24. Juli 2011

Um sechs Uhr schlug ich die Augen auf und sah an der Zimmerdecke die Widerspiegelungen der Wasseroberfläche des Hafens ihr Spiel treiben. Die Sonne stand gelbrot eben gerade über den Baumspitzen des gegenüberliegenden Hafendammes. So schön sonnig wird mein kleines Schlafzimmer in der neuen Wohnung nicht sein, dachte ich wehmütig.

Das Gasthaus hat nur ein Etagenbad für vier Gästezimmer, und ich war bestrebt, es möglichst früh als erster aufzusuchen, was mir auch stets gelang, da die anderen Gäste meist erst eine Stunde später in die Gänge kamen. So konnte ich all die Tage mit einem Wechselduschbad meinen Schlaf vertreiben und in aller Ruhe meinen sprießenden Bart in die Schranken weisen.

Frühstück hatte ich wie auch schon die Jahre zuvor mit den Wirtsleuten um acht Uhr ausgemacht, und so blieb mir meist noch eine gute Stunde, die ich für einen ausgiebigen Morgenspaziergang nutzte. Mein erster Gang galt dem Kienitzer Pegel, ein Begriff für den ganzen unteren Oderabschnitt bis hin zum Haff, weil hier auch die Wassermassen der Warthe registriert werden, was einer - allerdings zur Zeit ziemlich brachliegenden – Schifffahrt dienlich ist.

Noch konnte ich den Deich hinunter bis zur Steinbuhne vorgehen, die aber bereits fast ganz überspült war. Dennoch stand, schon halb im Wasser, vorn noch ein Angler und versuchte sein Glück. Ich rief ihm meinen Gruß zu, den er freundlich erwiderte. Die gelbe Pegelleiste führte an einer Treppe in den Fluss hinein und zeigte einen Wasserstand von 3,33 m, was aber noch nicht zur Ausrufung für die Alarmstufe 1 ausreichte. Ich konnte also auf unbeschwerte Urlaubstage ohne eine vorzeitige Ausweisung hoffen.

Hundert Schritt weiter befindet sich eine Heberanlage, die in trockenen Jahreszeiten das Wasser der Oder ansaugt und über ein Grabensystem in die Felder des Oderbruchs leitet. Bei dem jetzigen Hochwasser arbeitete die Anlage natürlich nicht, die sonst in trockenen Sommern allerlei glucksende Geräusche erzeugt und besonders nachts unheimliche Gruselgefühle hervorrufen konnte. Bei sehr niedrigem Wasserstand kann der angesaugte Wasserstrom abreißen, was noch zu DDR-Zeiten das Herbeirufen eines Spezialfahrzeugs nötig machte, welches ein neues Vakuum erzeugen musste. Heute arbeitet die Anlage automatisch, wie beinahe alles in der Welt, was uns immer weiter von den natürlichen Verhältnissen entfernt.

Nochmals einige hundert Meter weiter steht in der flussseitigen Deichböschung eine große Eiche, an die allen modernen Hochwasserabwehrtheorien zum Trotz keine Axt angelegt werden durfte, so dass sie mir fast wie eine Bonifatiusseiche vorkommt, was gut zum etwas heidnischen Oderbruch passt.

Für heute reichte mir dieser Morgenspaziergang, und ich fand mich pünktlich als erster Gast im Frühstücksraum ein, wo schon an einem Tisch das Frühstück auf mich wartete. Zwei Brötchen, zwei Scheiben Brot, vier Klötze Butter, zwei Scheiben Käse, drei Scheiben Wurst, zweierlei Marmelade, Honig, etwas Salat und eine Thermoskanne mit Kaffee, was ich als wohlerzogener Mensch bedächtig nach und nach alles aufaß und was nach einem anfänglichen Völlegefühl ein Hungergefühl erst in den Nachmittagsstunden wieder aufkommen ließ. Nach ernährungsphysiologischen Erkenntnissen fragte ich lieber nicht, obgleich es mir meine Verdauung heimzahlte, indem sie mehrfach streikte und ihren Dienst verweigerte.

Um etwas in Kontakt mit der weiteren Umgebung zu kommen, fuhr ich mit dem Auto nach Frankfurt und sah mir die Ausstellung an, die dieses Jahr zum Gedächtnis an den zweihundertsten Todestag von Heinrich von Kleist im Kleistmuseum eingerichtet war. Von Weimar verwöhnt, fand ich eine zwar liebevoll eingerichtete, aber doch auch an Exponaten recht ärmliche Ausstellung. Das lag gewiss nicht an den Museumsmitarbeitern, sondern eher wohl an Kleist selbst, der nicht heimisch auf dieser Welt werden konnte und unruhig von Ort zu Ort reiste, um seinen Frieden und seine Anerkennung zu finden. Vergeblich! Noch vor einigen Wochen standen wir am Kleinen Wannsee an der Stelle, wo er sich zusammen mit seiner Geliebten Henriette Vogel erschossen hatte.

Goethe bekam – wie stets – auch sein Fett weg, weil er Kleist nicht anzuerkennen vermochte ob seiner gewalttätigen Darstellungsthematik. Ähnlich wie Hölderlin und Nietzsche erfuhr auch Kleist einige unerwünschte Schützenhilfe von den Nationalsozialisten, die ihn für ihre eigene gewalttätige Welteroberung okkupieren wollten.

Mit allerlei Gedanken im Kopf verließ ich das Museum, zusammen mit einem kleinen Stapel von Büchern, die als Remittenden zu unglaublich niedrigen

Preisen verschleudert wurden. Wieder dachte ich an unsere neue Wohnung mit der bangen Frage: Wohin damit?

Zurück fuhr ich über die Oderbrücke nach Słubice, ehemals ein Vorort von Frankfurt, und von dort durch eine schöne Landschaft hinauf nach Kostrzyn, ehemals Küstrin. Auch als nicht nationalistisch oder gar chauvinistisch gesinnter Mensch geht einem ganz unwillkürlich durch den Kopf, dass dieses Land einmal zu Deutschland gehörte und uns durch den Wahnsinnskrieg gerade der Nationalisten verloren gegangen ist. Aber eines Tages wird es sowieso europäisch sein, und dann fragt niemand mehr nach deutsch oder polnisch.

Wieder auf meinem Zimmer wollte ich eine kleine Pause machen, aber zwischen Deich und Gasthof sitzen wie in einem Orchestergraben die lärmenden Sonntagsgäste vor meinem Zimmerfenster. So zog ich wieder los und ging den Fährweg bis zur alten Deichscharte, die einsam und nutzlos im Odervorland steht, weil der Deichausbau 1939 abgebrochen und lieber ein Krieg gegen unseren östlichen Nachbarn angefangen wurde. Aber dadurch habe ich hier heute einen Ruheplatz, der allerdings erst durch eine etwas gewagte Kletterpartie bis hinauf auf die Betonoberkante erobert werden muss.

Von hier aus erreicht mein Handy das deutsche Telefonnetz, was oben im Ort nicht immer klappt und zu teuren Auslandsgesprächen über das polnische Netz führt. Doch aller Aufwand war vergebens, meine Liebste war nicht zu Hause, sondern, wie ich durch eine SMS erfuhr, ins Kino „Babylon“ gegangen, um sich in einer Retrospektive einen Chaplinfilm anzusehen. So musste ich mein volles Herz dem Anrufbeantworter anvertrauen, der sich obendrein nach zwei Minuten mit einem schrillen Pfeifton gnadenlos verabschiedete.

Auch hier oben auf der Deichscharte hatte ich einen akustischen Hintergrund, aber der kam von den unzähligen Unken, die aus dem sumpfigen Vorland ihre Rufe hinausquakten. Ob diese Unterhaltung weniger geistreich als die der Gasthofsgäste war, wage ich nicht zu beurteilen, um mir nicht den Zorn der Unken zuzuziehen; ich vermute aber, dass das Niveau in etwa das gleiche war.

Zu schreiben, dass aus Morgen und Abend nun der zweite Tag zu Ende ging, versage ich mir, da ich nicht den Eindruck erwecken möchte, dass die Bibel meine einzige Lektüre ist, und weil ich außerdem meinen Urlaub nicht schon in sieben Tagen beenden will, wie es Gott mit seiner Schöpfung getan hat. Sela!

## Montag, 25. Juli 2011

Wie stets war ich um sechs Uhr auf, stand unter der Etagendusche, schabte mir den Bart ab und ging zum Pegel, um den Wasserstand der Oder abzulesen. Er lag um etwa 20 cm höher als gestern, bei 3,52 m. Danach legte ich los und marschierte in Richtung Groß Neuendorf. Unterwegs traf ich eine Bildsäule, die voller Hingabe in die aufgehende Sonne schaute und meinen Gruß nicht beachtete. So wird also Helios immer noch verehrt. Auf meinem Rückweg war die Figur aber wieder zu Fleisch geworden und entbot mir einen freundlichen Morgengruß, so dass ich nicht umhin kam, die Dame im mittleren Alter noch einmal zu grüßen. Auf ein Gespräch wollte ich mich aber nicht einlassen, denn ich musste noch die drei Kilometer zurück zu dem Gasthof, wo doch ein Frühstück auf mich wartete.

Nach dem Frühstück nahm ich das gelbe Postrad, das mir der Wirt hingestellt hatte, und radelte über den Deich zum Garnischberg, der gute acht Kilometer entfernt inmitten eines Polders liegt. Schon an die zwanzig Mal war ich die vergangenen Jahre dorthin gefahren oder gelaufen, um diese eigenartige Sanddüne näher zu untersuchen. Immerhin ist der Berg mit seinen 16 Metern die höchste Erhebung im ganzen Bruch, aber er ist so abgelegen und schwer zu erreichen, dass ich noch nie dort oben einen Wanderer gesehen habe. Bis auf dieses Frühjahr, wo wir bei einem Sonntagsausflug dort einen Ornithologen angetroffen hatten, der mit seiner Fotoapparatur die Vögel belauschte. Ich setzte mich damals zu ihm, und wir kamen sehr schön ins Gespräch; vielleicht treffe ich ihn noch einmal wieder.

Heute aber war es wie sonst auch immer still hier oben, und meine Spuren waren die einzigen auf dem losen Sandweg, der sich über die karg bewachsene Düne schlängelt. Unter einer großen Eiche, die als einziger Baum in der Bergmitte steht, stellte ich meinen Klapphocker auf und machte einen großen Rundgang über den östlichen Teil des Berges. Insekten, Gräsern und Doldengewächsen galt meine ganze Aufmerksamkeit, weil ich mit deren Bestimmung immer noch meine Mühe hatte.

Leider war meine ganze Gelenkigkeit, die ich einmal als Klempnermeister besessen hatte, längst dahin, und ich wälzte mich mühsam am Boden herum, um das kleine Getier und die niedrigen Pflanzen von allen Seiten zu fotografieren. Noch mühsamer war das Wiederhochkommen, und ich war froh, dass niemand mich alten Mann sah, der bestimmt für verrückt gehalten worden wäre. Vielleicht auch nicht ganz zu unrecht, warum mache ich es nicht so wie die anderen Radwanderer, die tapfer ihre tägliche Strecke abfahren und sich abends bei einem Bier über ihre Erfahrungen austauschen.

Nach einer kleinen Erholungspause nahm ich mir den Westteil der Erhebung vor. Es mochte sich inzwischen herumgesprochen haben, dass ich hier oben herumschlich, denn die flatternden und hüpfenden Gesellen waren plötzlich viel zutraulicher und ließen sich anstandslos fotografieren, ohne gleich wegzuschwirren wie bei meiner ersten Bergrunde.

Als Psychologe habe ich aber noch eine andere Erklärung für dieses Phänomen. Ungeübt im Umgang mit der Natur wird man wie ein poltriger Geselle alles in Alarmstimmung versetzen, und erst das allmähliche Vertrautwerden mit der nächsten Umgebung schafft dann den richtigen Umgangston. Man wird dann ein Lebewesen unter anderen Lebewesen und nicht weiter beachtet. Unter Menschen ist es nicht viel anders, und selbst in der Psychotherapie nicht. Auch hier muss man über lange Zeit den richtigen Ton finden, der Zugang zu den Menschen verschafft. Plumpe Fragebögen und Untersuchungsmethoden verscheuchen die Menschen ebenso wie ich bei meinem ersten Gang um den Berg die Kerbtiere verscheucht habe.

Leider wehte der Wind etwas stark über den Berg, wodurch manchmal eine Grasähre sich längst zur Seite gebogen hatte, bevor sie der Speicherchip meiner Kamera erfasst hatte. Da gibt es zu Hause viel auszusortieren.

Vom Gipfel des Berges, der sich sechs ganze Meter über die Wiesen dort unten erhebt, rief ich zu Hause an und erreichte auch wirklich meine Frau, die sogleich erriet, wo ich mich befinde; na ja, sie kennt eben nach über vierzig Ehejahren ihren Mann, da gibt es kaum noch Überraschungen. Aber so ein kurzer Anruf tut doch gut, weil ich dann weiß, dass ich doch nicht ganz allein auf dieser Welt bin. Denn das einsame Herumkriechen in der Natur erfordert doch eine einigermaßen stabile Persönlichkeit, um nicht wirklich weltfremd zu werden. Es ist auch ein recht gutes Praktikum in angewandter Philosophie, die aus den Büchern allein nimmer richtig gelernt werden kann.

Nach vier Uhr kam ich bei einigem Gegenwind etwas angestrengt wieder im Gasthof „Zum Hafen“ an und ließ mir sogleich Kaffee und Kuchen bringen, welches nach so einem Ausritt hervorragend schmeckt. Oben in meinem Zimmer fing ich gleich an, meine Fotoausbeute zu sortieren, zu beschriften und alles Doppelte und Misslungene vom Chip zu löschen. Da geht mein Dank an die unzähligen Ingenieure und Techniker, die es mit ihrer Arbeit dem Menschen ermöglichst haben, auf allerleichteste Art und Weise sich mit der Natur zu beschäftigen, was früher nur hoch ausgebildeten Wissenschaftlern möglich war. Diese haben dafür leider manchmal den Kontakt zur reinen Natur verloren und sitzen den ganzen Tag vor dem Bildschirm, um ihre Berechnungen durchzuführen. Ein zweiter Paracelsus täte vielleicht Not, um zu zeigen, wie sich Technik und Natur miteinander vereinbaren lassen.

## Dienstag, 26. Juli 2011

Heute kam ich auf meinem Morgenspaziergang nicht so recht voran. Ich wollte eigentlich die ganze Strecke auf dem Deich bis zum nächsten Ort gehen, aber es war feuchtes Wetter und die Wolken lagen dicht über der Erde. Die Weiden sahen gespenstisch aus dem Nebel hervor. Nicht einmal das andere Hafenufer konnte man sehen. Die Oder selbst blieb meinen Blicken verborgen.

Das wäre aber alles kein Grund, nicht zügig auszuschreiten. Nein, es waren die schönen Spinnennetze, die mit zahllosen Tautropfen überzogen meine ganze Aufmerksamkeit auf sich lenkten. Eine Spinne schien es besser als die andere gemacht zu haben, und ich fand mich bald wieder am Boden, um diese Wunderwerke zu fotografieren. Wobei die Scharfstellung nicht gerade leicht war, denn der Entfernungsmesser meines Fotoapparates kümmerte sich wenig um die Gespinste und sucht Halt im festen Blattwerk der Pflanzen. Schließlich gelang es mir aber doch recht gut, das Webwerk aufzunehmen, allerdings um den Preis von nassen Schuhen, Strümpfen und Hosenbeinen, denn die Tautropfen hingen nicht nur an den Spinnfäden, sondern überall im hohen Gras.

Nur der Wasserstand musste noch ermittelt werden; er lag heute bei 3,82 m, also war der Fluss wieder um zwanzig Zentimeter angestiegen. Dadurch wurde es immer schwieriger, direkt an die Oder heranzukommen, obgleich es doch eigentlich egal sein sollte, direkt am Fluss zu stehen oder ihn vom Deich aus zu sehen. Aber es ist doch ein Unterschied; vom Deich aus hat man den größeren Überblick, man sieht das Ganze und die Schönheit einer Flusslandschaft, während man direkt am Wasser die Strömung, die Wirbel, die kleinen Fische und die Ufergewächse besser sehen kann. Eigentlich lässt sich auch hier von einem hermeneutischen Zirkel sprechen; von Einzelnen zum Ganzen und wieder zurück zum Einzelnen, bis man das ganze Wesen eines großen Stromes besser erfasst hat.

Doch hatte ich heute etwas anderes vor. Meine vielen Besuche des Garnischbergs blieben nicht ohne Folgen. Der Ordner mit meinen Aufzeichnungen und Bildern wurde immer dicker, und nach einer ungewöhnlich langen Tragezeit von zwei oder drei Jahren trat endlich ein kleines Büchlein ans Licht, betitelt mit „Der Garnischberg im Oderbruch. Begegnung mit einer Sanddüne." Ich hatte zunächst nur ganz wenige Exemplare davon in meiner kleinen Buchdruckerei und -binderei fertiggestellt und wollte sie nun den daran Beteiligten überreichen.

Denn ich hatte alles versucht, Näheres über den Berg zu erfahren, war in Museen und Heimatstuben, hatte mich bei den Ortsverwaltungen der angrenzenden Dörfer erkundigt, den Bürgermeister von Genschmar besucht, einen pensionierten Tierarzt aufgesucht, der sich als Heimatkundler einen Namen gemacht hat, eine Historikerin auf einem abseits gelegenen Gut ausfindig gemacht und sonst wo meine Erkundungen gemacht. Das Echo war sehr gering, doch bei einigen hatte ich doch etwas Näheres erfahren können, und die wollte ich nun aufsuchen.

Zunächst schien alles schief zu laufen. Die Ortsverwaltung in Genschmar war geschlossen, im Hause des Bürgermeisters bellte zwar ein Hund, aber niemand öffnete. So steckte ich das Buch mit einem kleinen Begleittext in den Briefkasten, ohne den Ortskundigen gesprochen zu haben. Beim Tierarzt fand ich das Tor zum Grundstück zwar geöffnet, aber sein Wagen stand nicht darauf. Ich ging dennoch in sein kleines Anwesen am Genschmarer See, fand aber nur den Wachhund schläfrig in seinem Käfig. Also hängte ich auch hier eine kleine Tüte mit dem Buch an den Türknauf der Haustür und zog wieder etwas enttäuscht von dannen.

Aber auf meiner Rückfahrt sah ich dann einen Hund auf dem Hof des Bürgermeisters herumlaufen, und ich versuchte es noch einmal. Hoch erfreut öffnete nun der Bürgermeister, sprach mich gleich mit Namen an und erzählte begeistert von dem ersten Kapitel des Buches, das er sofort zu lesen angefangen hatte. So wurde bald eine ganze Stunde aus dem Treffen, wobei das Gespräch über die lokale Politik bis hin zum russischen Einmarsch ins Oderbruch ging, den der Bürgermeister noch als elfjähriger Bursche selbst erlebt hatte. Ein derber, erprobter und sehr zugewandter Mann, der mir recht gut gefiel.

Und zwei Tage darauf hörte ich von Renate, dass auch der Tierarzt bei uns zu Hause ganz begeistert angerufen hätte. Schade, dass wir uns nicht gesehen haben, ich hätte sonst noch einen anderen Heimatkundler kennen lernen können, der gerade bei ihm zu Besuch war und dessen umfangreiches Buch über das Oderbruch ich bestens kannte. Auch er wünschte sich ein Exemplar meines Buches. Mehr konnte ich nicht erträumt haben, und ich fand mich bestätigt, in dem Buch den richtigen Ton getroffen zu haben, der zwar dilettantisch und hochgradig subjektiv, aber doch auch genau und sehr breit getroffen war. Mal sehen, wie es weiter geht.

Zurück fuhr ich über das Städtchen Letschin, in dem ich einen guten Eissalon wusste, wo ich mir einen Eisbecher mit drei Kugeln und Sahne schmecken ließ und hinterher noch eine Tasse Kaffee trank, alles zusammen für vierfuffzig. Ich gab weltmännisch wieder fünf.

## Mittwoch, 27. Juli 2011

Wie stets war ich früh auf und hatte vor dem Frühstück meine morgendlichen Gänge getan. Die Oder stand jetzt bei 4,08 m und stieg also immer noch an. Heute wollte ich einmal in die Kalenziger Bunst fahren, ein Flussauenbiotop, das ich bisher immer ausgespart hatte, nun aber von dem Genschmarer Bürgermeister wärmstens empfohlen bekam.

Als ich mit meinem Wagen dort ankam und über den Deich in die Niederung hineinfuhr, kam ich nicht sehr weit, denn die Oder hatte inzwischen einiges von dem Land, das ihr einmal gehörte, wieder Besitz ergriffen. Ich stellte den

Wagen an einem trockenen Ort ab, krempelte mir die Hosenbeine bis über die Knie hoch, zog Schuhe und Strümpfe aus und watete die direkt zur Oder führende alte Fährstraße entlang, bis es nicht mehr weiter ging. Breit und schnell strömte der Fluss an mir vorbei und machte mich ganz schwindelig, so dass ich auf dem steinigen Untergrund fast den Halt verlor und beinahe wie im Vorjahr meine wertvolle Kamera in den Fluss fallen ließ. Aber alles ging gut aus, ich rettete sogar noch eine kleine Maus, die vom steigenden Wasser überrascht wurde und nun auf einer kleinen Insel ängstlich hin und her rannte.

Wieder auf trockenem Gelände durchstreifte ich nun das ganze Biotop und stand dann vor einer uralten, mächtigen Schwarzpappel, aus deren abgestorbenem Stamm noch einige grüne Äste heraus wuchsen. Irgendetwas schien sich am Stamm zu bewegen, und als ich näher heran ging, sah ich eine ganze Waschbärenfamilie, die sich vor mir den Stamm hinauf flüchtete. Nicht so schnell wie die Eichhörnchen, aber doch sicher Schritt vor Schritt, bis sie alle von oben auf mich Eindringling herabsahen. Sie waren etwas größer als eine ausgewachsene Hauskatze, hatten fingerartige Vorderläufe und ein drolliges spitzes Gesicht, ließen sich aber nicht näher heranlocken, was mir ganz recht war, denn schon vor einigen Jahren stand ich mitten in einem Feld allein vor einem dieser Bären und war mir nicht ganz sicher, ob sie für mich gefährlich werden könnten.

Nachdem ich den Klettereien einige Zeit zugesehen und auch einige Fotos und eine kleine Filmaufnahme gemacht hatte, zog ich weiter durch die Bunst, um sie in ihrer ganzen Ausdehnung zu erfassen. Dabei erlebte ich eine Überraschung, die ich gerade hier nicht erwartet hätte: sieben Jahre war ich nun schon nacheinander an der Oder, aber außer einigen Sportbooten und dem kleinen Schubschiff des Wasserbauamtes hatte ich auf dem Fluss nie ein größeres Schiff gesehen. Nun bei dem Hochwasser traute sich aber doch ein polnisches Schubschiff aus Wrocław, dem ehemaligen Breslau, bis hierher vor, um mit seiner Ladung wohl nach Stettin zu fahren.

Die Oder wird seit dem Ende der DDR nicht mehr von deutschen Schiffen befahren, und so unterblieb das regelmäßige Ausbaggern des Stromes. Seitdem haben sich durch die Strömung überall Sandbänke und Untiefen gebildet, wodurch die Schifffahrt nahezu ganz zum Erliegen kam. Nun aber erlebte ich das Schauspiel, dass ein großes Schiff durch die Oder fuhr, was von meinem niedrigen Standpunkt in der Kalenziger Bunst obendrein noch so aussah, als ob sich das Schiff durch den breiten Schilfgürtel fortbewegen würde.

Einen ganz anderen Eindruck machten die Wiesen auf der anderen Seite des Auenwaldes. So, als ob wir Menschen von der Natur genarrt werden sollten, bot sich hier den Augen statt der erwarteten grünen Wiesen eine weit ausgedehnte violette Fläche dar, von Tausenden oder gar Millionen von blühenden Lauchpflanzen, die den Grasbewuchs der Wiese durchsetzt hatten und diesen nun mit ihren hohen Kugelblüten überragte - ein Schauspiel und eine Augenweide sondergleichen.

Noch eine andere Überraschung zeigte sich mir. In der sich völlig selbst überlassenen Pflanzenwelt des Biotops war ein beständiges Werden und Vergehen. Kein alter Baum wurde abgehauen wie in den Forsten und Parkanlagen. Was abstarb blieb solange aufrecht stehen, bis es Frost und Wind dann doch schafften, die alten Baumruinen umzuwerfen. Dadurch gab es die bizarrsten und wunderlichsten Gestalten, die aus grauester Vorzeit zu kommen schienen und unsere Phantasie mächtig anregen konnten. Besonders nachts bedarf es da eines soliden Urvertrauens, um nicht angsterfüllt davonzulaufen.

Aber noch war es Tag, und nach so viel Naturerleben zog es mich zurück in die Menschenwelt, genauer nach Groß Neuendorf, wo ich einen kleinen Lebensmittelladen kannte, der auch Kaffee und Kuchen in seinem Angebot hatte. Alles war hier inzwischen etwas modernisiert, und selbst die vordem immer etwas mürrische Verkäuferin hatte eine freundlichere Nachfolgerin gefunden, wodurch der ganze Laden ziemlich gewann. Der leidliche Arbeitslosen- und Abhängigentreff hatte sich indes auf den Bänken vor dem Geschäft erhalten. Er störte mich jedoch nicht, und mein Gruß wurde von allen freundlich erwidert.

Wie stets suchte ich auch dieses Mal den großen sowjetischen Soldatenfriedhof auf, um die tausend fern ihrer Heimat ums Leben gekommenen Soldaten nicht allein zu lassen – nie sah ich hier jemanden die vielen aufgerichteten Steinplatten entlanggehen, auf denen unzählige Namen in kyrillischer Schrift eingemeißelt sind. Zwanzig- bis dreißigjährige Männer, gestorben fast alle am zweiten oder dritten Februar 1945, als die Wehrmacht verzweifelt versuchte, den russischen Aufmarsch am westlichen Oderufer zu verhindern. Es nützte ihnen aber nichts, und die vierzigtausend Opfer beider Seiten waren vergebens.

## Donnerstag, 28. Juli 2011

Heute war der Himmel grau, ein feiner Nieselregen durchnässte alles, aber das hielt mich nicht davon ab, mit Schirm und Wanderstiefeln meinen Morgenspaziergang zu machen bis hin nach Groß Neuendorf, was hin und zurück immerhin acht Kilometer ausmacht. Der Pegel kurz hinter Kienitz zeigte 4,27 m Wasserhöhe an und wird wohl durch die jetzigen Niederschläge auch weiterhin steigen. Die Lage ist indes noch lange nicht bedrohlich, und die Oder müsste noch weitere anderthalb Meter ansteigen, bevor es kritisch wird.

Das letzte bedrohliche Hochwasser gab es 1997, wo mit Einsatz aller Kräfte - einschließlich Gottes Hilfe, wie auf manchen Gedenktafeln zu lesen ist – ein Dammbruch und damit Überfluten der ganzen Region verhindert werden konnte. Fünfzig Jahre zuvor hatte der durch den Krieg beschädigte und vernachlässigte Deich den winterlichen Eismassen nicht standgehalten und war bei Reitwein weggespült worden.

Die damalige Bruchstelle und den Gedenkstein zur Erinnerung an die Katastrophe wollte ich mir heute ansehen, da ich bei dem Regenwetter kaum etwas anderes machen konnte und nicht auf meinem Zimmer hocken bleiben wollte. In gemächlicher Fahrt kam ich am Reitweiner Sporn vorbei, einer auffälligen Erhebung, die wohl die abfließenden Wassermassen der letzten Eiszeit geschaffen haben. An seiner östlichen Flanke hatten sich beinahe wie in einem Ameisenhaufen die russischen Soldaten eingegraben, bevor der Sturm auf die Seelower Höhen begann.

Daran vorbei fuhr ich zur nahen Oder, deren Deich inzwischen so verbessert und erhöht wurde, dass man glauben möchte, er hielte jedem Hochwasser stand. Aber das meinte man bekanntlich seit Friedrichs Eindeichung des Bruchs schon immer. Sich unterhalb des Wasserspiegels anzusiedeln bleibt eben immer riskant, und schon Baucis sagte zu ihrem Philemon am Ende des Faust-Dramas: „Traue nicht dem Wasserboden! Halt auf deiner Höhe stand!"

Von der ehemaligen Dammbruchstelle ist heute nichts mehr zu sehen, nur ein Gedenkstein erinnert noch daran. Um diesen etwas mageren Eindruck aufzuwerten, fuhr ich noch ein Stück weiter in Richtung Frankfurt zur sogenannten Diplomatentreppe. Hierher hatte die DDR-Regierung 1985, aus Anlass der vierzigsten Wiederkehr der Eroberung des westlichen Oderufers durch die Rote Armee, Botschafter und Diplomaten aus vierzig Ländern geführt, um ihnen die Stelle des ersten Übergangs zu zeigen (die übrigens in Kienitz liegt). Da nun aber diese feinen Herren nicht einfach über die Wiesen laufen und auf den Deich klettern mussten, baute man eine kleine steinerne Treppe bis zur Deichkrone, von wo aus ein weiter Blick in die damalige Volksrepublik Polen möglich war.

Bei der Deicherneuerung in jüngster Zeit hat man zur Erinnerung diese Treppe wieder neu geschaffen, vielleicht auch, um der DDR etwas mokant und süffisant nachträglich ob dieser bürgerlichen Attitüde eins überzubraten. Aber das ist nur meine eigene Version. Einen roten Teppich für Staatsgäste kennen wir im Westen auch, und unserem letzten Kaiser hatte man bei seiner Frontbesichtigung – die aber immer noch im Hinterland stattfand – sogar einen bequemem hölzernen Laufsteg gebaut, über den Majestät schreiten konnte, indes sogar seine Generäle nebenher im Gras laufen mussten.

Das Wetter hatte sich unterdessen etwas aufgeklart, und ich fuhr noch über die umkämpfte Ortschaft Wuhden nach Lebus weiter. Diese Ortschaft Wuhden wechselte während der Kampfhandlungen mehrfach ihre Besetzer, weil im Keller des Gutshauses große Mengen Wein lagerten, an denen sich die jeweiligen Eroberer – Deutsche wie Russen – bis zur Kampfunfähigkeit betranken und wieder rausgeschmissen werden konnten. Ein Krieg hat eben auch seine komischen Seiten.

Oben auf der Höhe wuchsen entlang einer kleinen Straße Pflaumenbäume, die übervoll mit kleinen blauen und gelben Pflaumen behangen waren, so dass ich es den Soldaten nachmachte und beinahe bis zur Fahruntüchtigkeit davon naschte. Es schien mir wie im Paradies zu sein, wo auch alles umsonst ohne Gegenleistung zu bekommen war. Nur dass dort ein göttlicher Aufseher herrschte, während mich hier in Wuhden ein Halteverbotsschild zum Verlassen des Paradieses nötigte.

Immer ist alles Schöne nur von kurzer Dauer, aber um den Genuss noch etwas weiter auszudehnen, fuhr ich wieder in mein Standquartier zurück, wo ich bei Kaffee und Kuchen in der Sonne saß, die den durchfeuchteten Boden wieder trocknete.

Mein Wirt zeigte mir etwas besorgt in seinem Keller einen Schacht, in dem schon das angestiegene Grundwasser stand. Sollte der Wasserspiegel noch weiter ansteigen, so wird er wohl seine Bestände auf bereitstehende Paletten stapeln müssen, um sie vor dem Verderben zu schützen. Aber er zeigte sich ganz zuversichtlich, dass es nicht soweit kommen würde, und einmal beim Thema, erfuhr ich vom Schicksal des Gasthofes bis zurück in die Zeit, wo im großen Saal auf Stroh die russischen Soldaten lagerten und ihre Spuren hinterließen, die ein Krieg mit sich bringt. Wie denn die Erinnerung an den Krieg hier längst noch nicht so erloschen ist wie in Berlin, wo bald die letzten Kriegsspuren getilgt sind und man den Mauerbau und die Fehler der DDR-Regierung für ungleich erinnerungswürdiger hält als die Untaten des Naziregimes. Aber es ändert sich langsam, Stolpersteine weisen auf jüdische Schicksale hin, und manche absichtliche Gedankenlosigkeit der Kaltenkriegszeit ist heute nicht mehr möglich.

## Freitag, 29. Juli 2011

Inzwischen mag es vielleicht etwas langweilen, Tag für Tag auf den Oderpegel oder das Ziel meines morgendlichen Spazierganges hingewiesen zu werden. Aber was soll ich machen? Im Bett liegen bleiben? Ein Morgengebet verrichten? Für beides tauge ich nicht, also werde ich weiterhin zumindest den Wasserstand melden, allein schon, um die Vignette am Textanfang zu rechtfertigen. Heute erreichte die Wasseroberfläche die Markierung bei 4,37m, etliche steinerne Treppenstufen führen schon unter Wasser zum überschwemmten Deichvorland.

In meinem Zimmer hängt an der offenen Schranktür meine nasse Jacke, auf dem Bett liegt eine nasse Hose, über der Armlehne meines Sessels hängen zwei nasse Socken. Es ist wieder Regenwetter, obendrein kühler und windiger als die Tage zuvor. Nun muss ich wohl doch auf meinem Zimmer bleiben und etwas lesen oder schreiben.

Das Buch, das mir die Oma des Wirts zum Lesen gegeben hatte, habe ich schon ausgelesen. Erfreulich, dass die bald 90jährige alte Dame noch einen kleinen weltanschaulichen Gesinnungswandel durchgemacht hat, denn sie meinte, früher hätte sie, wie alle anderen auch, in den Russen nur rohe Gewaltmenschen gesehen, aber heute wisse man ja, das auch unsere Soldaten sich in Russland schuldig gemacht hätten. Das ist zwar immer noch sehr gelinde ausgedrückt, aber immerhin.

Es ist, als ob mich hier im Bruch das Thema des Krieges nicht loslassen soll. Gestern erst bei einem kleinen Spaziergang fand ich im Pflaster der alten Fährstraße noch einen großen Granatsplitter, der dem heranrückenden Feind gelten sollte. Überall auf den Wegen findet man noch solche Zeugen des Krieges. Aber genug davon.

Nun stehen mir einige weitere Bücher zur Auswahl, um bei dem regnerischen Wetter etwas zu lesen: eine Anthologie von kurzen Texten und Gedichten polnischer und deutscher Autoren, die sich mit Grenzflüssen auseinandersetzen, wie die Oder und der Rhein es sind; zwei Pflanzenbestimmungsbücher über Bäume und Gräser; ein kleiner Band Goethescher Gedichte, betitelt mit „Das Göttliche“; dann Band IV der Studienausgabe von Sigmund Freuds Werken und schließlich eine umfangreichere Broschüre zur 775-Jahrfeier des Ortes Kienitz.

Ich nahm mir Freud vor, doch beim Lesen schlief ich ein. Das monotone Regengeräusch beim offenen Fenster und die allgemeine Ruhe ringsum ließen mir das Buch aus der Hand fallen, was mir auch Recht war. In den Ferien habe ich mir noch nie etwas anspruchsvollere Lesekost vornehmen können, stets waren die „holden Anerbietungen der Natur“ stärker und zogen mich hinaus ins Freie, und der Rest des Tages ging dann mit der Auswertung des Gesehenen und Erlebten dahin. Zu Hause beim trauten Lampenschein geht es mir mit dem Lesen viel besser.

So ging ich hinunter in die Gaststube, wo sich einige aufgeweichte Radwanderer umzogen und an einem warmen Getränk labten. Ich setzte mich zu einem jugendlichen Herrn von zweiundsiebzig Jahren, mit dem ich schon beim Frühstück einige Worte gewechselt hatte. Er sprach deutsch mit einem mir ungeläufigen Akzent, ich tippte auf Holländer, aber er kam aus Miami, war Amerikaner mit deutschen Eltern.

Nun kamen wir erneut ins Gespräch, wobei er mir bald als der Ältere das Du anbot, was ich aus Höflichkeit nicht ausschlagen konnte. Also fortan

Richard, solange er noch im Gasthof weilt. Für meinen Namen fand er für sich die Eselsbrücke Reinhold Niebuhr, worauf ich mich mit Richard Feynman revanchierte. Die pazifistische Gesinnung verband uns und auch sonst einiges. Aber er maulte wegen des Wetters und wollte seinen Urlaub vorzeitig abbrechen und lieber in North Carolina fortsetzen, wo er in den Mountains ein kleines Sommerhaus hätte. Auch nicht schlecht.

Nun wollte ich aber nicht den ganzen Tag verhocken; ich nahm meinen Schirm und ging noch einmal den Deich entlang, an dessen Seiten sich die sonst so bunten Sommerblumen verschlossen hatten. Wo mögen sich jetzt wohl die vielen Schmetterlinge aufhalten, die beim Sonnenschein von Blüte zu Blüte flattern und sich immer schnell meiner aufdringlichen Kamera entzogen, bevor ich sie richtig scharf stellen konnte. Nur der prächtige Schwalbenschwanz ist da gefälliger oder vielleicht auch nur eitler, weil er um seine Schönheit weiß. Aber auch der ließ sich heute bei dem Regen nicht blicken.

Auf dem Wasser des Oderhafens kräuselten sich die Wellen und bildeten zusammen mit den Ringen der fallenden Regentropfen ein interessantes, aber bald doch eintöniges Schauspiel. So ging ich bald wieder in den Gasthof und wollte auf mein Zimmer hinauf, aber eine Radfahrerin hatte mich durch das Gaststubenfenster zurückkommen gesehen und bat mich um meinen großen Regenschirm, weil sie auch noch einmal hinaus an die Luft gehen wollte. Psychoanalytisch vorbelastete Leser mögen sich von mir aus noch etwas anderes dabei denken.

Ich glaube man spürt schon beim Lesen des heutigen Textes, dass ein Regentag einige Hilflosigkeit hervorrufen kann, wenn man eigentlich zu allerlei Vorhaben bereit ist und nun nicht weiß, wohin mit seinem Tatendrang. Da wird ein kleines Zimmerchen, durchfeuchtete Kleidung und die fehlende Alltagsumgebung schnell spürbar. Aber das scheint mir ein Mangel zu sein, vielleicht auch bedingt durch den schnellen Wechsel von beruflicher Tätigkeit und plötzlichem Nichtstun, was von Anspruchsdenken und wenig Gelassenheit zeugt. Dafür habe ich heute von Renate eine SMS bekommen, dass ich Montag mit einem doppelten Sonnenschein rechnen könne, wenn sie mit der Bahn für zwei Tage hierher kommt.

Pegelstand: 4,43 m, also wiederum etwas angestiegen. Mein Morgenspaziergang führte mich heute durch die Felder, die bei dem verhangenen Himmel und dem leichten Sprühregen einen gar trostlosen Eindruck machten. Obwohl ich meine Stiefel und einen Anorak an hatte, traute ich mich doch nicht in die alte Eisenbahntrasse hinein, die von tropfnassen Bäumen, Brennnesseln und allerlei Sträuchern völlig überwuchert war. So früh am Morgen und noch ohne Frühstück gestand ich mir ein wenig bürgerliches Behagen zu und blieb brav auf dem Betonplattenweg der alten LPG. Auch hier noch immer wieder einmal ein Stück Eisen im Boden, das hier eigentlich nichts zu suchen hat.

Wieder zurück traf ich den Amerikaner Richard am Frühstückstisch, unentschlossen, ob er seinen Urlaub abbrechen oder noch weiter bis an die Ostsee fahren sollte. Gerade als er mit seinem Fahrrad abfahren wollte, fing es wieder an zu regnen, und er beschwerte sich beim Wirt darüber, der zunächst nicht verstand und dachte, er würde sich über sein Zimmer mokieren. Es klärte sich dann auf, aber nicht das Wetter. Ich riet ihm salomonisch, sich für das Richtige zu entscheiden und ging auf mein Zimmer.

Die junge Tochter des Gastwirtspaares kam von einem kalten und verregneten Ferienaufenthalt an der Ostsee zurück, zur großen Freude von Blacky, ihrem schwarzen Hund, der hier bleiben musste und nun wie toll um sie herumsprang. Nun sind alle wieder beisammen. Mich nannte man „Herr der Etage", weil alle anderen Gäste wieder abgereist waren. Ein etwas zweifelhafter Titel, der aber dennoch zutrifft, denn im Ausharren und Erdulden bin ich groß.

Wieder stellte sich mir die Frage, was ich bei dem nassen Wetter unternehmen könnte, und wieder legte ich mich auf mein Bett und nahm mir Freud vor. Diesmal war ich etwas zäher, zumal der Text wie immer bei ihm stilistisch außerordentlich ansprechend ist. Ich las zum wiederholten Mal seine Abhandlung über den „Witz und seine Beziehung zum Unbewussten", wobei ich immer wieder ehrfurchtsvoll bei meinen eigenen Anstreichungen hängen blieb, als ob sie von Freud persönlich wären.

Im Herbst steht für mich ein kleines Seminar über den Humor an, und da wird es langsam Zeit, dass ich mich etwas in das Thema einlese. Ich kenne ja meine Gangart des Aufschubs, die anankastischen Charakteren eigen ist, aber ich habe den Kampf dagegen längst aufgegeben, da ich weiß, dass es in meinem Kopf ungewollt weitergeht und dass zur rechten Stunde dann doch die richtigen Gedanken heraussprudeln. Da ich dabei nie wirklich zu spät gekommen bin, ja manchmal sogar überraschend zeitig damit fertig wurde, hat sich für mich offensichtlich keine Notwendigkeit ergeben, von dieser eigentlich doch gestörten Arbeitsweise abzulassen. Es ist wie mit Alfred Adlers Beispiel von den Falschmünzern, die schließlich eine täuschend echte Münze zum doppelten Preis ihres eigentlichen Wertes hergestellt hatten.

Lange hielt ich es indes mit meiner Lektüre nicht aus, ich ging hinunter in die Gaststube, wo ich Zeuge eines psychologischen Gesprächs wurde. Man äußerte die nicht ganz abwegige Meinung, dass „alle irgendwie ein Ding weg hätten“. Das ging gegen meine Berufsehre und ich warf ein: „Mit Ausnahme der Psychotherapeuten“. Das gab ein Gejohle in dem Raum, denn sie wussten von meinem Beruf. Ich aber ging ungerührt nach draußen und noch einmal hinunter an die Oder.

## Sonntag, 31. Juli 2011

Obgleich Sonntag, stand ich heute etwas früher auf als sonst, da ich nicht wieder einschlafen konnte. Aber was heißt „obgleich Sonntag“, wenn man im Urlaub ist und sowieso jeden Tag frei hat? Es ist ein altes Relikt aus der Arbeiterschaft, als es noch eine harte Sechstagewoche gab und man den Sonntag zum Ausschlafen brauchte, und schließlich auch ein christlicher Brauch, der sich auf das erste Buch Moses bezieht.

In aller Frühe bin ich dann auf dem Deich nach Groß Neuendorf gegangen und habe dabei die am Ufer stehenden Fischreiher aufgescheucht. Sie sind sehr scheu und lassen uns kaum mehr als hundert Meter an sich heran. Die Störche sind da weniger ängstlich; wenn man nicht stehen bleibt, lassen sie manchmal eine Distanz von zehn Metern zu. Wir Menschen kennen neben dieser räumlichen Distanz noch einen inneren Abstand, der weit größere Schwankungen aufweisen kann. Gerade eben kam mir ein dunkel gekleideter Mann von etwa fünfzig Jahren entgegen, der auf der engen Deichkrone meinen Gruß nicht erwiderte. Vor drei Tagen schon einmal, nun werde ich ihn in Zukunft wohl auch nicht mehr grüßen, obwohl es doch eigenartig ist, wenn in einer menschenleeren Landschaft zwei Menschen grußlos aneinander vorbeigehen.

Am Frühstückstisch war ich trotz meines ausgedehnten Spazierganges immer noch der erste. Ein Paar in mittleren Jahren kam schließlich noch hinzu. Nach langem Schweigen versuchte ich über das Wetter ein Gespräch anzufangen, denn wir saßen beinahe Tisch an Tisch in dem kleinen Frühstücksraum. Aber es kam bald wieder zum Erliegen.

Mein nun doch endlich abgereister amerikanischer Freund verstand es besser, die Leute zu unterhalten, aber ich bemerkte schon am zweiten Tag, dass er sich wiederholte. Das Stichwort Miami oder Florida ist eben ein größeres Reizwort als das nahgelegene Berlin, mit dem man hier im Oderbruch kein Aufsehen erregen kann. Dennoch ist es schön, wenn jemand nicht so maulfaul ist, und ich habe im Verlaufe meiner Berufsjahre als Psychotherapeut auch die Menschen mit einer histrionischen Charakterstruktur schätzen gelernt - wenn man nicht allzu lange mit ihnen zu tun hat.

Als ich zum Fenster auf den Deich hinaussah, saß dort ein alter Mann, den ich schon von den Vorjahren her kannte. Es hatte gerade aufgehört zu regnen, und er trank dort sein Bier und rauchte eine Zigarette. So ging ich hinunter und setzte mich zu ihm. Obwohl er stundenlang für sich allein sitzen konnte, war er doch heute recht gesprächig, und es war angenehm, sich mit ihm zu unterhalten. Ein pensionierter Hafenarbeiter, in meinem Alter oder etwas jünger. Er war freundlich und wohlgeordnet und hatte eine einfache, aber gute Sprache. Die Jahre zuvor hatte ich ihn für etwas dumpfer eingeschätzt, aber ich hatte mich geirrt. Eigentlich sollte ich mich nicht mehr so viel irren, es zeugt von zu wenig Mut. Nietzsche nannte Irrtum sogar Feigheit.

Zum Mittag ließ ich mir ein Ragout fin an den Tisch bringen, danach setzte ich mich an den Rand der Pontonbrücke des Hafens und wollte ein wenig auf das ruhige Wasser sehen und meine Beine über dem Wasser baumeln lassen, in dem sich die gegenüberliegenden Bäume spiegelten. Aber das Wasser stand zu hoch, so dass ich nasse Füße bekommen hätte. Da beging ich einen Denkfehler und dachte, dass ich bei zurückgehendem Wasser hier sitzen könnte. Aber eine Pontonbrücke schwimmt doch auf dem Wasser und sinkt mit dem fallenden Wasser mit ab. Zu dumm; wie oft begeht man wohl Denkfehler und bemerkt es nicht einmal. Wohl sehr oft.

## Montag, 1. August 2011

Die Oder stand wie gestern bei 4,46 m, das Ansteigen des Wassers ist also zum Stillstand gekommen. Es lag Nebel auf dem Fluss, der sich nur langsam hob. Nach dem Frühstück fuhr ich zum Bahnhof Gusow, wohin Renate mit der Oderlandbahn von Berlin angereist kam. Wir haben uns beide sehr gefreut, obwohl wir doch nur eine gute Woche nicht zusammen waren und obendrein täglich miteinander telefoniert hatten. Zum Gasthof gefahren, wo sie freundlich aufgenommen wurde.

Ich hatte tags zuvor bei dem regnerischen Wetter aus lauter langer Weile mein Zimmer ausgemessen und einen Grundriss davon gezeichnet. Ganze zehn Quadratmeter Fläche, wobei die beiden Kopf an Kopf gestellten ehrwürdigen Ehebetten vier Quadratmeter einnehmen und das übrige Mobiliar, bestehend aus Tisch, zwei Sesseln, zwei Nachtschränkchen und einem Kleiderschrank weitere zwei Quadratmeter in Beschlag nehmen. Entsprechend eng wurde es jetzt, als Renate noch ihre wenigen Sachen unterbringen wollte. Für zwei Tage ging es gerade so, aber es fehlte doch sehr an Haken, Bügeln und Ablageplatz für all unsere Sachen.

Darum verließen wir bald das Zimmer, um hinaus ins Weite zu kommen. Die niedrigen Wolken hatten sich nach und nach verflüchtigt, und wir fuhren bei schönstem Sonnenschein, den Himmel voller aufsteigender Kumuluswolken, mit den schweren Posträdern des Wirtes auf dem Deich entlang nach Groß Neuendorf, um dort in dem kleinen Laden Kaffee und Kuchen zu bestellen.

Wie auch schon die Jahre davor besuchten wir den kleinen jüdischen Friedhof, der außerhalb des Ortes auf freiem Felde liegt, mit einer Steinmauer umfasst und schönem alten Baumbestand. Die Nazis hatten offenbar vergessen, ihn zu zerstören, lediglich einige Steine sind umgefallen oder zerbrochen. Auch den sowjetischen Soldatenfriedhof beehrten wir zum wiederholten Male, um dann auf dem gleichen Wege wieder zurückzuradeln.

Abends sah man uns dann regelmäßig auf der Deichscharte sitzen, um von da aus auf das überschwemmte Vorland zu sehen und den Unken zuzuhören, die aus allen Richtungen ihr seltsames, etwas unheimliches Rufen über die Wiesen ertönen ließen. Am Himmel flogen in schönster Formation Wildenten über uns hinweg, ziemlich hoch und sehr schnell, ich vermutete mindest sechzig Kilometer in der Stunde. Ob sie sich schon zur Abreise fertig machten, war uns unklar, denn es war ja gerade erst August geworden.

Als Städter weiß man immer nur wenig über die Vorgänge in der Natur, desto interessanter ist es jedes Mal, wenn einem irgendetwas Ungewöhnliches am Himmel oder auf der Erde begegnet. Allerdings habe ich auch wiederholt erlebt, dass Einheimische, die doch jeden Tag all diese Dinge um sich herum erleben, erstaunlich wenig davon wissen. Ein Vogel ist eben ein Vogel und ein Baum ein Baum, und damit Schluss.

Aber ich neige doch zunehmend zur Vorsicht bei der Beurteilung von Menschen, die ich nicht genauer kenne. Zu oft schon habe ich jemanden über- oder unterschätzt, sowohl geistig als auch sozial. Da scheint es manchmal angebracht, sich nicht selbst immer zum Maß aller Dinge zu nehmen. Und nicht jeder hatte die Chance, etwas aus sich zu machen; ihn deshalb gering zu achten wäre doch überheblich.

Um neun wurde es vor dem Gasthof ruhig und rundherum dunkel. Beim Schein meiner kleinen Leselampe las ich Renate noch einige meiner Textpassagen vor und dann fielen uns beiden die Augen zu.

## Dienstag, 2. August 2011

Renate schloss sich meinen Tagesgewohnheiten an und musste sich somit auch über die Funktion einer Pegelleiste aufklären lassen, aber es gelang ihr nur langsam, aus den seltsamen Zeichen und Zahlenangaben eine korrekte Höhe des Wasserstandes abzulesen. Heute waren es 4,43 m, die Oder begann also wieder etwas zu sinken.

Meinen üblichen Morgenspaziergang musste ich etwas reduzieren, denn ohne Frühstück gleich loszumarschieren ist nicht jederfraus Sache, wenn ich mich zeitgemäß so ausdrücken darf. Wir schafften gleichwohl ein tüchtiges Stück, was auch erforderlich war, um das opulente und kalorienhaltige Frühstück zu bewältigen.

Danach wollte ich Renate natürlich alles zeigen, was ich bereits gesehen hatte, und so machten wir uns auf, durch die Kalenziger Bunst zu gehen, um uns die Waschbärenfamilie anzusehen, die ich ja einige Tage zuvor dort entdeckt hatte.

Die Fährstraße, über die ich vor wenigen Tagen noch mit aufgekrempelten Hosenbeinen bis zur Oder vorgehen konnte, stand nun fast ganz unter Wasser. So stellten wir unsere mitgenommenen leichten Klappstühle direkt auf die asphaltierte Straße, rechts und links von Wasser umgeben, und sahen uns das überschwemmte Deichvorland an bis hinüber nach Polen.

Die Waschbären fanden wir leider nicht mehr vor. Ich klopfte an den hohlen Baumstamm, aber niemand meldete sich oder schaute aus einem Astloch hervor. Sie mochten sich wohl an einer anderen Stelle aufhalten. Als Ersatz sahen wir einen großen Hasen, der in unsere Richtung blickte, aber dann durch unsere Geräusche davon hoppelte.

Dann aber gab es doch noch Tiere, allerdings nur domestizierte; eine große Rinderherde stand in respektvollem Abstand vor einem Elektrozaun und sah zu uns hinüber, Augen und Maul über und über mit kleinen Fliegen bedeckt, die sich offenbar an der Körperfeuchtigkeit der Tiere labten. Diese konnten sich außer durch gelegentliches Kopfschwenken der kleinen Plagegeister nicht erwehren, was etwas quälend anzusehen war.

Zwei kleine Kälbchen hatten noch nicht die Höhe des Zaunes und waren schlichtweg unter den unangenehm zeckenden Draht hindurch gegangen. Als wir ankamen wollten sie zur Herde zurück, hatten aber augenscheinlich schon Bekanntschaft mit dem Draht gemacht und trauen sich nun nicht weiter. Mit einem mehrfach gefalteten Taschentuch hob ich den bedrohlichen Draht an, und sie schlüpften unterdurch zu ihrer Großfamilie. Mein Taschentuch aber kribbelte gewaltig, denn es war vom Stirne abwischen feucht und dadurch ein schlechter Isolator.

Eine große Runde um den ganzen Auenwald der Bunst wagten wir nicht, weil das Wasser doch an vielen Stellen in den Wiesen stand und ein Vorankommen erschwert hätte. So haben wir zwar nicht alles gesehen, was diese durch eine sehr frühe Flussbegradigung entstandene tote Flussschleife zu bieten hat, aber allein der Anblick der Flussauenlandschaft mit ihren blühenden Wiesen war schon ein schönes Erlebnis.

Auf Natur folgte nun Kultur, und zwar in Form eines Eisbechers, den wir uns in Letschin schmecken ließen. Nach einer Pause oben im Zimmer radelten wir dann noch einmal über den Deich hinüber nach Groß Neuendorf, um hier bei Kaffee, Kuchen und roter Brause den gemeinsamen Urlaubstag zu genießen. Auf der Rückfahrt sahen wir schließlich noch einen Kormoran, der gerade einen großen Fisch verschlang und daran mächtig zu schlucken hatte. Abends gab es dann wieder etwas Lektüre, bis uns Morpheus in seine Arme nahm.

## Mittwoch, 3. August 2011

Schon waren die zwei gemeinsamen Ferientage wieder vorbei, denn Renate wollte und musste wieder zurück nach Berlin. Den Morgenspaziergang ließen wir uns dennoch nicht nehmen, allein schon, um den Wasserstand der Oder zu kontrollieren, der nun bei 4,39 m lag. So konnte ich hoffen, mich vielleicht doch noch an meinem letzten Urlaubstag auf eine der steinernen Buhnen zu stellen und vom Fluss Abschied zu nehmen.

Die Sachen waren schnell gepackt, und wir fuhren gemächlich zum Bahnhof Gusow, von dem ich Renate auch abgeholt hatte. Bald schon entführte die Oderlandbahn meine liebe Frau, und ich stand allein auf der verlassenen Bahnstation. Wie schnell man sich wieder aneinander gewöhnen kann.

Um nicht in trübe Gedanken zu fallen, fuhr ich geradewegs nach Polen, um zu sehen, wie es auf der gegenüberliegenden Oderseite aussieht. Ich war schon andere Jahre zuvor dort und erhoffte mir wieder dieselben schönen Eindrücke.

Aber es lagen zunächst einige Schwierigkeiten vor mir. Die Stadt Kostrzyn war nahezu blockiert durch junge Leute, die zum „Haltestelle Woodstock"-Treffen kamen, einem musikalischen Freiluftspektakel mit mehreren Hunderttausend Teilnehmern. Da galten keine Verkehrsregeln mehr, es war ein Geschlängel und Drumherumgefahre, das obendrein noch durch eine Straßenumleitung kompliziert wurde.

Irgendwann erreichte ich dann die einfache Landstraße nach Szumiłowo, die weiter nach Kalensko führte. Vor dort aus wollte ich nach Namyslin den schönen Weg mitten durch den Wald entlangfahren, aber auch das wurde zu einem unerwarteten Abenteuer. Die Kiesgruben von Chlewice hatten ihre Förderung wieder aufgenommen, und dadurch kamen mir ständig schwere Lastwagen entgegen, kiesbeladen und wassertropfend, denen ich ängstlich ins Unterholz ausweichen musste, denn der Weg war nicht breit genug für beide. Wassergefüllte Schlaglöcher nötigten mich ohnehin, ständig von der rechten auf die linke Seite zu wechseln und umgekehrt. Endlich erreichte ich den ersehnten Abzweig, und ich befand mich wieder allein im hohen Nadelwald, so wie ich es mir zuvor ausgemalt hatte.

Von Namyslin, ehemals Neumühlen, kam ich dann an die alte Fährstelle, die bis 1945 hinüber nach Kienitz geführt hatte, bis man in Jalta anders entschied und hier eine Staatsgrenze errichtete. An den Fluss war genauso wie auf deutscher Seite kein Herankommen, die Straße wurde von der Oder überströmt und war nicht passierbar.

Aber wenige Meter abseits tat sich ein landschaftliches Paradies auf, in dem der Christengott nichts zu suchen hatte, denn hier herrschte immer noch der große Pan. Vor einem Jahr hatte ich mich in diesem Labyrinth von Sanddünen, Kiefernwäldern und versumpften Altarmen der Oder verlaufen und erst wieder herausgefunden, nachdem ich dreimal im Kreise gelaufen war und dabei immer wieder auf meine eigenen Fußspuren stieß. Das sollte mir diesmal nicht wieder passieren, denn ich hatte einen Kompass und eine topographische Karte im größten Maßstab dabei.

Der höchste Berg dieser Naturdüne hatte den seltsamen Namen Monte Casino, was ein deutsches Ohr doch immer mit dem italienischen Kloster in Verbindung bringt, aus dem die Alliierten die Wehrmachtssoldaten hinausgeworfen hatten. Vielleicht deshalb, weil diese Düne das Aufmarschgebiet der 5. Armee der Belorussischen Front war, die von General Bersarin, dem späteren Stadtkommandanten von Berlin, befehligt wurde. Das merkt man heute noch;

in wenigen Minuten hatte ich aus dem feinen, weißen Sand ein Dutzend rostiger Granatsplitter aufgesammelt, die ich zusammenlegte und die Zahl 1945r in den Sand schrieb, in der Hoffnung, dass zufällige Besucher die Anspielung verstehen würden. Auch wiesen noch zahlreiche Mulden und Gräben auf das ehemalige soldatische Treiben hin, das die Bombenangriffe der deutschen Luftwaffe und die Artillerie von der Oderbruchseite her nicht verhindern konnten.

Ganz im Gegensatz zu diesem düsteren Kapitel stand die friedliche und stille Natur, die auf dem kargen Sandboden dennoch allerlei farbige Blumen hervorwachsen ließ. Sandnelken, Weinberglauch, Leinkraut, Veilchen, Königskerzen, sowie weitere, mir namentlich nicht bekannte Pflanzen, leuchteten aus dem harten Grasland hervor. Aus den sumpfigen Flussarmen erwartete ich jederzeit, dass ein Krokodil daraus hervor geschossen kam, um nach mir zu schnappen, und ich kam mir so recht wie Alexander von Humboldt am Orinoko vor. Renate muss nächstes Jahr unbedingt hierher mitkommen!

In den „Wahlverwandtschaften" schrieb Ottilie in ihr Tagebuch: „Wie gern möchte ich nur einmal Humboldten erzählen hören!" Aber es war Goethes Wunsch, dem ich mich gerne anschließen möchte.

Zu meiner Verpflegung hatte ich nur einen Kanten hartes Brot, einen Apfel und eine Wasserflasche dabei, was mir aber herzlich mundete und so recht zu dieser naturwüchsigen Landschaft passte. Was haben hier Schnitzel und Pommes frites zu suchen! Zu meiner Gewissensentlastung sei hiermit eingestanden, dass ich mir hier eine Zigarette drehte, um das Maß meiner Verwegenheit voll zu machen.

Die Rückfahrt gestaltete sich ähnlich mühsam, weshalb ich mir in Letschin wiederum einen Eisbecher gönnte, der mich wieder mit der Zivilisation versöhnte.

Wieder in meinem Quartier angekommen, meldete ich mich bei meinen Wirtsleuten zurück und ließ mir inmitten des lauten Radfahrergeredes vorm Haus meinen Kaffee und Kuchen schmecken. Ich setzte mich zu dem Hafenarbeiter, Richard mit Namen, mit dem ich mich schon einige Male unterhalten hatte. Wie erstaunt war ich, dass er erst 58 Jahre zählte, denn ich hatte ihn glatt um zehn Jahre älter geschätzt. Das macht wohl der Alkohol, mit dem er zu tun hat. Einen Entzug hat er schon hinter sich und war danach auch einige Zeit abstinent, aber nun sah ich ihn von meinem Fenster aus immer einmal sein Bier trinken.

Ich erzählte ihm von meinem Beruf und dass ich auch einige Patienten hätte, die mit diesem Problem zu tun hätten. Richard hörte genau zu und schien erleichtert zu sein, dass ich ihm keinerlei Vorhaltungen machte und wohlwollend mit ihm sprach. Aber ich kann ihm nicht helfen, so wie vielen anderen hier im Oderbruch auch nicht, die ohne Arbeit sind und keinen vernünftigen Sinn in ihr Leben bringen können.

Abends vom Schwimmponton des Hafens aus rief ich noch zu Hause an und erfuhr, dass Renates Rückreise gut verlaufen sei. Es war friedlich, so nah am Wasser zu sitzen und gegenüber den Biber in seinem Bau zu wissen. Doch von irgendwo her tönte Musik, und als ich dem näher nachging, fand ich heraus, dass sie vom fast dreißig Kilometer entfernten Küstrin kam, wo die „Woodstock"-Anhänger sich die Ohren volldröhnen ließen. Was finden die jungen Leute bloß so gut daran, es scheint auch eine Art Droge zu sein, die von den Alltagskläglichkeiten ablenken soll. Auch sie wissen keinen richtigen Sinn in ihr Leben zu bringen, wenngleich es bei diesem Massentreffen in punkto Alkohol friedlich zugehen soll – aber ganz glaube ich es nicht.

Abends im Bett las ich noch etwas in der Anthologie der deutschen und polnischen Autoren, die sich zu einer gemeinsamen Flussfahrt auf Oder und Rhein getroffen hatten. Aber bald schon schweifte ich ab, legte das Buch zur Seite und schlief ein.

## Donnerstag, 4. August 2011

Wieder lief ich in aller Frühe die Strecke nach Groß Neuendorf und zurück, was, so hoffte ich, meinen schmerzenden Kniegelenken gut tun würde. Ein Blick auf den Kienitzer Pegel zeigte 4,37 m, also sinkt die Oder nur langsam, und ich muss meinen Traum, noch einmal die Steinbuhne zu betreten, wohl aufgeben.

Heute bin ich noch einmal zu meinem Garnischberg gefahren und habe dort Abschied von ihm genommen. Als ich das Fahrrad den Sandweg entlang zur zentralen Eiche geschoben hatte, musste ich mich erst einmal verschnaufen. Der frühe lange Spaziergang und nun noch einmal die letzte holprige Strecke über den Schlafdeich und die hoch bewachsenen Wiesen zu fahren, war doch etwas zu viel. Du bist ein alter Mann, sagte ich mir, werde langsam klug.

Doch dann ging es wieder, und ich zog zu den hohen Doldengewächsen, um ihre Unterschiede zu erkennen. Kantigen Lauch, Grasnelken, wilde Möhren, Johanniskraut, Leimkraut, Rainfarn, Hasenklee und etliche andere Arten konnte ich nun schon bestimmen, und allmählich wandelte ich unter Vertrauten über den Berg und wurde hier heimisch in der Einsamkeit.

Doch wartete noch eine Überraschung auf mich. All die Jahre hatte ich hier noch nie jemanden über den Berg gehen gesehen, doch nun tauchten hinter dem Gipfel einige Köpfe auf. Erst zwei, dann vier, fünf, und schließlich kamen verstreut über die flachen Hänge der Düne über ein Dutzend Kinder gegangen. Ruhig und aufmerksam suchten die bunt und etwas verwegen gekleideten Jungen und Mädchen den Berg ab. Zu mir unter der Eiche trauten sie sich nicht, aber dann kam eine junge Leiterin vorbei, und von ihr erfuhr ich alles nötige. Es war eine Pfadfindergruppe aus Rügen, die einmal eine Flusslandschaft sehen wollte und besonders darauf aus war, hier auf dem Berg slawische Siedlungsreste zu finden. Jeder normale Stein wurde sogleich zu einer alten Tonscherbe erklärt, und zuletzt hatte jedes der jungen Leutchen die Hände voll von Relikten aus frühester Zeit. Ich wollte ihnen den Glauben nicht nehmen, weil es schön zu sehen ist, wenn Jugendliche nicht nur dummes Zeugs in ihren Köpfen haben. Sie wohnten in dem Kienitzer Jugendheim „Uferloos“ und erinnerten mich in ihrem ganzen Aufzug an Tom Sawyer und Huckleberry Finn.

Gern überließ ich ihnen den Berg und fuhr zurück nach der Badestelle in Sydowswiese, wo ich in einem Altarm der Oder in das Wasser tauchte, um nicht ungetauft wieder nach Hause zu kommen.

Der Nachmittag fand mich unter dem alten Nussbaum wieder, unter dessen schattigem Laubdach ich meine Gedanken niederschrieb. Apfelbäume ringsum versorgten mich mit Obst, und obendrein kam die alte Oma des Hauses in mein Laubgehäuse und brachte von den Birnen, die auch langsam reif wurden. Ich hatte seit dem Frühstück außer einem trockenen Kanten Brot noch nichts wieder gegessen und verspürte kaum etwas Hunger. In meinen jungen Jahren hatte ich zu Hause gelernt, dass man doch zu Mittag „immer ein warmes Essen“ haben müsse, aber das stimmt doch gar nicht. Für schwer arbeitende Menschen ist es klar, aber wer nur so über den Erdball kraucht, braucht nicht so viel zu essen.

Gleichwohl konnte ich mir es vorne auf dem Deich nicht versagen, ein Stück Kuchen und eine Tasse Kaffee zu bestellen, aber das ist natürlich etwas anderes. Theorie und Praxis wollen oft nicht recht zusammenzupassen, besonders wenn der Eigennutz mit im Spiele ist.

## Freitag, 5. August 2011

Wie schon all die Tage zuvor wurde ich von selbst kurz vor sechs Uhr wach und stand ohne mich viel hin und her zu drehen auf. Es ist angenehm, sich mit aufgehender Sonne in den neuen Tag einzureihen, um zu sehen was kommt. Der Gang zum Pegel informierte mich über den aktuellen Wasserstand: 4,32 m. Danach lief ich wieder auf dem Deich stromabwärts bis zum nächsten Dorf und nach einer Kehrtwende wieder zurück an den gedeckten Frühstückstisch.

Heute wollte ich meinen Urlaub ausklingen lassen und keine großen Unternehmungen mehr machen. Dazu bot sich wieder der Nussbaum an, dem ich übrigens hier im Gasthof meinem Namen verdanke: die Oma ruft mich mit „Herr Nussbaum", die anderen schwanken zwischen „Herr Köpke" und „Herr Doktor", was trotz meiner Richtigstellung erhalten blieb, denn die Leute wissen nicht zu unterscheiden zwischen Psychiater, Psychologe und Psychotherapeut. Wie man hinter meinem Rücken über mich spricht, weiß ich nicht, aber ich glaube, dass meine Reputation hier gut ist.

Eine alte Eigentümlichkeit setzte sich wieder durch, die des geordneten Überblicks. So erstellte ich auf meinem Notebook einige Tabellen über den Luftdruck, die Temperatur, die atmosphärischen Erscheinungen und über den Wasserstand der Oder, die im Anhang dieses Tagebuchs zu finden sind. Auch früher und an anderen Orten schon habe ich stets akkurate Lagepläne der Orte, Zimmer- und Hausgrundrisse oder allerlei tabellarische Übersichten erstellt, was ich gerne mache und inzwischen doch als alter Hase charakterologisch mit Schmunzeln richtig einordnen kann.

Als ein leichter Nieselregen einsetzte, klappte ich mein Notebook zu, setzte mir meinen Strohhut auf den Kopf und fuhr noch etwas im gemütlichen Tempo mit dem Auto durch die nähere Umgebung. Dabei fielen mir Goethes Worte ein, die er in einem Brief an Charlotte von Stein schrieb: „Da fiel mirs auf wie mir die Gegend so lieb ist, das Land! (...) die unbedeutenden Hügel! und mir fuhrs durch die Seele - Wenn du nun auch das einmal verlassen musst!" - Abschied nehmen, sich von etwas Liebgewonnenem zu trennen, damit hat es der eben erwähnte Ordnungscharakter wohl besonders schwer.

Aber ich fand mich bald wieder obenauf, als ich in Groß Neuendorf in den vertrauten kleinen Laden trat, von der Verkäuferin wie ein Bekannter begrüßt wurde, und meinen Kaffee, Kuchen und eine rote Brause vorgesetzt bekam, ohne dass ich es ausdrücklich bestellt hatte.

Frohgemut kam ich wieder in Kienitz an und ging noch einmal die alte Fährstraße hinunter an die Oder, die sich nur sehr langsam zurückzog. Ein Mann in mittleren Jahren kam mir entgegen, und ich sprach ihn an, da ich in ihm jenen Ornithologen wieder erkannt zu haben vermeinte, den wir im Frühjahr auf dem Garnischberg getroffen hatten. Er war es aber nicht, entpuppte sich jedoch als ein begeisterter Botaniker, der im Frankfurter Amt für Umweltschutz arbeitete und es geschafft hatte, Studium, Neigung und Amt in eins zusammen zu bringen. Ich klagte ihm meine Not bei der Pflanzenbestimmung, doch er tröstete mich damit, dass es auch ihm trotz Studium und jahrzehntelanger Beschäftigung mit der „liebenswerten Wissenschaft" immer noch schwer falle, sich auch nur in der Artenvielfalt des Oderbruchs zurechtzufinden. Wir kamen kaum auseinander, aber die niedergehende Sonne rief uns beide zurück in die Quartiere.

In meinem Gasthof fand ich auf dem Hof einen Mann, der mir bisher durch seine etwas zurückgezogene, gleichwohl freundliche Verhaltenheit aufgefallen war. Er stellte sich als zu der Gastwirtsfamilie zugehörig heraus, und nach und nach gelang es mir, Zugang zu ihm zu finden. Er hatte trotz gesündester Lebensweise einen Herzinfarkt und zwei Schlaganfälle hinter sich und mit Verbitterung erfahren müssen, dass er von seiner Krankenkasse nach über vierzig Berufsjahren ziemlich fallengelassen wurde und keine Rehabilitationsmaßnahme bewilligt bekam - da ihm sowieso nicht mehr zu helfen sei. Kaum zu glauben, trotz meiner Skepsis schien da wohl einiges schief gelaufen zu sein.

Er war zunächst halbseitig gelähmt und gefühllos und konnte nicht mehr sprechen. Ein energischer Wille und ambulante Maßnahmen stellten ihn aber soweit wieder her, dass er laufen und klar sprechen konnte. Nur seine ganze linke Körperseite war völlig ohne Gefühl, so dass er aufpassen musste, sich nicht zu verletzen und dabei unbemerkten Blutverlust zu erleiden.

Er entschuldigte sich mehrfach, mich so vollzureden, was ich ihm aber verwies, denn es war eindeutig, dass hier ein Mensch allein mit seinem Leid klar kommen musste und froh war, bei jemand Verständnis für seine Lage zu finden. Durch seine Erkrankung war er mit 57 Jahren zu einem „Philosophen" geworden, dem es gelang, jeden neuen Tag seines Lebens auf seine Art zu erleben und in der Natur, im Wetter oder in kleinen Handreichungen seinen Frieden zu finden.

So gingen meine Ferien nicht gerade übermütig aus, denn mit über Siebzig ist der Tod kein mehr so „grober Gesell", auch bei allem Wohlbefinden nicht. Aber von solchen Gedanken werde ich normalerweise verschont, und auch jetzt fand ich es angemessener, zum letzten Mal zu Hause anzurufen, um zu hören, ob auch alles für meine Rückkunft eingerichtet sei. Die Badezimmerdecke sei inzwischen herunter gebrochen, sonst weiter nichts. Aber im Hinblick auf eine neue Wohnung, die wir im Winter beziehen werden, focht uns beiden das Ereignis nicht weiter an.

## Sonnabend, 6. August 2011

Nun war es soweit. Nach dem Aufwachen und dem Duschen fing ich an, im Zimmer herumzukramen, bevor ich mich doch noch zu einem kurzen Morgenspaziergang aufmachte. Die Oder rief und meldete mir 4,27 m Wasserstand.

Bald wieder zurück packte ich meine Sachen ein und richtete das Zimmer wieder so her, wie ich es vorgefunden hatte. Tischdeckchen, Kunstblumen und einiges an Nippes stellte ich wieder an seinen alten Ort, legte die Handtücher auf einen Stapel, reduzierte die von mir installierte Elektrik wieder zurück auf das dörfliche Maß von zwei Steckdosen, schob die herausgerutschten Gardinengleiter wieder auf die

Stange, schaute in und unter die Schränke, ob ich auch nichts vergessen hätte und ging zum letzten mal in den Frühstücksraum.

Danach ließ ich mir die Rechnung geben, die lediglich aus einer laut aufgesagten Endsumme bestand, die wohl stimmen mochte. Ich legte noch etwas darauf und verabschiedete mich von den Wirtsleuten, mit dem Auftrag, auch das „Gesinde" von mir zu grüßen, was in diesem etwas patriarchalisch geführten Anwesen durchaus zutreffend ausgedrückt war, obwohl ich im Geiste schon das Geschrei höre, wenn mein Gruß weitergegeben wird.

Noch war es zur Abreise etwas zu früh, und so schrieb ich unter dem Nussbaum bis zuletzt noch diese Zeilen, die mein Kienitzer Urlaubstagebuch 2011 abschließen.

In Berlin empfingen mich eine Hektik, ein Getöse und ein Verkehr, dass ich am liebsten gleich wieder umgekehrt wäre, wenn mich nicht zu Hause meine liebe Frau erwartet hätte.

15. Juli bis 29. Juli 2012

# Hans Salzmann, ein Maler des Oderbruchs

Der Maler und Zeichner Hans Salzmann ist nur Wenigen bekannt. Doch der Benutzer botanischer Pflanzen-Bestimmungsbücher oder der Freund der Oderlandschaft kennt ihn, besonders aber der Liebhaber der thüringischen Landschaft, denn in diesem Genre liegt sein eigentlicher Ruf begründet. Salzmann gehört der zweiten Generation der Weimarer Malschule an (Anfang des 20. Jahrhunderts bis in die 60er Jahre), die zwar nicht mehr an die Bedeutung der ersten Weimarer Malschule (Böcklin, Hagen, Lenbach u.a. etwa von 1860 bis 1900) heranreicht, sich dafür aber durch eine wirklichkeitsnahe und handwerklich solide Arbeit auszeichnet. Seine Ölbilder sind gefragte Objekte und kaum noch im Handel zu bekommen, hingegen gibt es gelegentlich kolorierte Steindrucke und Holzschnitte von ihm zu kaufen.

Meine Sammlung seiner Bilder begann mit einem Ölbild der Landschaft des Oderbruchs, Anfang der 30er Jahre entstanden, das ich durch Zufall in einer Ebay-Auktion günstig ersteigern konnte. Ich besaß bereits zuvor ein kleines Büchlein über ihn mit einigen Angaben zu seiner Biographie und zu seinem Werk und richtete meine Aufmerksamkeit auf sein Schaffen. Die wenigen Bilder auf dem Kunstmarkt waren für mich viel zu teuer, aber dann geriet ich bei meiner Suche an ein Auktionshaus im Süden Deutschlands, das den Nachlass Hans Salzmanns anbot. Salzmann war bereits 1973 gestorben, aber nun wollten offenbar seine Kinder oder Enkel die Bilder und Drucke aus dem Familienbesitz veräußern.

Mit zaghaften Geboten, die kaum das Minimalgebot überschritten, wagte ich mich in die Domäne der betuchten Käuferschaft – wie ich meinte. Groß war deshalb meine Freude, als ich für etliche meiner Gebote den Zuschlag bekam und für wenig Geld einige schöne handkolorierte Steindrucke ins Haus geschickt bekam. Ein ziemlicher Posten blieb unverkauft, und so konnte ich im Nachverkauf noch einige schöne Bilder erwerben. Besonders waren darunter sieben handkolorierte Zeichnungen verschiedener Grasarten, die für eine Buchillustration gedacht waren. Gerahmt zieren sie nun mein kleines Kabinett, wie ich den Raum nenne, der mein Bett und meine diversen Sammlungen beherbergt.

Aber es waren auch einige schöne Darstellungen des Oderbruchs unter meinen Neuerwerbungen, und so machte ich mich auf, um herauszufinden, wo mein Lieblingsmaler wohl mit seinem Zeichenblock oder seiner Feldstaffelei gestanden haben mag, als er die Bilder malte. Achtzig Jahre mochten inzwischen vergangen sein, in denen sich etliches in einer Landschaft verändert haben konnte, aber mit Hilfe einer topographischen Karte, auf der ich die Höhenabstufungen und den Verlauf der Oder mit den Darstellungen auf Salzmanns Zeichnungen vergleichen konnte, fand ich zu meiner Freude vier der gesuchten Orte und konnte von dort aus neunmalweise mit meiner Digitalkamera in Sekundenbruchteilen fotografieren, wofür der Meister Stunden oder gar Tage benötigt hatte.

Doch um die Stellen aufzuspüren, musste ich mein ganzes bergsteigerisches Können aufbieten, das in den letzten Jahren nur am sechs Meter hohen Garnischberg geschult war, nun aber an den vierzig Höhenmetern eines recht beachtlichen Steilhangs geprüft wurde. Und nicht nur das; was auf Salzmanns Bildern noch als unbewachsene freie Natur erkennbar ist, war inzwischen zu einem dichten Robinienwald mit einem derart zähen Unterholz verwachsen, dass ich mir Kleidung und Haut aufkratze, meine Landkarte dabei unbemerkt verlor und bei Erreichen des Sonnenlichts noch durch ein dichtes Gesträuch von Bocksdorn hindurch musste, das ich inzwischen von unserem neuen Wohnort am Berlin-Spandauer-Schifffahrtskanal her kannte.

Da sage einer, es gibt heute keine Helden mehr, und auch Salzmann hätte mir gewiss nicht seine Achtung versagt, wenn er mich da hinaufkrauchen gesehen hätte. Der Blick über die Niederungen der Oder, flussabwärts dicht hinter Lebus, entschädigte mich dann aber für den Aufwand, und ich konnte in aller Ruhe das Werk des Flusses bewundern, das dieser im Verlaufe der letzten zehntausend Jahre vollbracht hat.

Zwei weitere Zeichnungen waren in Salzmanns Geburtsort Frankfurt an der Oder entstanden, vom östlichen Flussufer aus, das heute zu Polen gehört. Hier die Punkte zu finden, an denen der Künstler gestanden hatte, war viel leichter, aber dafür hatte sich auch der Hintergrund seiner Bilder inzwischen sehr verändert, weil manches Haus oder manche Brücke nicht mehr standen, dafür aber einige neue Hochbauten hinzugekommen waren, die die Silhouette der Stadt merklich verändert hatten.

Einmal auf der polnischen Seite, fuhr ich nun durch die „ehemaligen deutschen Ostgebiete“ über Küstrin wieder zu meinem Urlaubsort zurück und machte mir beim Fahren Gedanken über unsere jüngste Vergangenheit. Immer die, die ihr Maul am weitesten aufreißen und sich wie ein Kugelfisch aufblasen, haben alles zerstört, was Menschengeist und Arbeitsfleiß der Bewohner geschaffen haben. Es wird Zeit, die Großmäuler in der Politik und Wirtschaft abzuservieren, was in unseren politischen Breiten schon manchmal etwas besser zu gehen scheint, weltweit aber kaum zu spüren ist.

Aber was rege ich mich auf, man soll nach einem Worte Emil Staigers nicht dort seine Gedanken über den Preußischen Zollverein einbringen, wo es um die Schilderung der Natur geht. Diese Schelte galt Adalbert Stifter, aber ich beziehe sie schuldbewusst auch auf mich und kehre darum lieber wieder zu Salzmann zurück, den Maler des Oderbruchs, der thüringischen Landschaft und dem bedeutenden Illustrator zahlreicher Pflanzen-Bestimmungsbücher, denn die Botanik gilt schon von Alters her als die „liebliche Wissenschaft“, die sich in ihrer Arbeit noch nie um Ländergrenzen und Nationalitäten gekümmert hat.

## Mittagspausen

Pausen scheinen etwas höchst Menschliches zu sein, wenngleich wir auch in der Tier- und Pflanzenwelt den Wechsel zwischen Tätigsein und Abspannung kennen. Aber das gesellige Zusammensein, um etwas zu essen und dabei zu plaudern, finden wir vorrangig wohl nur bei den Menschen. Niemand isst wohl ohne innere oder äußere Not sein Pausenbrot für sich allein. Geschieht es dennoch, so liegt gewiss ein Kummer, eine Ausgrenzung oder fehlende Gesellschaft vor, was uns das Brot alleine kauen oder die Suppe allein löffeln lässt.

Diese Gedanken kamen mir ausgerechnet auf dem Garnischberg, der nahezu ein Sinnbild für Einsamkeit ist. Die Wiesen des umliegenden Sophienthaler Polders wurden trotz der Regennässe von den Landarbeitern gemäht und das Gras umgewendet, damit es nicht fault. An fünf weit auseinander liegenden Bereichen zugleich waren die Traktoren zu sehen und zu hören, die mit den nachgezogenen oder vorn angekoppelten Gerätschaften dabei waren, das wertvolle Viehfutter einzubringen oder aufzubereiten. Anfangs fühlte ich mich etwas in der gewohnten Stille gestört, aber bald schon gehörte das monotone Geräusch der Dieselmotoren zum Berg und zu den Wiesen dazu, so dass ich es schon gar nicht mehr hörte und meinen Beobachtungen nachgehen konnte, was sich wohl alles seit meinem letzten Besuch der Düne geändert haben könnte.

Es war genau halb ein Uhr, als sich die Traktoren aus ihrer eintönigen, Streifen für Streifen abarbeitenden Tätigkeit lösten und aus allen Himmelsrichtungen gemeinsam auf einen Punkt zusteuerten, der nicht weit vom Berg entfernt war. Eine einsam in dem Polder stehende alte Weide war es, an der sich die Fahrer trafen, nachdem sie ein, zwei oder noch mehr Kilometer durch die von Gräben und Mulden durchzogenen Wiesen geschwankt und geschaukelt waren, um ihre Mittagspause gemeinsam zu verbringen.

Gar zu gerne wäre ich hinzugetreten, aber als nicht zu ihnen gehörender Fremder wäre es wohl unschicklich und unhöflich gewesen, in die kleine vertraute Runde einzudringen. Mir schwebte da ein Bild von Breughel vor Augen, auf dem sich allerlei Landvolk nach unterbrochener Schnitterarbeit im Schatten von Bäumen und Sträuchern der wohlverdienten Pause hingibt, und auch eine Schilderung von Tolstoi kam mir in den Sinn, aus „Anna Karenina", wo der Gutsbesitzer Lewin inmitten seiner Leute die Wiesen mäht und sich mächtig anstrengt, um mit ihnen mitzuhalten. Umso schöner waren dann aber auch die Pause und die stumme Anerkennung durch die Bauern für seine vollbrachte Arbeit.

Da hätte auch ich den Traktorfahrern durch etwas imponieren müssen, um in ihrer Runde geduldet zu werden, aber als müßiger Urlauber, der mit seiner Kamera um den kleinen Sandberg herumschleicht, hätte ich keine Chancen gehabt. Also setzte ich mich unter die große zentrale Eiche und aß meine Brote alleine, die ich mir mitgenommen hatte. Sie schmeckten zwar auch so, aber schöner wäre es gewiss gewesen, sie in einer vertrauten Runde gegessen zu haben, wie ich es von Berlin her kenne, wenn wir uns nach einem Schulungsgespräch in der Eichenallee im „Löffel" treffen.

Eines konnte ich aber von den Landarbeitern lernen: Es war wiederum punktgenau ein Uhr, als ihre Motoren wieder anliefen und sich alle wieder in ihre Bereiche begaben, um dort die unterbrochene Arbeit fortzusetzen. Vielleicht war aber auch ihr Chef dabei, das würde meine Einschätzung etwas relativieren. Aber auch so fiel mir ein, dass nicht nur zum Arbeiten, sondern auch zum Pausieren ein Ende gehört, wenn es richtig Freude bringen soll.

An diesen Helden dachte ich, oder genauer gesagt, an Goethes Gedicht auf diesen Gottesverächter, als ich mit einem abgebrochenen, groben Ast meinen Kampf gegen zwei Meter hohe Brennnesselheere aufnahm und langsam die Reihen meines Gegners lichtete, um auf dem völlig zugewachsenen Damm des Kienitzer Hafens voranzukommen. Vor einigen Jahren schon einmal wagte ich mich auf diesen Weg, der nur von Rehen oder vielleicht auch verwilderten Hunden aufgesucht wird, aber nun war alles noch viel undurchdringlicher geworden.

Irgendein Winkel in meiner Charakterstruktur muss dafür zuständig sein, mich auf derartige Abenteuer einzulassen, deren Sinn und Nutzen nur schwer einzusehen sind. Es ist vielleicht ein Rückfall in mein frühes Autonomiebedürfnis oder gar der Rest eines autistischen Verhaltens, das mich freiwillig in eigentlich undurchdringliche Gebiete hineinzieht. Inzwischen weiß ich zwar, dass das menschliche Seelenleben oder eine philosophische Theorie ungleich verworrener sein kann als ein Brennnesselfeld, und da sich heranzuarbeiten nicht so leicht ist wie „dem Knaben gleich Disteln zu köpfen", um wieder zu Prometheus zurückzukehren.

Ich sagte die Hymne laut vor mich auf, schön betont wie ich es in Gesellschaft vor Hemmung gewiss nie zustande brächte. Denn einen Rest dieses Motivs der Selbstbehauptung nehme ich auch für mein Tun in Anspruch, wenn ich mich auf dem Damm langsam voranarbeite, um den Gasthof, der mich für zwei Wochen beherbergt, auch einmal von der anderen Hafenseite aus fotografieren zu können.

Doch soweit war ich noch nicht, denn es lagen vielleicht hundert Meter Geländegewinn hinter mir, aber es galt, noch sechs oder achtmal soviel Land vor mir zu erobern. Die kriegerische Sprache rührt übrigens daher, dass auch der gerade dieses Jahr vielumworbene Friedrich II. hier im Oderbruch eine Provinz erobert haben will, ohne einen Mann dabei verloren zu haben. Dafür hat er aber im Siebenjährigen Krieg, an dem er nicht zum wenigsten beteiligt und verantwortlich war, über eine halbe Million seiner Landsleute geopfert. Dagegen sind meine Brennnesselopfer doch rein gar nichts. Aber auch mein Feind war zäh, denn immer wieder richteten sich niedergehauene Sträucher wieder auf und erwischten mich mit ihren Giftharpunen an den Händen und im Nacken, ja die Pflanzen scheuten nicht davor zurück, sogar durch den dicht gewebten Stoff meiner langen Hose zu dringen und meine Knie zu verbrennen. Ihnen zur Seite stand ein an sich harmloses Dornengestrüpp, das den schlanken Nesselhalmen aber Halt gab und ihnen bis in übermannshohe Bereiche hinauf half. Und diese „Fünfte Kolonne“ des Dornengestrüpps wiederum ließ sich mit meiner Astgabel nicht so leicht zur Seite schlagen.

Aber genug meiner Taten, denn es ziemt sich nicht für einen wahren Helden, allzu sehr mit ihnen aufzutrumpfen. Ich erreichte schließlich den gewünschten Ort, um in waghalsiger Stellung durch das dichte Eichengeäst hindurch einen fotografisch reizvollen Blick auf meinen Gasthof zu finden und in einer hundertstel Sekunde Belichtungszeit mein Objekt zu erhaschen, an das heranzukommen ich eine unverhältnismäßig lange Zeit und sehr viel Kraft aufgebracht hatte.

Den Weg zurück ging ich lieber den überwucherten Damm hinunter zu den Überschwemmungswiesen der Oder, die zu durchwandern ein ungleich freieres Gefühl vermittelt, zumal über mir im strahlend blauen Himmel einige eingestreute Kumuluswolken schwebten. Auch dieser Himmel kann ein großes Freiheitsgefühl hervorrufen, im Unendlichen zu stehen und von keiner Seite aus eingeengt zu werden. Seltsam, wie Gegensätzliches, Verworrenstes und Freiestes die gleichen seelischen Stimmungen hervorrufen können.

An der Fährbuhne traf ich auf eine Gruppe Angler, eine Seltenheit, weil hier meist jeder für sich alleine huckt. Ich begrüßte sie mit einem „Petri heil!“, wobei ich mir nicht sicher war, ob dieser Gruß für die Jagd oder für den Fischfang richtig angebracht war. Man ließ es offenbar aber durchgehen, denn mir erscholl ein fünfkehliges „Danke!“ entgegen. Ich ließ mir allerlei über die richtigen Köder erzählen und sah mir die komplizierten Abhaspelmechanismen der Angelruten an, was mir einige Achtung einbrachte. Dass mir Angeln nicht zusagt, äußerte ich lieber nicht, das wäre doch gar zu unhöflich gewesen, aber so still dasitzen, alle fünf oder zehn Minuten einen blanken, vom Wurm befreiten Haken aus dem Wasser zu ziehen, um ihn dann neu bestückt mit einem armen Wurm wieder in den Fluss auszuwerfen – das wäre mir nichts; es hat zu wenig Prometheisches an sich. Aber „Jedem das Seine“; hier hatte der Alte Fritz einmal Recht, wenngleich seine späteren Nachfolger den alten Spruch auf so grausame Weise verwenden sollten.

## Man sieht nur was man weiß

Diese Erkenntnis, die im Briefwechsel Goethes mit Zelter mehrfach beschworen wird, bestätigt sich auch hier im Oderbruch auf das Schönste. Seit unserem Umzug in die Nähe des Berlin-Spandauer Schifffahrtskanals hat sich mein kleines Repertoire an Pflanzenkenntnis um ein Exemplar erweitert; es ist der Bocksdorn (*Lycium halimifolium*), ein stark wuchernder Strauch, der seine langen Zweige mit weidenartigen Blättern über die schmalen Wege hängen lässt und das Auge mit zahlreichen kleinen, hellvioletten Blüten erfreut.

Seit acht Jahren streife ich nun schon im Oderbruch herum mit vermeintlich offenen Augen, um alle botanischen und zoologischen Besonderheiten zu erfassen, aber erst in diesem Jahre sehe ich überall, an Wegen und Feldrändern, den herrlichsten Bocksdorn wachsen und blühen.

Eigentlich müsste ich mich als unaufmerksam schelten, aber eingedenk der eingangs genannten Erkenntnis kann ich mich damit trösten, dass es anderen damit auch nicht besser geht. Das wird sich auf alle Bereiche erstrecken, bis hinein in zwischenmenschliche Erfahrungen, ja selbst bis in die Partnerschaft und sogar in das eigene Dasein hinein. Wir sehen nur, was wir wissen.

Das krempelt doch auch die Philosophie der Sensualisten Locke oder Hume um, die bekanntlich meinten, dass nichts in unserem Verstande sei, was nicht vorher durch die Sinne gegangen ist. Das war seinerzeit revolutionär und räumte mit der Vorstellung von eingeborenen Gedanken auf, die uns Gott oder der Teufel mitgegeben habe.

Aber ganz so einfach scheint es eben nicht zu sein, denn der Bocksdorn ist mir gewiss viele hundertmal durch die Sinne gegangen, aber den Verstand oder das Gedächtnis hat er nicht erreicht. Erst eine Hinweistafel am Ufer des besagten Kanals machte mich auf diese Pflanze aufmerksam, die ich dann hinfort überall sah, so dass meine Frau es schon gar nicht mehr hören kann, wenn ich ständig darauf hinweise.

Drehen wir die Formel der Sensualisten um, dann müsste es heißen, nichts geht durch die Sinne, was nicht schon vorher im Verstande ist, aber das würde wieder die alte platonische Lehre von den angeborenen Ideen bedeuten, die sich doch auch nicht bewahrheitet hat. Es scheint doch etwas komplizierter zu sein. Unsere Sinne arbeiten nicht mechanisch oder automatisch und bilden ab oder spiegeln wider, was draußen in der Welt objektiv vorliegt. Ebenso liefert unser Verstand von sich aus auch keine Erkenntnis oder Vorstellung, wenn er kein Material von außen, keine Anschauung der Welt hat. Sehen oder der Einsatz aller unserer übrigen Sinne scheint eher ein Wechselspiel zwischen Sinneseindrücken, Vorstellen, Wissen und Interesse an der Welt zu sein, damit es für uns zu einer wirklichen Bereicherung und zu einem Verständnis kommt, was wir selbst und die Welt um uns herum eigentlich sind. Aber auch das scheint noch lange nicht alles zu sein; hinzu kämen noch Qualitäten wie Ahnen, Staunen, Bewundern, Lieben, Fühlen, Werten und Weiteres, um wirklich in dieser Welt bewusst zu leben und heimisch zu sein.

Und das gilt nicht nur für den Bocksdorn, von dem ich mir übrigens einen Zweig unter mein Kopfkissen gelegt habe, weil dadurch Albträume vertrieben werden. Folglich gehört zu allem auch eine gehörige Portion Glauben, wenn wir in der Welt zurechtkommen wollen.

## Eine Therapiesitzung auf der Buhne

Ein Fluss strömt und schwemmt allerlei Teile mit sich, die sich dann irgendwo wieder ablagern, wodurch er im Laufe der Zeit seinen Verlauf ändert und die Flussschifffahrt zu einer unberechenbaren Sache macht. Darum baut man schon seit langem steinerne Dämme geradewegs in den Fluss hinein, wodurch sein freier Querschnitt verringert und damit seine Fließgeschwindigkeit erhöht wird, was zur Folge hat, dass sich der mitgeführte Sand und Schlamm hinter diesen Dämmen, den Buhnen, ablagert und das eigentliche Fahrwasser für den Schiffsverkehr freihält. So finden sich etwa alle hundert Meter steinerne Buhnen, die sich zwanzig oder gar noch mehr Meter in den Fluss hinein schieben und neben ihrer Regulierungsfunktion zusätzlich noch recht angenehme Plätze für die Angler bilden, die sich morgens oder spät abends hier einfinden und ihre Ruten auswerfen.

Wenn ich nun abends noch meine Runde am Fluss drehe, so finde ich oftmals kaum eine freie Buhne, um der Strömung nachzuschauen und die Abendstille zu genießen. Ein tiefgründiges Gespräch ist selten mit den Anglern anzufangen, es beginnt meist mit dem Wetter, wendet sich dann der Anbeißfreudigkeit der Fische zu und endet in schöner Regelmäßigkeit mit der Klage, dass alles seit der Wende anders geworden sei und jeder nur noch auf seinen eigenen Vorteil sieht.

Manch ein Angler bringt außer einem hingemurmelten Gruß kein weiteres Wort heraus, aber manchmal kommen auch schöne Gespräche zustande. So traf ich kürzlich auf zwei jüngere Männer, die noch bei untergehender Sonne ganz vorn auf der Buhne standen und ihre Angelleinen auswarfen. Wir begrüßten uns freundlich, und das Gespräch wandte sich bald der Stille und der herrlichen Landschaft zu. Dabei erwähnte ich den Garnischberg, den beide zu meiner Verwunderung gar nicht kannten, obgleich sie von hier waren. Meine Beschreibung der Trockenrasenvegetation ließ sie vermuten, dass ich von Beruf Botaniker sei, und mein Hinweis auf meinen Therapeutenberuf verwunderte und erfreute sie sehr. Ganz unaufgefordert bekam ich sogleich die Symptomatik samt der dazugehörigen Anamnese einer der beiden Männer geliefert und fühlte mich zur Stellungnahme gemüßigt.

Ein Partnerschaftsproblem, die Frau sei ausgezogen und könne zu dem gemeinsamen Sohn keine mütterliche Beziehung herstellen, da er die gleichen Gesichtszüge wie sein Vater habe und sie ihn deshalb ablehne. Dieser recht oberflächlichen Deutung wollte ich durch ein weiteres Frage- und Antwortspiel nicht nachgehen, um nicht bei einem fruchtlosen Richterspruch zu landen. Statt dessen stieg alles in mir auf, was ich im Verlaufe der vielen Jahre an tiefenpsychologischen Kenntnissen und Einsichten gehört und erworben hatte und hielt einen dreißigminütigen schönen Vortrag über die Bedeutung einer Persönlichkeitsentwicklung, einsichtsvoller und richtiger, als ich es selbst je für mich selbst hinbekommen hätte. Beide hörten ganz genau hin und vergaßen ihre Angeln. An ihren Gesichtern merkte ich, dass meine Worte sie erreichten und ich fühlte mich so recht wie ein alter Therapeut, der aus seinen langen Berufsjahren erzählt. So ein andächtiges Zuhören hätte ich mir manchmal bei meinen Patienten gewünscht, wenn sie schnell mit einem Wenn und Aber wieder alles ins Wanken brachten, was ich vor ihnen aufgebaut hatte. Konkret helfen konnte ich meinem Patienten auf der Buhne freilich nicht, aber er und sein rotbärtiger Freund fassten gewiss neuen Mut und sahen manches anders, als sie es zuvor gesehen haben.

Es war schon fast ganz dunkel geworden, als wir uns verabschiedeten und ich mich durch das übermannshohe Schilf zum Deich hindurchschlängelte, um noch rechtzeitig am Gasthof zu sein, bevor der Wirt alle Tore verschloss.

## Der Gasthof „Zum Hafen“

Bereits seit Anfang der neunziger Jahre, als es wieder möglich war, ohne großen Aufwand in das Berliner Umland zu reisen, fahren wir am Neujahrstage nach Kienitz an der Oder, um nach der Silvesterturbulenz in aller Ruhe und Stille an dem vorbeiströmenden Fluss ein kleines Lagerfeuer zu entfachen und den vorbeiziehenden Eisschollen nachzusehen. Wurde es schließlich doch zu kühl, dann zogen wir die alte Fährstraße zum Hochwasserdeich hinauf und kehrten im Gasthof „Zum Hafen“ ein, um uns ein kleines Mittagessen geben zu lassen und den Reden zu lauschen, die manchmal noch alkoholschwer dahinlallten. Aber stets war es eine freundliche Stimmung, und wir fuhren wieder wohlgemut nach Berlin zurück.

Schließlich beschloss ich für mich, hier im Sommer zwei Wochen zurückgezogen zu verbringen, um die Ruhe der Landschaft zu erleben und womöglich einiges zu lesen, wozu ich in Berlin nicht immer kam. Zum Lesen kam ich zwar auch hier nur selten, aber ich fand doch Ruhe zum gelegentlichen Niederschreiben meiner Gedanken und für zahllose Streifzüge durch die umliegenden Felder. Ausgangspunkt und Standquartier war dabei immer der Gasthof, in dem ich jedes Mal das Zimmer Nr. 1 bekam, welches somit zu „meinem Zimmer“ wurde. Es ist nur einfach eingerichtet, auch recht eng, aber durchaus für meine eigenen Bedürfnisse vollkommen ausreichend. Auch dass es über kein eigenes Bad verfügt, sondern Dusche, Waschbecken und Toilette mit den Gästen der wenigen anderen Räume teilen muss, stört mich nicht, zumal ich morgens stets der erste Benutzer bin und alles ganz für mich habe.

Für ein umfangreiches Frühstück ist gesorgt, vielleicht nicht ganz den neuesten diätetischen Ansichten entsprechend, dafür aber so kalorienreich, dass ich selten vor dem Nachmittag wieder Hunger verspüre. Eine kleine Zwischenmalzeit, unreifes Obst von den Bäumen der Landstraße sowie Kaffee und Kuchen auf der Deichterrasse des Gasthofes oder in einem kleinen Laden des nächsten Dorfes flussabwärts bilden meine ganze Verpflegung, bei der ich es dennoch bisher noch nie geschafft habe, einige Pfunde abzunehmen. Und das, obwohl ich allmorgendlich noch vor dem Frühstück einen strammen Spaziergang, nach Groß Neuendorf und wieder zurück mache, was immerhin zwischen sechs und acht Kilometer ausmacht und meine steifen Gelenke etwas beweglicher hält.

Soviel zum Tagesablauf meiner Ferien auf dem Lande. Durch all die Jahre habe ich natürlich auch den Gasthof und seine Wirtsleute näher kennen gelernt. Der Gasthof ist schon alt, besteht hier seit 1803 und ist seit 1918 im Besitz einer Familie Rochlitz, deren ältestes Mitglied, die Oma oder „Lottchen“ Rochlitz, wie sie hier liebevoll genannt wird, wir von Anbeginn unserer Ausflüge her kennen, als sie noch selbst hinter dem Tresen stand und bediente. Von ihr und ihrem Mann, den ich nicht mehr kenne, ging das Anwesen auf den Enkel über, der zusammen mit seiner Frau den Laden schon so lange wie wir ihn kennen, und noch länger, führt. Vor zwölf Jahren kam noch eine Tochter, die inzwischen tüchtig mitbedient und vielleicht einmal das Ganze übernehmen wird.

Das ist aber keine Kleinigkeit und erfordert den ganzen Einsatz aller daran Beteiligten. Das sind nicht nur der Wirt und die Wirtin allein, auch aus der Familie und manchmal Helfer oder Helferinnen von außen müssen mit zupacken, um in Stoßzeiten alles zu bewältigen. Das sind vor allem die Ferienmonate im Sommer, wenn die Radwanderer die Oder auf- und abwärts fahren und hier ihr Quartier nehmen oder nach einem Mittagessen, einer Brause oder einem Radler wieder weiterfahren wollen. Da wird so manches die Treppe den Deich hinauf oder wieder hinunter getragen, denn nicht nur vor dem Haus, sondern auch oben auf dem Deichweg stehen Tische und Stühle.

Der Gasthof steht direkt hinter dem Deich und ist von der anderen Hafenseite aus nur mit dem Dach und den oberen Räumen zu sehen. Sehe ich aus meinem Fenster hinaus, so sitzen fast auf gleicher Höhe mit mir die Gäste auf dem Deich oder unter mir in dem verbleibenden Raum zwischen Haus und Damm. Da tönt es dann manchmal wie aus einem Orchestergraben zu mir hinauf, und ich muss das Fenster schließen, wenn ich meine Ruhe haben will. Aber nachts und morgens ist dafür alles schön ruhig, und tagsüber bin ich sowieso auf dem Garnischberg oder unter einem Nussbaum im Garten zu finden, wo mich niemand in meinem Tun stört.

Das ganze Anwesen bildet einen Vierseitenhof im Kleinen: vorn den Gasthof mit den Gasträumen und einer Einliegerwohnung für die Oma zu ebener Erde und darüber im Dachgeschoss die Gästezimmer, seitlich daran anschließend ein großer alter Saal, der manchmal für Veranstaltungen aller Art oder für Familienfeste Verwendung findet, dann ein hinterer Abschluss mit Garagen und Werkstatträumen und schließlich auf der rechten Seite ein neues eingeschossiges Wohnhaus für die Familie. Das Ganze umschließt einen Innenhof, der Platz genug für alle vorkommenden Arbeiten bietet. Eine Zufahrt vom

Deich aus führt an einem kleinen Kühlraum vorbei, aus dem der Wirt manchmal bei sommerlichen Temperaturen in reinster Winterkleidung herauskommt. Fahrradunterstände, ein kleines Saunagebäude, eine Abstellecke für kleine Landmaschinen, Kellerräume, in denen bei hohem Oderpegel das Wasser steht und anderes weisen auf eine ziemliche Autonomie des Ganzen hin. Schaut man in die Wirtschaftsgebäude hinein, so sieht man, dass der Wirt einmal Schlosser war, denn Werkstatt, Hebebühne, Notstromaggregat und allerlei Ausrüstungsgegenstände bilden das handwerkliche Rückgrat des Ganzen, in dem der Wirt manchmal herumkraucht, wenn er es lieber den Frauen überlässt, vorne zu bedienen.

Denn dort ist ebenso viel zu tun, die Küchentür kommt nie zur Ruhe, immer wird etwas heraus oder wieder hineingetragen, die Zapfhähne laufen und die Eismaschine rattert wie ein kleiner Traktor. Zwischendurch muss immer wieder einmal eine Auskunft erteilt werden, wie man am besten nach A oder B kommt, wie viele Kilometer es entfernt sei, ob ein Zimmer frei sei oder gar, ob es ein Gewitter geben wird. Und immer wieder gibt es kleine Gesprächseinlagen, in denen über die allgemeinen Zustände und die Neuigkeiten im Dorf und auf dem Lande hergezogen wird, dass es eine Lust ist, zuzuhören.

Das ist freilich nicht immer so, es gibt auch Regentage, an denen nicht viel los ist, und außerhalb der Ferienzeit reduziert sich die Zahl der Besucher auf Einwohner des Dorfes oder gelegentliche Tagesgäste aus den umliegenden Dörfern oder gar aus der fernen Hauptstadt. Da muss der Überschuss aus den Sommermonaten herhalten, um übers ganze Jahr zu kommen. Die Wirtsleute sollen sich mal nicht übernehmen, ich hab's schon manchmal gesagt, aber sie haben schon Recht: überlassen sie die Arbeit anderen, stellen sie Leute ein, um selbst mehr Zeit und Ruhe für sich zu haben, dann läuft nichts richtig und das Geld fließt in unklare Kanäle statt in ihre eigene Tasche.

Da mische ich mich lieber nicht ein und bleibe als geschätzter Feriengast unter meinem vierstämmigen Nussbaum sitzen oder lasse mir eine Brause bringen und sehe auf die voll bepackten Drahtesel, mit denen sich manche abmühen. Da sind mir meine Spaziergänge schon lieber, und selbst wenn es bis zum Garnischberg geht, der immerhin zehn Kilometer entfernt liegt und von dem aus ich schließlich auch wieder auf der Deichkrone zurückwandern muss. Soll es jeder so halten, wie er es für richtig findet.

14. Juli bis 31. Juli 2013

# Am Frühstückstisch

Jeden Morgen treffen sich die Gäste des kleinen Gasthauses „Zum Hafen“ im großen Saal zum Frühstück. Der kleine Nebenraum des Lokals wurde allmählich zu klein für die zahlreichen Besucher, die hier meist nur für eine Nacht verweilen, um dann wieder flussauf- oder abwärts weiterzuradeln. Dann sitzen alle, je nach Zusammengehörigkeit, entweder am großen Familientisch, die Paare zu zweit an einzelnen Tischen und Einzelwanderer mit einem kleinen Schicklichkeitsabstand in der Mitte an zwei zusammengestellten Tischen. Die Wirtin oder der Wirt weist uns allmorgendlich ein, und allen scheint es recht zu sein.

Ich als Dauergast habe meinen festen Platz am Sammeltisch für Einzelgäste, und so sitze ich jeden Morgen mit einem anderen Herrn zusammen am gleichen Tisch, manchmal aber auch alleine. Eine Dame zeigte sich bislang noch nicht, wohl weil es sehr selten vorkommt, dass eine Frau für sich allein mit dem Fahrrad durch die Gegend fährt. Fahrradfahren als Sport ist noch immer eine Männerdomäne, aber die Familien mit Kindern und Paare holen auf und entschärfen das ehrgeizige Treten in die Pedale.

Jeder Gast hat ein gleiches Quantum an Brötchen, Brot, Butter, Eiern, Wurst und Käse vor sich auf dem Teller, so dass kein Unmut darüber aufkommen kann, dass ein anderer mehr bekommen hat. Auch Kaffee ist ausreichend vorhanden

Zusammengehörige Gruppen oder Paare haben es etwas leichter als die Einzelreisenden, denn sie können sich ganz nach ihrer Gewohnheit miteinander unterhalten oder anschweigen. Zwar tönt auch dem einzelnen Gast ein freundliches „Guten Morgen“ entgegen, wenn er den Raum betritt (sofern er als erster den Morgengruß entboten hat, sonst bleibt es allerdings still), aber an dem gemeinsamen Tisch für die Einzelreisenden muss immer erst ein Gesprächsprotokoll entwickelt werden, nach dem man miteinander reden oder auch schweigen kann.

Von Haus aus ist es nicht gerade meine Stärke, sofort mit fremden Personen ins Gespräch zu kommen, aber da macht sich doch die jahrelange Mitarbeit in einem tiefenpsychologischen Arbeitskreis bemerkbar und natürlich auch mein Beruf als Psychotherapeut, was die Frage des betretenen Schweigens betrifft. Ich warte stets den Verzehr meines ersten Brötchens ab und billige auch meinen Tischnachbarn die gleiche Zeitspanne zu, um ein Gespräch zu eröffnen. Bislang musste ich es immer tun, merkte aber, dass es stets dankbar angenommen wurde, angesprochen zu werden. Nun bin ich nicht mehr der Jüngste, und es mag auch mitspielen, dass ein jüngerer Mensch noch etwas mehr Scheu oder Respekt hat, einen „Alten" anzusprechen als umgekehrt. Vielleicht mögen Einzelreisende auch weniger gesellig sein und Probleme mit der Beziehungsaufnahme haben; ich kenne es allzu gut aus meinen früheren Jahren, wie schwer es sein kann, einfach locker jemanden anzusprechen. Ist die erste Hürde aber erst einmal überwunden, dann geht es meist von selbst.

So auch im Frühstückssaal. Es ist wie ein Eröffnungszug beim Schachspiel; zunächst wird ein Bauer vorgeschoben, um zu prüfen, wie der andere darauf reagiert. „Nun, was ist heute Ihr Reiseziel?" reicht hin, das Gespräch zu beginnen. Wie einfach! Meist wollen die Radler weiter hoch in Richtung Ostsee, und da weiß ich längst, dass als nächste Station Schwedt angegeben wird, wenn nicht gerade irgendein Renn-Ass gleich das Stettiner Haff als sein Ziel nennt. Wind und Gegenwind sind ein beliebtes Fortsetzungsthema, und natürlich auch das Wetter. Um nicht als Ausfrager zu erscheinen, erwähne ich bei jedem, dass ich mich hier für zwei Wochen einquartiert habe, was auf allgemeinen Zuspruch stößt, und ich habe noch keinen Widerspruch erfahren, wenn ich meine These lancierte, dass ein Fußwanderer noch am meisten von der Welt sieht.

Manchmal mischen sich auch Paare oder Gruppen von den Nachbartischen in das Gespräch ein, und ich habe mit meiner Harthörigkeit Mühe, den Fragen oder Gedanken zu folgen, die nun im Saale widerhallen. Ich gebe dann der schlechten Akustik die Schuld, und schon sprechen alle etwas lauter. Auch habe ich mir angewöhnt, auf nicht ganz verstandene Bemerkungen mit einem freundlichen Ja und begleitendem Kopfnicken zu reagieren, denn Fragen zielen meistens auf ein Ja als Antwort. Manchmal kommen auch gute Gespräche zustande, als Fremder erfährt man schnell mehr aus dem persönlichen Bereich eines Menschen, als wenn man ihm näher steht. Da mag auch die therapeutische Erfahrung mitspielen, mit der wir nicht lange um den heißen Brei herumschleichen, ohne dabei taktlos oder aufdringlich zu sein.

Ein jüngerer Mann zeigte mir unaufgefordert sein Skizzenbuch mit Zeichnungen, die keineswegs hervorragend waren, was ich als einen schönen Vertrauensbeweis erachtete. Ein anderer klopfte extra noch an meine Zimmertür, um sich zu verabschieden, und ein weiterer erspähte mich unter dem Nussbaum sitzend, wo ich meine Gedanken niederschrieb. Das fand er dann doch gar zu toll und er überlegte, ob er nicht seine nächsten Ferien auf gleiche Art verbringen könnte, wozu ich ihn sehr ermutigte.

Natürlich erlebte ich auch Einsilbigkeit, und ich hütete mich dann, nachzuhaken, getreu einer Gedichtzeile des schlesischen Dichters Karl von Holtei: „Wär wiss denn, wu der Schuch en drickt?“

## Der Landvermesser

Gestern habe ich mich als Landvermesser betätigt. Bei meinen kleinen Studien des Garnischbergs waren mir von Anfang an die Höhenlinien verdächtig vorgekommen, die auf der topographischen Karte im Maßstab 1:10.000 eingezeichnet waren. Alle Höhenstufen bis unterhalb des Meterbereichs waren mit elegant geschwungenen Linien verbunden. An einigen Stellen schien mir diese Eleganz aber fehl am Platze zu sein, denn es gab Bereiche, in denen offenbar Sand entnommen wurde, so dass in dem fein geschwungenen Profil des Berges einige Abbrüche vorkamen. Die Karte sagte davon nichts. Nun wird allerdings die ursprüngliche Geländeaufnahme sehr weit zurückliegen, so dass die Veränderungen der vergangenen Jahrzehnte nicht erfasst wurden. Dem wollte ich jetzt ohne Auftrag oder Erlaubnis des Landesvermessungsamtes Abhilfe schaffen.

Die modernen Satellitenkarten liefern ein sehr genaues Oberflächenbild der Erde, sagen allerdings nur wenig über die Höhenlage eines kleinen Geländeausschnitts aus. So stellte ich mir also fünf nebeneinander liegende Einzelaufnahmen des Berges her, verglich die vorgefundenen Stellen mit der angegebenen Höhenlage der topografischen Karte und korrigierte die Eintragungen, wo es mir nötig schien. Das kam mir zunächst recht einfach vor, aber schon bald merkte ich, dass es nicht leicht ist, freistehend im Gelände durch bloße Inaugenscheinnahme festzustellen, was sich nun einen, anderthalb oder zwei Meter höher oder tiefer als mein augenblicklicher Standort befindet. Von einer Eleganz meiner eingetragenen Höhenlinien war schon bald keine Rede mehr. Da, wo sich eigentlich die Linien einer Bodensenke wieder schließen sollten, klafften große Abstände, so sehr ich mich auch bemühte, meinen Kopf beim Umherblicken nicht aus der lotrechten Lage zu bringen und meinen Blick stets in der Waage zu halten. Ohne Instrumente war hier wohl kaum etwas zu machen. Soweit wollte ich nun mit meiner dilettantischen Feriengestaltung doch nicht gehen, also machte ich das gleiche, was meine professionellen „Berufskollegen“ wohl auf ihren Karten auch machen, und verband mit einiger Willkür die Punkte so, wie die Ästhetik es will und nicht die Natur, und bekam tatsächlich auch jene Eleganz hin, von der ich schon sprach.

Immerhin konnte ich etliche gravierende Mängel beseitigen und einige Sumpf- oder Wasserlöcher in ihrer geographischen Ausrichtung um einige Grade der Himmelsrichtung zurechtrücken. Nun wird zukünftig kein Wanderer mehr versehentlich in ein Wasserloch laufen. Eine heroische Tätigkeit, zumal mir der böige Wind sehr zu Schaffen machte und die auf meinem provisorischen „Messtisch“ befestigten Blätter fortwirbeln wollte. Dank kann ich wohl kaum erwarten, und ich werde mich hüten, meine Verbesserungen an das Landesvermessungsamt zu schicken, die mich als Laien abtun und gewiss nur verächtlich abfertigen würden.

## In den Fuchsbergen

Das Oderbruch ist ein flaches Land, aber desto auffälliger sind die wenigen Erhebungen, die in landesüblicher Übertreibung sogleich Berge genannt werden. Das ist in einem ständig von Hochwasser bedrohtem Land durchaus verständlich, denn ein Deichbruch zerstört Haus und Hof und bedroht das Leben, und jede Erhebung kann die Rettung bedeuten.

Mein Hauptinteresse zieht mich zum Garnischberg, mit sechzehn Meter über Normalnull oder sechs Meter über den umliegenden Wiesen dem höchsten Berg im Bruch, aber dichtauf folgen schon die Fuchsberge, deren höchster Punkt es immerhin auf 14 Meter bringt, was vier Meter über dem flachen Ackerland sind. Die Fuchsberge sind genauso wie der Garnischberg eine der vielen Sanddünen, die nach der Eiszeit während einer längeren Trockenperiode aufgeweht wurden. Eine Dünenlandschaft wie die Wüste Sahara, von der nur noch wenige Zeugen aus dem ringsum wohlbestellten Land hervorragen.

Aber anders als der Garnischberg, der noch seinen ursprünglichen Charakter als reine Sanddüne erhalten hat, sind die Fuchsberge längst von Bäumen und Sträuchern überwachsen und beinahe undurchdringlich. Als ich den kaum noch erkennbaren Zugangsweg hinaufgehen wollte, versperrten mir Brennnesseln den Eintritt, und ich hatte alle Mühe, nicht mit diesem Kraut in nähere Berührung zu kommen. Aber als ich dann doch diese Torwache überwunden hatte, öffnete sich mir eine unglaublich schöne Vegetation aus mannshohen Gräsern, die in voller, violetter Blüte standen. Ein Summen und Brummen lag in der Luft, Schmetterlinge taumelten von Blüte zu Blüte, und nur die Mücken störten das friedliche Bild, das sich mir auftat. Noah hätte zumindest dieses aufdringliche Produkt der Schöpfung nicht mit an Bord seiner Arche nehmen sollen, aber Gottes Befehl wird gelautet haben: Alle!

Allzu lange konnte ich mich in dem Gewirr der Pflanzen und dem Geschwirr der Insekten nicht aufhalten, denn der Eintrittspreis in die unverfälschte Natur ist hoch, anders als in Friedrichs Park von Sanssouci, der wohl weiterhin gratis sein soll, dafür aber auch mit Natur nur wenig zu tun hat. So krümmte und wand ich mich wieder an den Brennnesseln vorbei und bestieg mein gelbes Postfahrrad, um den nur hundert Meter weiter gelegenen zweiten Berg aufzusuchen, denn die Dünen heißen ja Fuchsberge und bestanden einmal aus noch weiteren Erhebungen. Leider sind einige davon durch Sandentnahme abgetragen worden, und es tut sich an ihrer Stelle nur noch ein aufgewühlter Sandboden auf, in dem die Pioniere der Pflanzenbesiedlung, allen voran das Igelgras, ihr Eroberungswerk aufs Neue vollbringen, bis sie dann irgendwann in einigen hundert Jahren von anspruchsvolleren Arten wieder verdrängt werden. Das Gras hat seine Schuldigkeit getan, das Gras kann gehen. Wie vieles haben die Menschen der Natur abgelauscht.

## In den Piesebergen

Die Pieseberge sind ebenso wie die wenigen Sanddünen im eigentlichen Oderbruch Relikte aus der letzten Eiszeit, oder genauer gesagt, aus dem folgenden niederschlagsarmen und von Ostwinden beherrschten Zeitabschnitt. Der höchste Punkt der langgestreckten, sehr hügeligen Düne übersteigt immerhin die 25-Meter-Marke und ist mit Monte Casino bezeichnet, was etwas seltsam klingt und dessen Wortherkunft mir nicht bekannt ist.

Dieses Gelände nun wollte ich wieder einmal durchstreifen, nachdem ich es die Jahre zuvor schon manchesmal durchwandert hatte. Heute lag aber eine besondere Situation vor, denn die Oder führte bis vor kurzem ziemliches Hochwasser, das nun langsam abfloss und das überschwemmte Land wieder freigab. Es gibt kaum einen trostloseren Anblick als Wiesen und buschiges Gelände, das vom abfließenden Hochwasser zurückgelassen wird. Das Wasser führt offensichtlich sehr viele Schwebeteilchen mit sich, die sich als ein verfilzter dünner Belag über alles legen, was zuvor grünte und blühte. Es bilden sich dadurch ganz bizarre Gestalten, an manchen Stellen sieht es geradezu wie eine kleine Zeltstadt aus, wenn sich von Pflanze zu Pflanze die filzigen Planen spannen. Aber die darunter liegende Vegetation rührt sich und versucht nach Kräften die störende Schicht zu durchstoßen, um wieder ans Licht zu kommen. Dadurch entstehen die seltsamsten Muster, die bei aller Trostlosigkeit doch auch wieder schön aussehen.

Zugleich verbarg dieser graubraune Bodenbelag aber auch manche sumpfige Stelle, und ich stand dann mit meinen Sandalen in irgendeinem rutschigen Schlamm und hatte Mühe, meinen aufrechten Stand zu erhalten. Wie eine Erlösung waren dann die beim Hochwasser trocken gebliebenen Erhöhungen, die sich nun wie grüne Oasen aus der grauen Schlammödnis erhoben. Von Insel zu Insel arbeitete ich mich voran, bis ich dann doch irgendwann meine Schuhe ausziehen musste, um durch knietiefe Pfuhle und Pfützen zu waten und das rettende Ufer zu erreichen. Auf diese Art kam ich natürlich nur langsam voran und konnte mein angestrebtes Ziel, ein kleines Eichenwäldchen unmittelbar an der Oder gelegen, nicht erreichen. Aber es entstand langsam ein vertrautes Gefühl in mir, die anfängliche Scheu oder Angst wich zurück, und ich fühlte mich bald wieder souverän und als Herr meiner Taten, so dass ich nun kühner voranschritt und bald wusste, wo ich hintreten konnte und welche Stellen ich lieber meiden musste. Wie schnell man sich an neue Verhältnisse anpassen kann, zumindest in der Natur.

Im Schatten einer kleinen, niedrig wachsenden Eiche breitete ich eine mitgenommene Decke aus und machte eine wohlverdiente Pause. Inmitten einer scheinbar trostlosen, und doch auch wieder lebendigen Landschaft war es schön, auf dem Rücken zu liegen, den Kopf auf den Rucksack gestützt, in den blauen Himmel zu sehen und dem Spiel der Wolken zu folgen. Fluginsekten belästigten mich kaum, und die Spinne, die von meiner Aluminiumwasserflasche anfing ihr Netz zu spinnen, ließ ich in ihrem Tun gewähren.

Um nun aber auch noch dem eigentlichen Thema gerecht zu werden, den Piesebergen, musste ich mich doch wieder aufmachen und zu den Sandbergen gehen, die mitten aus diesen sumpfigen Niederungen der Oderaltarme hervorragen. Hier war nichts verborgen und bedeckt, der bloße feine Sand lag viele Meter hoch aufgetürmt, nur an manchen Stellen von dem zähen Igelgras sparsam überwachsen. Gleichwohl war das Vorankommen hier noch schwieriger als in der sumpfigen Niederung, denn der trockene Sand lag in einem naturgegebenen Böschungswinkel und kam natürlich ziemlich in Bewegung, wenn ich ihn emporsteigen wollte. So blieb ich in den Talsenken und sah von unten, wie alles in einem unübersichtlichen Richtungswechsel einmal vor vielen Tausend Jahren hingeweht war, so dass ich bald die Orientierung verlor und nicht recht wusste, an welchem Ende der Düne ich mich befand. Doch die Sonne leitete mich sicher durch das Labyrinth zum Monte Casino, den ich sogleich bezwang und von oben verfolgen konnte, wo ich entlang geirrt war. Von hier oben aus hatten sich an der nach außen gewandten Hangseite Kiefern in den bizarrsten Formen angesiedelt, Baumformen, die sich wohltuend von den in Reih und Glied angepflanzten Nadelbäumen der umliegenden großen Forsten unterscheiden, deren Dasein nicht Zwecklosigkeit ist, sondern der Erzeugung von Bau- und Brennholz dient. Auch wir Menschen sollten darauf achten, nicht für irgendwelche fremden Zwecke ausgenutzt zu werden.

## Vom richtigen Lesen

Früher, in der Epoche der Empfindsamkeit, liebte man es, im Stehen oder besonders im Gehen zu lesen. Kein gebildeter und fühlender junger Mensch ging ohne ein Buch außer Haus. Jede Säule, jeder Altar lud zum Verweilen ein, um seinen Ellenbogen auf den Stein zu setzen und in ein Buch zu schauen. Zahllose Scherenschnitte zeigen so die damaligen Zeitgenossen, und auch mancher wandelnde Leser findet sich auf den Bildern. Das wollte ich nun hier im Oderbruch auch probieren, und so zog ich los, einen Strohhut auf dem Kopf gegen die Sonnenstrahlung, und in der Hand aus meiner Herder-Bibliothek den Band „Über das Empfinden und Erkennen der menschlichen Seele“, natürlich stilecht in der alten Unger-Fraktur gedruckt, Schriftgröße Borgis oder 9 Punkt, für den modernen Leser gesagt. Das Papier schön rau, so dass durch die Sonne keine störenden Reflexe aufkamen. So ging ich zunächst auf dem Deich entlang, musste aber immer wieder auf die Radfahrer achten, die klingelnd, zurufend oder freundlich grüßend an mir vorbeizogen. Von Herders Gedanken bekam ich so nichts mit. Also runter vom Deich in das weglose Vorgelände; hier gab es keine Radfahrer, doch zog das unebene Gelände alle meine Aufmerksamkeit an sich und ließ keinen Raum für Herders Gedanken.

Nun wählte ich einen wenig betretenen Feldweg; das Lesen beim Gehen ging so einigermaßen, wenngleich mich einige Mücken und Fliegen immer wieder nötigten, sie mit der Hand zu verscheuchen, was sofort vom Wind ausgenutzt wurde, den Text um einige Seiten weiter zu blättern. Bis ich die Stelle wiederfand, wo sich Herder über Leibniz auslässt, verging einige Zeit, und ich hielt es für besser, stehen zu bleiben und meinen Ellenbogen auf eine Säule zu setzen. Nur fehlte mir die Säule. Ein hölzerner Zaunpfahl war so von Brennnesseln umwuchert, dass es mir nicht rätlich schien, näher an ihn heranzutreten. In meiner Not ging ich zu dem kleinen Friedhof des Ortes und fand hier auch wirklich allerlei Stelen und Denksteine, auf die ich lesend meinen linken Arm auflegen konnte, um mit der rechten Hand die Seite umzublättern, wenn es so weit war, oder um meine Taschenlupe hervorzuholen, um eine Fußnote entziffern zu können, die nur in Nonpareille gedruckt war, also in 6 Punkt Schriftgröße. Das erinnerte doch sehr an die untersten Zeilen der Prüftafel eines Augenarztes, die meist nur noch ein Vorschulklässler gut lesen kann.

Die besagte Fußnote war übrigens ein lateinisches Zitat von Horaz, fälschlich Höraz geschrieben, wie ich zunächst meinte, aber es waren nur zwei Einschlüsse in dem rauen Papier, die mir die Ö-Pünktchen vorgaukelten. Immerhin, so ging das Lesen einigermaßen, bis mich ein altes Mütterchen mit einer Gießkanne in der Hand bat, von dem Grab ihres Mannes zu treten, da sie es wässern wollte. Das gab meiner empfindsamen Seele einen gehörigen Stich, ich schlich mich vielmals entschuldigend vom Friedhof, ging auf mein Zimmer und legte mich aufs Bett, um dort in aller Bequemlichkeit endlich meinen Herder zu lesen. Dabei muss mir dann wohl das Buch aus der Hand geglitten sein, denn als ich wieder aufwachte lag es neben dem Bett auf dem Fußboden, aufgeschlagen die Seite mit der Überschrift „Vom Erkennen und Empfinden der menschlichen Seele“, in Tertia oder 16 Punkt, noch oben vom Bett aus gut zu lesen.

## Im Schlossmuseum Gusow

Goethe beschreibt in seinen „Tag- und Jahresheften“ für 1805 einen Besuch bei dem skurrilen „Weltweisen“ Beireis in Helmstedt. Selber ein Sammler, wollte er doch einmal sehen, was es mit diesem kauzigen Arzt und Gelehrten auf sich habe. Der ihn begleitende Philologe Friedrich August Wolf hielt es nicht lange aus und stürzte wieder hinaus, um nicht irre zu werden. Goethe indes harrte aus und berichtete davon.

Ähnlich wie Wolf erging es mir im Schlossmuseum von Gusow, einem kleinen Ort am Rande des Oderbruchs. Ich schien zur Unzeit gekommen zu sein, obwohl es schon elf Uhr war und das Museum um zehn Uhr öffnet. Eine ältere Dame und ein älterer Herr in einem weißen Käppi saßen am Frühstückstisch und schienen mir Gäste des Hotels zu sein, dass ebenfalls in dem Schloss untergebracht war. Nach gehörigem langem Warten und Räuspern stand die Dame aber auf und fragte nach meinem Begehr. Ich möchte, bitte sehr, das Museum ansehen. Sie bat mich daraufhin in einen großen Nebenraum, um zu warten, bis sie das Licht für die Räume eingeschaltet habe, ich könne mich derweil frei im Raum bewegen, dürfe allerdings nicht durch eine weitere offene Tür gehen, die sich dem Raume anschloss. So sah ich mir schon einmal einige Dioramen an, in denen bunt bemalte Zinnfiguren das preußische Hofleben darstellten, auch Schlachten und historische Szenen, wie sie mir zum Teil noch vom Geschichtsunterricht her bekannt waren.

Die Dame aber kam nicht wieder, so ging ich zurück in das Vestibül, worauf der ältere Herr mit dem weißen Käppi mich auf ein Fotografierverbot hinwies. Das aber ging bei dem wenigen Licht sowieso kaum, und so sah ich in dunkle Glasschränke, in denen die Mode vergangener Zeiten dargestellt wurde, immerhin bis fast in die Gegenwart reichend, wo man schon Blue Jeans trug.

Am hellsten und aufgeräumtesten waren die Toiletten, die ich am Ende des dunklen Ganges fand und sogleich benutzte. Nun erschien auch die Dame wieder, die etwas verwundert war, dass ich mich immer noch in dem dunklen Gange aufhielt, ich solle nur vorne am Treppenhaus vorbeigehen und mir alles ansehen. Zuvor hielt ich es für angebracht, mein Eintrittsgeld zu entrichten, was sie mir auch sogleich freudig abnahm.

Nun erst begann ich meine Besichtigungstour durch die angrenzenden sechs oder acht Räume, vollgestellt mit Urväter Hausrat aus allen Epochen, endend bei einem Computer des Fabrikats Robotron aus Sömmerda, den Stand der Technik am Ende der Republik markierend. Ein Raritätenkabinett ersten Ranges bot sich mir dar, das durch die Fülle des Dargebotenen mich fast erschlug, leider aber kaum ein ordnendes Prinzip erkennen ließ. Kunst- und Wertloses stand und lag neben Kunst- und Wertvollem, wodurch sich die ausgestellten Objekte gegenseitig so beeinträchtigten, dass schließlich nicht mehr zu erkennen war, was Sinn und was Unsinn ist. Nach einer Stunde hielt ich es für genug, warf aber zuvor noch einen Blick in das ausgelegte Gästebuch. Ein Besucher vor mir monierte, dass er noch nie eine so verkramte Ausstellung gesehen habe, treffend, aber doch auch verletzend, so dass ich einige mildernde Zeilen darunter schrieb, im Ganzen aber zustimmte. Die Dame der Ausstellung, auf den Eintrag meines Vorbesuchers angesprochen, geriet ganz aus dem Häuschen. Sie konnte es offensichtlich nicht verkraften, dass die so umfangreiche Sammlung des Schlossmuseums kritisiert wurde. Auch meine vermittelnden Worte wurden schief aufgefasst, so dass ich das Schloss wieder verließ und mich lieber an der schönen Natur erfreute.

20. Juli bis 3. August 2014

## Vorwort

Dieses Mal reizte mich besonders die geistige Kultur des Landes, das im Allgemeinen nur wegen seiner landschaftlichen Schönheit besucht wird. Auch ich selbst hatte mich bislang vorwiegend knietief in sumpfige und wild wuchernde Bereiche oder in die öde Dünenwelt des Oderbruchs hineingewagt, allerdings wohl wissend, dass hier auch noch etwas anderes zu finden ist. Das soll in dem diesjährigen Tagebuch gezeigt werden.

## Eine Einschränkung vorweg

Goethe meinte in einem Gespräch mit Eckermann, man solle sein Stilempfinden nur an den trefflichsten Werken der großen Meister schulen und entwickeln. Und in dem Schenkenbuch seines „Westöstlichen Divan“ lesen wir gar:

> „Solang man nüchtern ist,
> gefällt das Schlechte;
> Wie man getrunken hat,
> weiß man das Rechte; ...“

Daran musste ich denken, als ich mir überlegte, welche großen Persönlichkeiten das Oderbruch hervorgebracht hat, von denen ich etwas gelernt habe. Philosophen, Künstler oder Wissenschaftler von Weltrang sind aus diesem stillen Winkel kaum hervorgegangen. Ich dachte an die Persönlichkeiten, die hier gewirkt haben, an die Agronomen Albrecht Thaer und Johann Gottlieb Koppe, an die Dichter Adelbert von Chamisso, Theodor Fontane und Gustav Schüler, an den Mathematiker Leonhard Euler, den Geologen Leopold von Buch, an die Maler Hans Salzmann und Erna Roder und an die zahlreichen anderen, manchmal nahezu unbekannten Menschen, die hier gelebt und gewirkt haben, und fand es sehr ungerecht, mit einem kurzen Verweis über all die Mühen und Arbeiten hinwegzugehen, die von ihnen geleistet wurden, nur weil es nicht zum Allertrefflichsten gehört. Gänzlich anmaßend schien es mir schließlich, vor dem Hintergrund meines eigenen Lebens Noten zu vergeben, denn nach einer alten Wahrheit kann jeder nur soviel an einem anderen Menschen erkennen, wie er auch selbst in sich entwickelt hat.

Sollte ich deshalb mein Vorhaben, über bedeutende Menschen aus dieser Ecke Deutschlands etwas zu schreiben, aufgeben? Oder sollte ich gar in Verkennung des oben zitierten Goetheverses nach vorn in die Gaststube gehen und mir einige Biere bestellen, um freiweg drauflos zu schwadronieren? Nein, ich entschied mich, still für mich unter meinen Nussbaum zu gehen, um etwas nachzudenken und das wenige zusammenzubringen, was ich von den Menschen erfahren habe, die hier im Laufe der Jahrhunderte einiges dazu beigetragen haben, das Leben ihrer Mitmenschen etwas erträglicher zu machen. Zwei der dargestellten Persönlichkeiten habe ich selbst kennengelernt, sie sollen stellvertretend sein für das geistige und kulturelle Leben im Bruch, das auch heute überall zu finden ist. Die Bedeutung zwei weiterer Persönlichkeiten hatte ich bereits in früheren Tagebüchern gewürdigt, sie aber, da nun einmal alle beisammen sein sollen, geringfügig verändert hier wieder mit aufgenommen. Es sind dies Hans Salzmann, der Maler des Oderbruchs, und der große Neuerer der Landwirtschaft, Albrecht Thaer. Der genauere Kenner dieses östlichsten Landesteils Deutschlands wird in meiner kleinen Aufstellung gewiss viele Namen vermissen, aber es soll bei den wenigen bleiben – schließlich verbringe ich ja hier meine Ferien, wozu auch Nichtstun gehört.

## Erna Roder – Pfarrfrau und Malerin

Als erste Persönlichkeit lernte ich die Pfarrfrau des kleinen Oderdorfes Kienitz kennen, als wir eines Neujahrsmorgen von der zugefrorenen Oder an der Kirche vorbei kamen, an der ihr Mann viele Jahre zuvor Pfarrer war. Als er starb führte sie ihre Aufgaben der Pflege und Betreuung des vom Kriege arg beschädigten Gotteshauses weiter, half aus wo es ging, und begann auf naive Art und Weise zu malen und allerlei lustige Steinfiguren aufzustellen. Das hat ihr im Ort und schließlich im ganzen Oderbruch, ja selbst darüber hinaus einen Ruf als Künstlerin verschafft, der manch einen in die Kirche geführt hat, der sonst mit Glaubensfragen nichts zu tun haben möchte. Auch mich als notorischen Gottesleugner hat es nicht gereut, diese einfache und tüchtige Frau kennen gelernt zu haben.

An besagtem Neujahrsmorgen sahen wir uns mit nur halbem Interesse im Vorraum der Kirche um - im Vorraum, weil von dem eigentlichen Kirchenschiff nur noch die Außenmauern standen und von oben der graue Winterhimmel hereinsah. Erna Roder, so heißt die besagte Künstlerin, kam aus einer kleinen Seitentür heraus, die zu ihrer Wohnung führte, die sie zusammen mit ihrem Mann bewohnt hatte. Sie begrüßte uns sehr herzlich, gab bereitwillig Auskunft über die Kirche und zeigte uns manches kleine Bild, das sie auf den Dachschindeln gemalt hatte, die von dem Beschuss und Bombardement der Kirche noch ganz geblieben waren. „Ich male, damit sie in die Kirche gehen können. Ohne Gott ist keine Ordnung" war ihre Meinung.

Diese kleinen Naturgemälde waren erfreulich anzusehen und sehr beliebt. Von dem Erlös aus dem Verkauf unterstützte sie die Wiederherstellung der Kirche, und ich bedaure heute noch, nicht eines davon für uns gekauft zu haben. Aber unsere Mittel waren damals noch so knapp, dass wir darauf verzichten mussten.

Die Jahre darauf führten uns immer wieder am Neujahrsmorgen nach Kienitz, und wir sahen, dass es inzwischen jedes Jahr einen Kalender mit zwölf Ölbildern von Erna Roder gab, den wir uns dann doch kaufen mussten. Die Motive waren ganz der nächsten Umgebung entnommen: natürlich die Kirche, dann der Ort Kienitz, der Fluss, seine Eisschollen im Winter, die Schilfufer, die Störche und die Landschaft des Oderbruchs. Strenge Kriterien nach Maßstab, Perspektive und figürliche Korrektheit durfte man freilich nicht anlegen, was bei der sogenannten naiven Malerei sowieso unsinnig wäre und auch sonst in der heutigen Kunstauffassung kaum noch eine Rolle spielt. Dennoch übten viele Bilder Erna Roders einen ganz eigenen Reiz auf den Betrachter aus, der sich ohne weiteres auf ihre Person und auf die sie umgebende Landschaft zurückführen ließ. Es war nichts Gewolltes, nichts Demonstratives, sondern ganz sie selbst inmitten des Oderbruchs. Das hat ihr auch den Ehrentitel „Brandenburgerin 94" eingebracht, den das Land alljährlich vergibt.

Dann hörten wir, dass sie in ein Altersheim gekommen sei, und einige Jahre später die Nachricht von ihrem Tode. 95 Jahre ist sie alt geworden. Wir kannten sie nicht nahe genug und waren mit ihr in keinen engeren Kontakt gekommen, und so blieb eine eigentliche Trauer aus, aber ein Gefühl der Achtung und der Freude, diese lebensnahe und einfache Künstlerin doch einmal kennen gelernt zu haben, erfüllt mich noch heute, wenn ich in Kienitz an ihrem „Steingarten" vorbeikomme und mich die zahllosen bunt bemalten Figuren aus Feldsteinen anlachen, kindlich, lustig, heiter, und doch auch gekonnt, so dass die Bewohner und Besucher des Ortes noch heute ihre Freude daran haben.

Bei einem meiner Streifzüge durch das Odervorland, also jenes Land vor den Deichen, das bei höherem Wasserstand überschwemmt wird und somit landwirtschaftlich nur begrenzt nutzbar ist, suchte ich nach einer „Uhrbuhne", deren seltsamer Name mich aufhorchen ließ. Offenbar stand einmal ein kleiner Turm auf einer der Buhnen, die in die Oder hineinragten, mit einem weithin sichtbaren runden Ziffernblatt, das den Schiffern den Wasserstand des Flusses anzeigen sollte. Daher wohl der Name, aber wo mochte diese Signaleinrichtung gestanden haben?

Die steinernen Buhnen waren alle dicht mit Schilf und Buschwerk bewachsen, so dass ich es bald aufgab, mich durch diese kleinen Wildnisse bis zur Spitze vorzuarbeiten, um schließlich doch keine Reste jener Anzeige zu finden. So fragte ich den Tierarzt in Wilhelminenhof, der sich in derlei Dingen gewöhnlich gut auskennt, nach dem Standort der Uhrbuhne. Natürlich kannte er sie, und er beschrieb mir, wo ich die Reste dieser Anlage finden könne: auf dem Eulerdamm. Das ließ mich nun aber aufhorchen, denn der Name konnte nur mit dem großen Mathematiker Leonhard Euler zusammenhängen, und so spürte ich nicht nur der Uhrbuhne nach, sondern auch einem Wasserregulierungswerk noch aus der Zeit des jungen Preußenkönigs Friedrich II., der damals noch nicht etwas salopp und zugleich respektvoll der „Alte Fritz" genannt wurde.

Auch in meinem hiesigen Quartier in Kienitz wusste noch jemand etwas von einem Eulerdamm, freilich ohne Bezug auf den Namensgeber, und so fuhr ich mit guter Führung dort hin. Der Eulerdamm wies sich als ein alter, weit vorgeschobener Deich aus, den ich auf den topographischen Karten zwar schon mehrmals bemerkt hatte, aber als Deichanlage nicht recht einordnen konnte, da er an beiden Seiten offen war und somit keinerlei Schutz vor einem Hochwasser bot. Erst über hundert Meter dahinter führt heute der Hochwasserdeich entlang und hält den Fluss in seinem Bett.

Das nun war also der Eulerdamm, aber wo stand die Uhrbuhne? Auch mein Führer fand zunächst keinerlei Reste davon, an denen er doch als kleiner Junge noch gespielt hatte. Auch hieß es doch Uhr-„Buhne", wir aber standen auf keiner Buhne, sondern auf einem Deich. So suchten wir in dem von Bäumen und Buschwerk eng bewachsenen Eulerdamm herum und wurden schließlich doch noch fündig. Ein runder, aus roten Ziegelsteinen gemauerter Sockel mit einer runden, dicken Abschlussplatte aus Granit ragte nur wenig über die Oberkante des alten Deiches hervor. In seiner Mitte führt wie bei einem Brunnen ein runder Schacht hinunter, der einmal bis zum Grundwasser gereicht haben musste, das mit dem Wasserstand der Oder in Verbindung steht. Über einen Schwimmer wird dann der Pegelstand durch eine nicht mehr vorhandene Mechanik auf eine Uhr übertragen worden sein, die von den Schiffen auf der Oder abgelesen werden konnte. Heute ist der Grund des Schachtes freilich mit allerlei Plastikflaschen und Müll gefüllt, was darauf hinweist, dass die Uhrbuhne ganz so unbekannt nicht sein kann. Ich ließ es mir nicht nehmen, über eine rostige Eisenleiter durch die enge Öffnung in den Schacht zu steigen, um wie Thales von unten aus dem Halbdunkel in den Himmel hinaufzusehen - wo sich leider keine Sterne zeigten; dazu war die Röhre wohl nicht tief genug und der Himmel nicht so dunkelblau wie in Milet, wo man über den Philosophen gelästert hatte, weil er angeblich in den Brunnen gefallen sei. Aber immerhin, wir hatten die Pegelanzeige gefunden und konnten feststellen, dass sie nicht auf einer Buhne, sondern direkt auf dem Eulerdamm stand.

Was aber hatte es nun mit dem Eulerdamm auf sich? Das Oderbruch war von jeher ein von Hochwasser und Überschwemmungen bedrohtes Bruchgelände, in dem sich nur wenige Menschen auf Dauer ansiedeln konnten. Die Lebensweise der dortigen Bewohner war also recht kümmerlich. So entstand der Gedanke, ob dieses Stück Land nicht urbar zu machen wäre, indem man es durch einen Damm gegen das alljährlich ein- oder zweimal auftretende Hochwasser schützen und als Ackerland nutzbar machen könnte. Bereits viele Jahrzehnte zuvor hatte man mit verschiedenen kleinen Dämmen hier und da Abhilfe zu schaffen versucht, aber diese wurden bei zu hohem Wasserstand immer wieder überspült und durchbrochen, so dass nur eine gut geplante und genau berechnete Anlage einigen Erfolg versprechen konnte. Das hieß zugleich aber auch, den gewundenen Lauf der alten Oder durch einen neuen Kanal zu begradigen und abzukürzen - ein kühnes und großes Unternehmen für die damalige Zeit.

Der junge König Friedrich II. nahm sich der Sache selbst an und beauftragte seine Bauingenieure, entsprechende Entwürfe auszuarbeiten. Der Deichinspektor von Haerlem fertigte einen solchen Plan an, da aber Friedrich seinen eigenen Landsleuten immer nur wenig zutraute, so wandte er sich an den damals größten Mathematiker der Zeit, den Schweizer Leonhard Euler, die eingereichten Projekte zu überprüfen und nachzurechnen. Das war umso leichter, als es dem König gelungen war, den Mathematiker von Petersburg, wo er bislang wirkte, nach Berlin abzuwerben und ihn zu einem Mitglied der Akademie der Wissenschaften zu ernennen.

Euler besichtigte das geplante Projekt vor Ort, rechnete alles nach und fand es in der richtigen Ordnung, so dass dieses preußische Jahrhundertbauwerk begonnen werden konnte.

Es zog sich dann aber doch in die Länge, da Friedrich es nicht unterlassen konnte, das damals noch zu Österreich gehörende Schlesien für sich zu erobern und damit den Siebenjährigen Krieg vom Zaune zu brechen, der sehr im Gegensatz zu der geplanten friedlichen Landgewinnung stand. Hätte er auch in diesen Dingen Euler befragt, der seine mathematischen Studien auch auf die Sozialwissenschaften ausgedehnt hatte, so hätte dieser gewiss eine Wahrscheinlichkeitsrechnung aufgestellt, aus der hervorgegangen wäre, dass Kriege Gewinne nur für wenige, Verluste aber für sehr viel Menschen bedeuten würden. Aber der König suchte lieber Hilfe bei seinen Generälen, die in derlei Dingen noch nie gute Berater waren.

Ebenso wie bei Voltaire trennte sich auch Leonhard Euler im Streit mit Friedrich II. und ging wieder nach St. Petersburg zurück, wo er von Katharina der Großen mit großen Ehren aufgenommen wurde. Dort liegt er auch, zuletzt erblindet, begraben.

Dem großen Mathematiker zu Ehren schritt ich den Rest des einstigen Dammes in seiner ganzen Länge ab, unbeschadet der zahlreichen Angriffe aus dem Heer der Fluginsekten, die mir um die Ohren summten und mich zu stechen versuchten. Das mag als unnötiger Heroismus angesehen werden, aber ein Erlebnis dieser Art gräbt sich tiefer und fester in die Erinnerung ein, wenn es mit verschiedenen Begleitumständen verbunden ist. So wird mir Euler nicht nur als nüchterner Mathematiker, sondern auch als Teilnehmer an der Landgewinnung des Oderbruchs stets in Erinnerung bleiben.

Nun wird man einwenden können, dass Euler kein Bewohner des Oderbruchs war, und dass dessen Bewohner ihn nicht zu ihren Geistesgrößen rechnen können, aber es genügt doch auch schon, wenn sein Name mit einem Bauwerk in Verbindung gebracht werden kann, das heute noch ein fruchtbares Land schützt und seinen Bewohnern ein erträgliches Auskommen sichert.

## Theodor Fontane – der Dichter der Mark

Natürlich hat auch der größte Dichter der Mark Brandenburg, Theodor Fontane, das Oderbruch bereist - nicht nur bereist, sondern in dem Band „Oderland" seiner „Wanderungen" auch ausführlich beschrieben - und nicht nur durchwandert und beschrieben, sondern er hat hier auch einige Jahre in der Apotheke seines Vaters gearbeitet, in Letschin, gerade einmal eine gute Stunde zu Fuß von meinem Ferienort Kienitz entfernt. Die Apotheke steht heute leider nicht mehr, aber eine andere führt weiterhin seinen Namen und zeigt sogar vor dem Haus den Kopf des Dichters auf einer Stele.

Aber Apotheker war nicht der eigentliche Wunschberuf des jungen Fontane. Die väterliche Apotheke in Neuruppin musste verkauft werden, weil der etwas leichtlebige Vater gar zu gerne spielte und dem Wein zusprach und darüber das Wohl seiner Familie vergaß. Apotheken an anderen Orten wurden übernommen und wieder aufgegeben. Auch die Übernahme einer Apotheke im Oderbruch hielt den Niedergang der Familie nicht auf. So scheiterte ein Studium der Literatur, das der junge Fontane gar zu gern betrieben hätte, an finanziellen Mitteln, und er musste sich, ähnlich wie Maxim Gorki, seine Universitäten auf der Straße suchen und zusehen, wie er sich als freier Schriftsteller über Wasser halten konnte. Das gelang ihm schließlich auch, aber der Weg und der Durchbruch zum Dichter war beschwerlich und lang und gelang ihm erst in verhältnismäßig späten Jahren. Wir heutigen Leser allerdings können über diesen schwierigen Lebensweg froh sein, denn er kam dem Werk des Dichters sehr zu Gute und damit auch unserer eigenen Bildung.

Obgleich Fontane viele Jahre in Letschin verbracht hat, wird dieser Ort von ihm in den „Wanderungen" kaum erwähnt. Das wird auch die seelische Lage widerspiegeln, in der er sich damals befand und an die er nicht gerne zurückdenken mochte. Seinen unterschwelligen Groll gegen den leichtsinnigen Vater, der seine Erziehungsaufgaben so nachlässig betrieben hatte, konnte er aber später souverän auflösen. Liest man in seinen Erinnerungen über den letzten Besuch bei seinem Vater, der sich, räumlich getrennt von seiner Frau, in Schiffmühle bei Freienwalde in ein kleines Häuschen zurückgezogen hatte, dann spürt man ein freundliches Verstehen, zumal der Dichter inzwischen bei sich selbst einige Eigenschaften seines Vaters wiedergefunden hatte.

Mit der Kriminalerzählung „Unterm Birnbaum" hat Fontane ein etwas düsteres Stimmungsbild des Oderbruchs geschaffen, in dem jedoch gezeigt wird, wie die angeblich stumpfe Landbevölkerung doch ein feines Gespür für sittliche Ungereimtheiten hat. Der Gastwirt Hradscheck will mit seiner Frau nicht so recht in das soziale Gefüge des Dorfes Tschechin passen. Als er zur Entledigung seiner Schulden den Versicherungsvertreter Szulski umbringt und mit Hilfe seiner Frau den Anschein erweckt, er sei in der Oder ertrunken, wird sozusagen das Unbewusste des Dorfes wach und deckt in den Personen einer ahndungsvollen Nachbarin und eines misstrauischen Dorfpolizisten das Verbrechen auf.

Man hat als Ort der Handlung Letschin herausgefunden, obgleich in der Erzählung von einem erfundenen Tschechin die Rede ist. Auch wollen manche Ereignisse nicht so recht zu dem Ort passen: der Oderdeich, über den der Versicherungsagent angereist kommt und der ihm auf seiner angedichteten Rückreise zum Verhängnis werden sollte, liegt weitab von Letschin. Aber ich will nicht in die Anekdotenwelt des Oderbruchs eingreifen und glaube weiterhin gerne, wenn ich in Letschin am Gasthof „Zum Alten Fritz“ vorbeikomme, dass hier die Missetat begangen wurde. So kann ich beruhigt weiterhin in Kienitz im Gasthof „Zum Hafen“ meine Ferien verbringen, zumal ich da ja unter keinem Birnbaum, sondern unter einem Nussbaum sitze und in der Hitze meine Gedanken ausschwitze.

Wie harmlos aber und nahezu menschlich ist diese Mordgeschichte aus dem Bruch, wenn man bedenkt, wie sich sechzig Jahre nach der Niederschrift der Erzählung an gleicher Stelle Zehntausende von Menschen totschlagen mussten wegen des Wahnsinns einiger Weniger.

## Adelbert von Chamisso – Dichter des Peter Schlemihl

Unter diesem Namen ist bis heute noch die phantastische Erzählung Chamissos bekannt. Ein armer, erfolgloser Wanderer sehnt sich nach Ruhm, Ehre und Geld. Wie es so geht, trifft er auch bald auf eine graue Gestalt, die ihm alles verspricht, was er sich wünscht, nur soll er ihm dafür seinen Schatten abtreten. Nichts leichter als das, denkt sich der arme Mann und geht auf den Handel ein. Er lebt hinfort auf großem Fuße, merkt aber bald, dass die Menschen um ihn herum misstrauisch werden und sich wegen seines fehlenden Schattens sehr wundern. Schon bald wagt er sich nur noch spät abends aus dem Haus und kann nicht mehr all seinen Reichtum genießen. Selbst seine Siebenmeilenstiefel, mit denen er schnell die Orte seines Aufenthaltes verlassen kann, helfen ihm nicht weiter. Sehnlich wünscht er den Mann herbei, dem er seinen Schatten abgetreten hat, um den Handel wieder rückgängig zu machen.

Bei dieser romantischen Erzählung hatte Chamisso zunächst gar nicht an eine Veröffentlichung gedacht. Alles war ihm nur eingefallen, um in seiner Funktion als eine Art Hofmeister einen jungen adligen Burschen zu belehren und zu unterhalten.

Als ich bei ziemlicher Mittagshitze durch die Parkanlage des Schlosses Kunersdorf ging und meinen Schatten getreulich mal vor mir, mal neben mir oder hinter mir wusste, empfand ich lebhaft, wie befremdlich und ängstigend es sein musste, ohne dieses dunkle Gegenbild zu sein, mit dem wir untrennbar verbunden sind.

Eine seltsame Geschichte. Was muss in Chamisso vorgegangen sein, dass er sich eine derartige Situation ausgemalt hatte? Man könnte geneigt sein, an den „Schatten“ in der psychologischen Theorie C.G. Jungs zu denken, aber dieser „Schatten“ umfasste eher das Verdrängte, das Verborgene und das Andere in uns. Chamisso aber war sich vieler seiner Seelenregungen durchaus bewusst. So war es offenbar seine mangelhafte Integration, seine fehlende Verwurzelung, da er als französischer Emigrant sowohl von Napoleon als auch am preußischen Hofe nicht die Selbstverständlichkeit erleben konnte, mit der er aufoder angenommen wurde und die ihn auf die Idee eines schattenlosen Wesens brachte. Ein Heimatloser - vielleicht auch daher seine Neigung zur Botanik, dieser „liebenswürdigen Wissenschaft“, deren Vertreter allesamt Kosmopoliten waren.

Ein Mann, der überall und doch nirgends zu Hause war. Auf der engen „Rurik“, einer Brigg mit zwei Masten und gerade einmal dreißig Metern Länge, mit dreißig Matrosen unter der Führung des etwas sonderlichen Otto von Kotzebus, inmitten harter und grober Matrosen, auf Hawaii unter den Polynesiern, deren Sprache er studierte, um sie richtig zu verstehen, überall, wo er war, war er fremd und musste sich behaupten. Dadurch verdanken wir ihm aber auch wunderbare Dichtungen, von denen ich besonders die Schilderung seiner dreijährigen Weltumsegelung nicht nur spannend und interessant, sondern auch von großer dichterischer Einfühlung in die Menschen und die sie umgebende Natur finde.

Hier in Kunersdorf hat man eine Erinnerungsstätte für Chamisso geschaffen, eine Fördergesellschaft gegründet, in der man sich bemüht, sein weitgehend unerschlossenes Werk und seine Biographie aufzuarbeiten.

Die zwei Damen vom Findlingverlag, der sich mit Veröffentlichungen besonders zum Thema Oderbruch einen Namen gemacht hat, waren gerade nicht anwesend, aber eine andere Dame, die ich mit einer Glocke aus dem Haus herausklingelte, war so freundlich, mir außerhalb der eigentlichen Öffnungszeit alles zu zeigen und zu erzählen, was mit Chamisso und dem Musenkreis um die Gräfin von Itzenplitz, Tochter der Frau von Friedland, zusammenhing. Mein Angebot, ihr für ihre aufgeopferte Zeit, immerhin über eine Stunde, Holz zu hacken oder die Wäsche zum Trocknen aufzuhängen, lehnte sie lachend ab.

Beim Gang durch den alten Schlosspark, noch von Lenné herrührend, fand ich unter einer sehr alten Linde einen Gedenkstein für Chamisso, der hier seine weltberühmte phantastische Erzählung von Peter Schlemihl geschrieben hatte. Und auch sein Gedicht von der alten Waschfrau, das ich einmal, noch als Kind, meiner Mutter zum Muttertag abgeschrieben hatte, worüber sie sich sehr gefreut hatte. Lang ist's her.

## Gustav Schüler – Heimatdichter des Oderbruchs

Wenn Fontane und Chamisso keine eigentlichen Oderbrücher waren, sondern nur ihre Werke oder wissenschaftlichen Abhandlungen aus dem Oderbruch schöpften, so ist ein dritter Dichter ein echter Ortsansässiger. Es ist Gustav Schüler, 1868 in Neureetz geboren und 1938 in Bad Freienwalde gestorben. Von Beruf zunächst Lehrer, widmete er sich zunehmend der Dichtkunst, zu der er eine innere Berufung spürte.

Über ihn zu schreiben und ihn als humanistischen Kulturträger zu schildern, fällt nicht ganz so leicht, denn sein Gedankengut läuft streckenweise konform mit dem Geist der damaligen nationalistisch gesinnten Zeit. Seine Gedichte sind mit der Natur, seiner Heimat und mit Gott verbunden, was manchmal ein schiefes Ansehen bekommen konnte, wenn zugleich damit das Natur- und Heimatgefühl und der Glaube anderer Völker herabgesetzt wurde. Dergleichen aber findet sich kaum bei Schüler, und so hat er sich ein Anrecht erworben, in diese Aufstellung von Künstlern und Geistesschaffenden aus dem Oderbruch aufgenommen zu werden. Sehr viel leichter wurde mir die Aufgabe auch dadurch, dass ich durch Zufall in einem alten Goethekalender, noch aus den Jahren vor dem Ersten Weltkrieg, eine Umfrage unter Zeitgenossen zum Thema Goethe fand, in der, neben Tolstoi, Georg Simmel, Ellen Key oder Marie von Ebner-Eschenbach auch Gustav Schüler zu Worte kamen. Und da schreibt er in äußerster Ehrlichkeit und Naivität, wie er als Bauernjunge sich über ein Gedicht begeistert hatte, von dem er gar nicht wusste, dass es von Goethe war. So wundert es nicht, wenn er auch später noch, schon als anerkannter Dichter des Oderbruchs, auf seinem Schreibtisch eine henkellose Tasse voller Heimaterde zwischen zwei Bildnissen zu stehen hatte: Luther und – Goethe.

Das scheint mir ausgesprochen symbolisch für sein Werk zu sein, und so wollte er es auch in einem kleinen Gedicht verstanden wissen: Gottesgläubigkeit, tiefes Natur- und Heimatgefühl und geistiges Streben aus der Enge heraus, das sind die vorrangigen Inhalte seiner Gedichte und Erzählungen. Aber er lebte in einer Zeit, wo man dergleichen ausnutzte, um sich großtuerisch über seine Nachbarn zu erheben, und da war es leicht, aus einer Liebe zur Natur ringsum, aus einer Achtung und Verherrlichung des Landlebens politisches Kapital zu schlagen und Schülers Dichtungen nahtlos in den herrschenden Ungeist der Zeit einzufügen.

Vielleicht ist es für einen Menschen, der in der Stadt aufgewachsen ist, schwer, sich in die Daseinsweise des Landlebens und des Bauernstandes hineinzufinden. Ich erinnere da nur an Rousseau, der den Anstoß zu einem künstlichen Naturenthusiasmus gab, der hinfort die Städter in die freie Natur trieb und sie „Ah! und „Oh!“ stammeln ließ. Dergleichen findet sich bei Schüler nicht, stets fühlt er sich identisch mit dem Fluss, den Weiden, dem Vieh und den Menschen, die in dieser Weite leben. Dadurch mag eine gewisse Enge der Erkenntnis entstehen, die an den Abhängen des Oderbruchs ihre Grenzen hat und von dort aus gleich aufsteigt in den Himmel zum Schöpfer aller Dinge. Aber ich schweige da lieber, bevor ein gleicher Vorwurf auf mich zurückfällt. Man kann auch im Kleinen die Welt ausschöpfen, wie es Gustav Schüler in einem kurzen Gedicht wunderbar beschrieben hat:

**Lebenskreise**

Dein Kreis ist so klein?
O nein!
Er wird so groß, wie du es willst,
so reich, wie du ihn mit Reichtum füllst,
und wird so strahlen, wie du strahlst,
so freudelicht, wie du ihn malst –
Dein Kreis ist nicht klein,
o nein!

## Karl Wilhelm Ferdinand Solger – ein Philologe aus der Mark

In meinem Bücherregal stehen zwei umfangreiche Bände von Solgers Schriften und Briefen. Ich muss gestehen, dass ich nur sehr wenig darin gelesen habe, aber als ich bei der Suche nach berühmten Namen aus dem Oderbruch in Deichhauptmann Mengels zweibändigem Standardwerk über das Oderbruch auf seinen Namen stieß, holte ich sogleich einiges nach und fand auch sonst noch Angaben zu diesem Philosophen und Philologen aus dem Oderbruch.

Solger wurde 1780 in Schwedt geboren. Er studierte Jura und Philologie und hörte in Jena Vorlesungen von Schelling über dessen philosophisches System. Nach einer kurzen Verwaltungstätigkeit verließ er den Staatsdienst. Eine anschließende Dozententätigkeit an der Universität in Frankfurt an der Oder brachte ihm soviel Zulauf und Anerkennung ein, dass man ihm sogar das Amt eines Oberbürgermeisters der Stadt antrug. Aus Liebe zur Wissenschaft schlug er das lukrative Angebot aus. Er wurde an die neugegründete Berliner Universität berufen, wo er eine zeitlang das Rektorat innehatte und an der Berufung Fichtes, Hegels und Schleiermachers mitwirkte. Doch seine unermüdliche Arbeit untergrub seine schwache Gesundheit, und keine 39 Jahre alt starb er 1819 in Berlin. Wie bei vielen anderen tüchtigen Wissenschaftlern blieb sein Werk weitgehend unbeachtet und wurde bald vergessen. Soviel in aller Kürze aus fremder Feder.

Meine erste Bekanntschaft mit Solger liegt viele Jahre zurück. Damals saß ich an meiner Diplomarbeit über Goethes „Wahlverwandtschaften", wobei ich auf eine Rezension Solgers stieß, die dieser gleich nach Erscheinen des Romans veröffentlicht hatte. Goethe wurde erst nach Solgers frühem Tod auf die Besprechung aufmerksam und bedauerte sehr, dem Philologen damals nicht geantwortet zu haben. In einem Gespräch mit Eckermann rühmt er Solgers Gedanken über den Roman und verdenkt es ihm nicht, dass er Eduard ob seiner Haltung tadelt, denn er könne ihn schließlich selber nicht leiden. Dagegen rechnete Solger den Architekten zu den höchsten Figuren des Romans, weil er vermöge seines Charakters gar nicht erst in die ganzen Verstrickungen der übrigen Gesellschaft hineingeraten könne. Goethe äußerte dazu, er selber habe nicht daran gedacht, als er ihn, den Architekten, machte, aber Solger habe recht.

Beim erneuten Blättern und Lesen in seinen Schriften und Briefen fiel mir der schöne und leicht verständliche Stil seiner Sprache auf, nicht nur in seinen persönlichen Briefen, sondern auch in seinen Schriften, so dass ich seine Bücher nicht gleich wieder ins Regal zurückstellen mochte. Vielleicht lese ich noch etwas darin.

Der Philologe blieb und bleibt weiterhin ziemlich unbekannt, aber es erfüllte sich sein tröstender Gedanke im Hinblick auf den Philosophen Spinoza, wenn er einem Freunde schrieb: „Ich will meinen Weg gehen, wie dieser Gerechte; richte ich etwas für die andern aus, so ist es gut, wo nicht, so mag man mich übrigens still begraben, bin ich doch in mir selbst glücklich gewesen."

## Albrecht Daniel Thaer - Reformer der Landwirtschaft

Bei ziemlichem Sturm sitze ich unter einem Apfelbaum und schütze mein Notebook so gut ich kann vor herunterfallenden Äpfeln. Das passt ganz gut zu meinem Thema, über das ich schreiben will, über Obstanbau, Landwirtschaft und Viehzucht. Heute, an meinem letzten Ferientag war ich in Möglin. Dem Städter sagt dieser Name gar nichts, dem landwirtschaftlich Interessierten alles. Möglin ist das Weimar der Agrarwissenschaft. Hier lebte und wirkte Albrecht Thaer und schuf die Grundlagen der modernen Landwirtschaft.

Als Städter bin ich natürlich auch ein Banause auf diesem Gebiet und kann nur mit wenigen Worten wiedergeben, welche Bedeutung dieser Mann und sein Mustergut am Rande des Oderbruchs hatten. Die kleine Ausstellung war gar nicht besucht, so hatte ich das Glück, von einer Mitarbeiterin über eine Stunde lang allein durch die Anlagen der ehemaligen landwirtschaftlichen Hochschule geführt zu werden. Die Frau war bereits Rentnerin und arbeitete hier unentgeltlich, aber mit einem ungebrochenen Elan für die Sache. Wie überall mangelte es auch hier an Geld, um das wenige noch Vorhandene weiterhin zu erhalten und vor den Aufkäufen betuchter, besser gesagt wohl ausgebuffter Spekulanten zu bewahren. Was aber, wie auch anderswo, nicht gelungen ist. Die Methode scheint überall die gleiche zu sein: Es gibt heruntergekommene kulturelle Objekte, man bietet sich an, den Tourismus in der Gegend zu fördern und aus dem Vorhandenen eine Attraktion zu machen, bekommt staatliche Fördermittel zum Ausbau und Erhalt, macht Konkurs und schafft es durch windige Tricks, die verfahrene Kiste in seinen persönlichen Besitz zu bringen. Was vormals der Kommune gehörte ist dann in Privathand, Herrenhaus und Parkanlage sind dann nicht mehr öffentlich zugänglich und die Kultur und der Tourismus haben das Nachsehen. So auch in Möglin, weshalb ich auch nicht die Räume der ehemaligen großen Akademie und das Professorenhaus betreten konnte. Gerademal das Grab konnte ich aufsuchen, weil es auf dem Gelände der Kirche liegt. Der Förderverein musste ein Gebäude außerhalb der eigentlichen Anlage kaufen und herrichten, was aber auch gut gelungen ist.

Albrecht Thaer stammt aus Celle, ein außerordentlich tüchtiger Arzt, königlicher Leibarzt der englischen Krone, der neben seiner eigentlichen Praxis ein umfangreiches botanisches und landwirtschaftliches Versuchsgut betrieb, um die damals fortschrittlichsten Landbaumethoden aus England nach Deutschland zu importieren. Sein Ruhm drang bis an den preußischen Hof, und König Friedrich Wilhelm III. gelang es mit Scharnhorsts Hilfe, ihn nach Preußen zu ziehen. In Möglin, am westlichen Rande des Oderbruchs, kaufte er sich ein Anwesen, das er nach den neuesten Methoden bebaute, die er an der von ihm begründeten Akademie den Studenten aus der Berliner Universität weitervermittelte. Im Verlaufe des langen Bestehens gingen über 700 Agrarwissenschaftler aus dieser Einrichtung hervor. Fontane schreibt in seinen „Wanderungen" ausführlich über ihn, und auch für Goethe war der rührige Arzt und Agronom kein Unbekannter, so dass er ihm zu seinem 50-jährigen Doktorjubiläum ein launiges Gedicht widmete:

„Wer müht sich wohl im Garten dort,
und mustert jedes Beet?
Er pflanzt und gießt und spricht kein Wort,
so schön auch alles steht.
Das Er gepfropft und okuliert,
mit sich'rer kluger Hand,
das Bäumchen zart ist anspaliert,
nach Ordnung und Verstand. ..."

In seinem „Medizinischen Testament" von 1794 äußerte sich Thaer, Zeitgenosse Hufelands, als Arzt außerordentlich modern, wenn er schreibt, dass vor allem die kleinen unterdrückten Leidenschaften: Liebe, Hass, Neid, Stolz, Furcht, Sorge oder ängstliche Erwartung der Zukunft die Krankheiten entstehen lassen und unterhalten können.

Auch in sozialen Bereichen war Thaer seiner Zeit weit voraus. Er duldete nicht, dass die einfachen Landarbeiter getrennt vom Tisch der Herren ihr Mittagessen einnehmen sollten und lud sie zusammen mit den Studenten und

Doktoren an den Tisch. Vieles wäre noch zu sagen über ihn, der in seinem Leben das verkörperte, was Alfred Adler in seiner Lehre der Individualpsychologie über den Sinn des Lebens gesagt hat.

Auf der Rückfahrt in mein Ferienquartier durch die Felder und Dörfer des Oderbruchs sah ich mit ganz anderen Augen und Gefühlen auf das, was die Menschen hier geschaffen haben und täglich immer noch schaffen. Die Begegnung mit großen Persönlichkeiten relativiert die eigene Bedeutung, die wir uns manchmal einbilden, obgleich wir doch auch nicht untüchtig sind.

## Frau von Friedland – eine tätige Muse

Heute war ich in Kunersdorf, dem Weimar des Oderbruchs. Ich hatte diesen Ort lange ausgespart, da ich meine Ferien im Oderbruch ursprünglich weniger der Orts- und Heimatgeschichte widmen, als vielmehr für meine Erholung und zum Niederschreiben meiner eigenen Gedanken nutzen wollte. Aber es blieb nicht aus, dass sich nach und nach auch meine nächste Umgebung meldete. Zunächst die stille Landschaft, dann der Garnischberg mit seiner einmaligen Trockenrasenvegetation, schließlich sogar die kriegerischen Ereignisse zum Ende des Zweiten Weltkriegs. So wurden die Kreise, die ich um den Gasthof „Zum Hafen“ in Kienitz zog, immer größer und streiften bald die umliegenden Höhen des Oderbruchs und griffen bis nach Frankfurt und Polen über. Schließlich konnte ich nicht mehr übersehen, dass auch hier im flachen Land das etwas zu sagen hatte, was man im engeren Sinne „Kultur“ nennt, obgleich Kultur gewiss alles umfasst, was den Menschen aus seiner natürlichen Herkunft herausgeführt hat.

So kam ich also nach dem „Musensitz“ Kunersdorf, wovon Theodor Fontane in seinen „Wanderungen“ so schön berichtet. Der Krieg hat auch hier seine Spuren hinterlassen und manches zerstört oder ruiniert, so dass heute als eine Hauptattraktion nur noch die Gräberkolonnaden gelten, in denen die Ruhestätten der einstigen „Herren“ des Schlosses zu finden sind. Herren deshalb in Anführungszeichen gesetzt, weil unter ihnen auch zwei Frauen zu finden sind, die die geistige und ökonomische Kultur des Oderbruchs sehr gehoben haben.

Es sind die „Frau von Friedland“, Helene Charlotte von Lestwitz, und deren Tochter Henriette Charlotte, die an der Spitze ihrer Zeit standen und mit Umsicht und Energie die Landwirtschaft der zu ihrem Besitz gehörenden Güter auf ein hohes Niveau hoben. Helene von Lestwitz hatte von dem großen landwirtschaftlichen Reformer und Neuerer Albrecht Daniel Thaer die neuesten Erkenntnisse für den Ackerbau und die Viehzucht übernommen und setzte sie konsequent auf ihren Gütern um. Um die Kosten für die Modernisierung der Landwirtschaft aufzubringen, verkaufte sie kurzerhand ihren Schmuck. Das hat ihr die Achtung der übrigen Herrschaften eingebracht, die sich nicht genugsam wundern konnten, wie eine Frau so erfolgreich in dieser eigentlichen Männerdomäne wirtschaften konnte. Allein schon, dass sie im Herrensattel durch ihre Ländereien galoppierte und die Arbeiten beaufsichtigte, imponierte mächtig.

Ihr zu Ehren wurde sogar eine Pflanzenart „Friedlandia" benannt, und vollends unüblich war zu jener Zeit der Nachruf auf diese tüchtige Frau, in dem es hieß, „dass diese Frau in der kurzen Zeit ihrer weltbürgerlichen Wirksamkeit so viel geleistet habe, dass man sich des Wunsches nicht enthalten könne: Jeder deutsche Mann möchte in seinem Wirkungskreis sein Leben hindurch verhältnismäßig soviel leisten, wie diese Frau in dem ihrigen während weniger Jahre."

Zugleich waren die Frau von Friedland und ihre Tochter jedoch auch den schönen Künsten zugetan und wusste in ihrem Schloss einen musischen Zirkel einzurichten, der selbst von Berlin einige Bewunderer anlockte, die ihren Salon nicht genug zu rühmen wussten. Unter ihren Gästen finden wir die Gebrüder von Humboldt, Achim von Arnim, Savigny, den Freiherrn vom und zum Stein, Leopold von Buch, Adalbert von Chamisso, den alten Schadow, Ludwig Tieck, Christian Daniel Rauch und andere. Gar zu gerne hätte man auch einmal Goethe zu Gast bei sich gehabt, aber dessen skeptische Zurückhaltung gegenüber den „Berlinern" hielt ihn davon ab. Einzig sein Berliner Freund Zelter überwand diese Schranke, und durch ihn kam auch Albrecht Thaer in den Genuss eines launigen und anerkennenden Lobgedichtes für seine Arbeiten, ja, Goethe nötigte sogar seinen Schüler Eckermann ein Gedicht zu Ehren des Reformers zu schreiben.

Die Gräber der beiden Frauen befinden sich neben anderen Personen aus dem Kunersdorfer und Friedländer Adelsgeschlecht in einer eindrucksvollen Gräberkolonnade auf dem kleinen Friedhof des Dorfes, die die Verwüstungen des Krieges überstanden hat. Bedeutende Bildhauer wie Tieck oder Schadow schufen die eindrucksvollen Marmorreliefs, die ganz im Geiste des Klassizismus gehalten sind.

Wenn auch heute die Stätte etwas „öd und leer“ ist, so spürt man doch immer noch den Geist der „Frau von Friedland“, der in dem angrenzenden Chamisso-Museum von den dort leitenden Frauen weitergetragen wird.

## Johann Gottlieb Koppe – Landwirt des Oderbruchs

Bei meinen Spaziergängen und Wanderungen durch und um das Dorf Kienitz herum kam ich in Kienitz Nord, dem früheren Amt Kienitz, in eine reichlich verwilderte Parkanlage, in der unter alten Bäumen noch ein kleiner Teich von der ursprünglichen Schönheit der Anlage zeugte. Bald schon fand ich durch das Unterholz tretend das dazugehörige alte Gutshaus, leerstehend und im Inneren ziemlich desolat. Hier hatte sich die Berliner Schuhfabrik „Goldpunkt“ für einige Jahre eine Produktionsstätte eingerichtet, die nach dem Ende der Republik aber verkauft wurde. Seitdem steht das Gebäude mit seinen Anbauten leer. Nur die jetzt nutzlosen Neonlampen, die einst die Arbeitsstätten beleuchtet hatten, hingen noch zerschlagen von der Decke herab.

Aber was befand sich davor in dem Gutshaus und wer war der Gutsherr? Es war der Besitz eines der bedeutendsten Landwirte des Oderbruchs und zugleich einer der bedeutendsten Schüler und Anhänger Albrecht Thaers: Johann Gottlieb Koppe. Auf der Suche nach näheren Angaben zu Leben und Werk des Mannes fand ich in einem Antiquariat ein Lehrbuch von ihm, „Unterricht im Ackerbau und in der Viehzucht“, das ich, obgleich doch ziemlich berufsfremd, sogleich mit Vergnügen und Gewinn las. Das gefällt mir, wenn sich jemand über den engen Kreis seines Daseins etwas erhebt und weitergibt, was er empfangen hat. So auch Koppe.

Johann Gottlieb Koppe (1782-1863) entstammt einer ärmlichen Büdnerfamilie, wirtschaftlich noch unter einem Kleinbauern stehend. Das verbot eine bessere Schulausbildung, jedoch gelang es ihm, durch Fleiß und fremde Hilfe die Aufmerksamkeit Albrecht Thaers zu gewinnen und bei diesem schließlich eine Stelle als praktischer Lehrer der Landwirtschaft in Möglin zu finden. Dieser und der weitere Aufstieg vom einfachen Kätnersohn zum Pächter königlicher Domänen in Wollup und Kienitz ermöglichte es Koppe, die bei Thaer gelernten neuen landwirtschaftlichen Methoden auf seinen Gütern anzuwenden und zu erweitern. Es gelang ihm, im Oderbruch Zuckerrüben anzubauen und die erste Zuckerfabrik in Betrieb zu nehmen. Sein großes Vermögen, die theoretischen Kenntnisse praktisch umzusetzen und weiter zu vermitteln, fanden schließlich ihre Anerkennung durch eine Aufnahme in den preußischen Staatsrat und in einer Erteilung der Ehrendoktorwürde durch die Berliner Universität.

Heute würde man zu einer solchen Entwicklung Karriere sagen, aber darauf kam es Koppe kaum an. Es war die frühe Verbundenheit mit der Landwirtschaft, sein durch einen klugen Vater gefördertes Interesse an der Natur und selbst an der Sprache und Literatur, was sich bis hinein in seinen klaren Stil in dem oben erwähnten Unterrichtsbuch zeigt, aus dem auch gesellschaftliche Missverhältnisse seiner Zeit herausklingen, wenn er z.B. schreibt:

„Alle Personen, welche ihre Jugendzeit größtenteils in Städten und in den gebildeten Kreisen der Menschen verlebt haben, sind mehr oder weniger geneigt, den gemeinen Arbeiter für dumm zu halten. Sie schließen daraus, weil dieser die Gegenstände nicht kennt, welche die sogenannt Gebildeten beschäftigen, dass er auf einer weit niedrigeren Stufe stehe, und lassen das deutlich merken."

Das gab mir zu denken genug, als ich aus der verlassenen Schuhfabrik wieder heraus schlich, weil auch wir manchmal gedankenlos einfache Menschen geringschätzen, weil sie durch widrige familiäre oder gesellschaftliche Umstände keinen Weg zu den Bildungsgütern gefunden haben.

## Leopold von Buch – ein Vulkanist aus der Ebene

Dass ich den Geologen Leopold von Buch in die Reihe der Geistesgrößen aus dem Oderbruch einfüge, mag vielleicht etwas verwundern, denn sein Lebenswerk kreist vor allem um den Vulkanismus, der hier im flachen Land der eiszeitlichen Geschiebe und Ablagerungen keine Bedeutung hat. Als Entschuldigung mag gelten, dass er zumindest im Oderbruch geboren wurde, aber eingeschmuggelt haben sich auch ganz eigennützig unsere Wohnungsadresse, deren Namensgeber Buch ist und meine Hochschätzung für ihn als Geologen, obgleich er mit Goethe etwas auf dem Kriegsfuß stand. Man sieht schon, die Fäden meiner Gedankenführung sind genauso verworren und kompliziert wie die Oberflächenentstehung des Oderbruchs.

1774 in Stolpe an der Oder geboren, studierte er gemeinsam mit Alexander von Humboldt an der Bergakademie in Freiberg, wo er mit der Lehre von Abraham Gottlob Werner bekannt wurde, nach der die heutige Erdoberfläche durch Ablagerungen aus dem zurückgetretenen Meer zustande gekommen ist.

Das wird bei ihm gewiss auf fruchtbaren Boden gefallen sein, da er von Kindheit an die Oder vor Augen hatte, die mit ihren alljährlichen Überschwemmungen die umgebende Landschaft geprägt hat. Aber anders als der relativ ortsfeste Goethe reiste er viel durch Deutschland und Europa und kam aufgrund seiner Beobachtungen darauf, dass wohl eher die vulkanischen Kräfte die Erdoberfläche gestaltet haben, wie wir sie heute vorfinden. Aus einem Neptunisten wurde somit ein Plutonist, was den Schülern Werners ein Dorn im Auge sein musste. Auch Humboldt hatte sich längst für die „Poltergeister" entschieden, wie Goethe ärgerlich den Paradigmenwechsel in der Geologie kommentiert hatte.

Von Buch kam bei der Altersbestimmung der verschiedenen Erdschichten auf die Idee eines Leitfossils, also einer typischen Versteinerungsform eines bestimmten Erdzeitalters, wonach die erdgeschichtliche Zuordnung der verschiedenen Gesteinsformationen auf eine sichere Basis gestellt werden konnte. Ihm verdanken wir auch (neben Keferstein) die erste hinreichend genaue geologische Karte Deutschlands, die uns sagt, was unter der sichtbaren Erdoberfläche der eigentliche Untergrund ist, auf dem wir stehen. Buch starb 78jährig hochgeehrt 1853 in Berlin und erwarb sich die zusätzliche Ehre, dass selbst ein Krater auf dem Mond seinen Namen führt. Diese Ehre glaubte ich als Kind auch für mich in Anspruch nehmen zu können, bis ich mit wachsender Kenntnis erfahren musste, dass der Krater Reinhold seinen Namen von dem Astronomen und Mathematiker Erasmus Reinhold erhalten hatte, der sich um die Verbreitung der Kopernikanischen Lehre verdient gemacht hatte. Da konnte ich wohl nicht mithalten, Leopold von Buch aber hatte sich diese Auszeichnung wirklich verdient.

## Friedrich Solger – ein Geologe der Dünenlandschaft

Wiederum nicht ganz berechtigt, kann ich es mir nicht versagen, einen Namensvetter des schon erwähnten Philologen Solger in die Liste bedeutender Persönlichkeiten aufzunehmen, dessen Geburtsort nicht im Oderbruch liegt. Es ist der Geologe Friedrich Solger, 1877 in unserem Berliner Stadtviertel im Wedding geboren und im hohen Alter von 88 Jahren 1965 in Steglitz gestorben. Ihn dennoch zu erwähnen erlaube ich mir, weil in dem bereits erwähnten Oderbruchbuch Mengels eine umfangreiche Abhandlung Solgers „Über die Entstehung des Oderbruchs" abgedruckt ist. Durch seine „Studien über die

Nordostdeutschen Inlanddünen" hat er mir obendrein beim Verständnis der Entstehung des Garnischberges beigestanden, so dass ich ihn mit gutem Gewissen in meine kleine Aufstellung hinein nehmen kann.

Man erwarte nun bitte von mir keine Wiedergabe der für viele Menschen trockenen Wissenschaft vom Erdaufbau. Dazu bin ich als Laie nicht in der Lage. Aber wie der Philosoph sich wundernd fragt, was das denn alles sei, was da vor ihm liegt, so fragt sich auch ein an der Natur interessierter Mensch, worauf er seinen Fuß setzt, wenn er seines Weges geht. Und das ist hier im Oderbruch Lehm, Humuserde, Schotter, grobkörniger Kies und feinkörniger Sand. Wie anders muss es einem Menschen zu Mute sein, der auf festem Fels steht, der tief bis in das Erdinnere zu führen scheint. Wie von selbst kommt es einem im Oderbruch so vor, dass alles nur aufgeschüttet, aufgeschwemmt, weggespült oder hin- und hergeschoben zu sein scheint und kein fester Grund zu finden ist. Den Bewohnern des Oderbruchs muss alles vorübergehend, veränderlich und unsicher vorkommen, während dem Bergbewohner die Welt doch als ewig bestehend erscheint.

Natürlich rechnet der Geologe nicht nach Menschenjahren, er misst das Dasein in Äonen und hat anstelle unserer Jahreszahlen seltsam fremd klingende Ausdrücke von Erdzeitaltern. Dennoch ist im Oderbruch die Ewigkeit kürzer und kann schon mit dem nächsten Hochwasser der Oder vorbei sein. Beschäftigt man sich ein klein wenig mit dem Zustandekommen und dem geologischen Aufbau des Oderbruchs, so kann es bei dem Wandern im Vorland, an den Altarmen entlang, über die kleinen Sanddünen hinweg nicht ausbleiben, in allem Gegenwärtiges und Vergangenes zu sehen.

Auf einer Sanddüne sitzend oder an einem gewundenen und schon halb verlandeten Altarm lässt sich trefflich davon träumen, wie es hier wohl früher einmal ausgesehen haben mag. Jedes Mal, wenn ich durch das trockene Flussbett der Alten Oder zum Garnischberg gehe, denke ich daran, dass hier einmal ein kräftiger Strom entlang geflossen ist, auf dessen Grund ich nun entlanggehe oder mit dem Fahrrad entlang hoppele. Streife ich gar über die Gabower Hänge und sehe das ganze Bruch vor mir ausgebreitet liegen, so fällt es nicht schwer, sich Zeiten vorzustellen, in denen alles unter einer viel hundert Meter dicken Eisschicht lag, die bei ihrem langsamen Abtauen gewaltige Ströme bildete, die die heutige Landschaftsform geprägt haben.

Ja dehnt man diese Gedanken bis zur jüngsten Geschichte aus, so trifft man hier sogar unversehens auf Weltgeschichte, wenn man im Schotter des Weges oder am Fuße eines Sandberges verrostete Splitter und Munition findet, die einmal den Menschen den Garaus machen sollten. Doch damit verlasse ich schon die Disziplin eines Geologen, der sich aus derlei Dingen heraushält. Friedrich Solger aber danke ich, dass er mir zumindest für die Erdgeschichte im Oderbruch die Augen geöffnet hat.

## Gerhard Porath – Tierarzt und Heimatforscher

Bei meiner Suche nach näheren Hinweisen zum Garnischberg verwies man mich vom nahgelegenen Bauerngehöft Nieschen an einen Tierarzt Dr. Porath, der sich in dergleichen Dingen besser auskennen würde. Das erstaunte mich zwar etwas, denn der Bauernhof lag keine tausend Meter von der Sanddüne entfernt, die zu erforschen ich mir vorgenommen hatte. Aber wie so oft scheint das unmittelbar vor der Tür liegende uninteressanter zu sein als das Weitentfernte. Also machte ich mich auf den Weg, um besagten Tierarzt aufzusuchen. Hausnummern gibt man auf dem Lande nicht an, man weiß schließlich wo jemand wohnt, aber ich als Berliner hatte zunächst meine liebe Not, das Anwesen zu finden, das man mir nur recht vage beschrieben hatte: Es sei ein Holzzaun davor! Aber nach einigem Nachfragen in der Nachbarschaft fand ich dann doch besagtes Grundstück und auch seinen Bewohner, der darüber erstaunt und erfreut war, dass sich jemand für den Garnischberg interessieren würde. Nun, viel wisse er auch nicht darüber, aber so nach und nach kam dann doch allerlei zum Vorschein, das mir den Berg immer interessanter machte.

Viel aus seinem Leben weiß ich nicht, ich bin schließlich kein neugieriger Journalist, aber soviel habe ich doch nebenbei erfahren, dass er nach kurzer handwerklicher Tätigkeit an der Humboldt-Universität Veterinärmedizin studierte und lange Jahre als Tierarzt in seinem Bezirk tätig war. Nun ist ein Tierarzt auf dem Lande etwas anders als sein Kollege in der Stadt, der sich vor allem mit Katzen, Hunden und Vögeln abgibt, und das merkt man Dr. Porath an; er hat etwas Handwerkliches an sich, das sich auch daran zeigt, dass er sich nach langem Arbeitsleben am Genschmarer See mit eigener Kraft und eigenen Mitteln ein schönes Haus gebaut hat. Aber das ist nur eine Seite von ihm, eine andere ist ein starkes Interesse an der Heimat- und Kulturgeschichte, die ihren Niederschlag in zahlreichen Beiträgen besonders zur Ur- und Frühgeschichte der Menschen gefunden hat. Besonders mit bodenkundlichen Erforschungen zur Geschichte der Besiedlung des Oderbruchs hat er sich befasst, und jeden beim Straßenbau gefundenen Mammutzahn und jede freigescharrte Tonscherbe legt man ihm zur fachkundigen Begutachtung vor. In Jubiläumsheften zu den Orten Seelow und Genschmar fand ich Hinweise und Aufklärung von ihm über eine frühe Besiedelung des wasserdurchströmten Landes und damit auch einige entsprechende Angaben zum Garnischberg. Leider ist derlei Wissen oft nur eng mit der Person des Forschers verbunden und geht der Nachwelt verloren. Ich werde weiterhin auf ihn eindringen, sein Wissen um diesen Berg niederzuschreiben, der mir in seiner einsamen Eigenartigkeit ein Naturdenkmal ersten Ranges zu sein scheint.

Seit meinem ersten Besuch spreche ich regelmäßig jedes Jahr unangemeldet bei ihm vor, in der Hoffnung, ihn anzutreffen, was auch meistens klappte. Dann höre ich von ihm in seiner skeptischen Laune Neues und Altes aus dem Oderbruch oder wir schnöden auch gemeinsam etwas über die neuesten Zeitläufte, wie es sich für ältere Männer gehört. Inzwischen in stark fortgeschrittenen Jahren (er geht wohl auf die Mitte achtzig zu) gab er mir den tröstlichen Hinweis, dass man ab seinem fünfundsiebzigsten Lebensjahr Narrenfreiheit genießen würde; tröstlich deshalb, weil man auch mich manchmal etwas verwundert ansieht, wenn ich von meinen kleinen Urlaubsaktivitäten berichte.

Meiner eigenen Profession als Psychotherapeut steht er mit einiger Skepsis gegenüber, worüber ich aber nicht mit ihm streite, denn dieser im gewissen Sinne städtische Beruf hat sich auf dem Lande, wo manches noch fester gefügt ist, noch keine rechte Anerkennung verschaffen können. Goethe ängstigte in seinem Roman „Wilhelm Meister“ das voranschreitende Maschinenwesen, das „treffen wird“. Auch die Brüchigkeit des modernen Seelenlebens ängstigt uns und schreitet voran und wird auch hier bald seine Auswirkungen auf das menschliche Zusammenleben zeigen. Die Unken in den sumpfigen Niederungen rufen schon.

## Besinnlicher Spaziergang auf dem Deich

Gehe ich nun zum Abschied noch einmal auf dem Deich die Oder entlang und nehme im Geiste all die beschriebenen Personen mit, so bildet sich doch eine recht illustre Gesellschaft, die mir auf Schritt und Tritt etwas zu sagen hat. Ich kann mich kaum retten vor Hinweisen und Anmerkungen aller Art. Da weist Leonhard Euler auf die richtige Böschungsneigung und Höhe der Dämme hin, Erna Roder möchte sich mit ihrer Staffelei ins Gras setzen und die Schwäne malen, die im Schilf mit ihren Jungen vorüberziehen, die Frau von Friedland macht sich Gedanken darüber, wie sie eine nutzlose Sumpfniederung trockenlegen kann, Chamisso glaubt am Wegrand eine neue Varietät der Schafgarbe mit roter Blüte entdeckt zu haben, wird dabei aber von uns geneckt, weil er immer nur im Schatten der Bäume herumschleicht, um seinen eigenen Schatten nicht zu zeigen, Friedrich Solger meint im Höhenrand des gegenüberliegenden polnischen Ufers eine Seitenmoräne zu erkennen, während sein von ihm hochgeschätzter Kollege von Buch vergeblich nach vulkanisch geprägten Geländeformen Ausschau hält, die er im übrigen hier auch gar nicht anzutreffen glaubt, während sich Karl Friedrich Solger Gedanken über den ästhetischen Eindruck einer so plaudernd dahinwandernden Menschengruppe macht. Mir selbst schwirrt der Kopf von all den Anmerkungen, von denen ich nicht weiß, auf welche ich zuerst antworten soll oder wo ich lieber erst einmal näher nachfragen oder schweigen sollte. Nie hätte ich gedacht, dass eine Wanderung durch das Oderbruch so unterhaltsam sein kann und schaue zu Fontane hinüber, der grade etwas in sein Notizbüchlein einträgt.

Langsam löst sich die Gruppe wieder auf und entweicht wie der Morgennebel über dem Fluss. Ich finde mich wieder allein auf dem Deich, aber wirklich allein kann der Mensch gar nicht sein, stets hat er Menschen der Gegenwart und Vergangenheit um sich herum, die ihn anregen und belehren, ohne die er nicht denken und sprechen, ja nicht einmal fühlen könnte und wieder zum Tier würde.

7. bis 20. August 2016

# Vorwort

Die Reihe meiner Urlaubstagebücher wurde für das Jahr 2015 unerwartet unterbrochen. Eine ärztliche Routineuntersuchung ergab eine vergrößerte Prostata, die sich nach näherer Untersuchung als von Krebs befallen herausstellte und operativ entfernt werden musste. Die zunächst noch günstig aussehende Prognose verschlechterte sich zusehends, so dass am Ende eine nur noch palliativ zu behandelnde Krebserkrankung herauskam, die meinem Traum von einem langen Leben ziemlich abrupt zerstörte.

Nun aber, anderthalb Jahre nach der Diagnose der Krankheit, lebe ich immer noch, lebe ohne größere Beschwerden und hoffe auf noch weitere Jahre. Aber ein grundlegender Wandel in meiner Lebensführung lässt mich manches anders sehen und erleben, und so versuche ich, meine unterbrochenen Aufzeichnungen fortzusetzen, zu reflektieren und zu berichten, wie meine Welt jetzt aussieht.

Das Thema Oderbruch schien mir weitgehend erschöpft zu sein; über alles, was in meiner Interessenssphäre lag, hatte ich berichtet und zuletzt im Urlaubstagebuch von 2014 auch noch einen Blick auf das interessante geistig-kulturelle Leben dieses abseitsgelegenen Landstriches geworfen. Aber dann wurden die alten Geister doch wieder lebendig, ausgelöst durch eine Lesung aus meinen Tagebüchern, zu der mich der Heimatverein Letschin eingeladen hatte. Auch meine Gastwirtsfamilie, zu der wir inzwischen in ein etwas familiäreres Verhältnis getreten waren, lockte uns herbei, und so fuhren wir also doch wieder ins geliebte Oderland.

Diesmal waren wir beide die ganzen zwei Wochen über zusammen, nachdem wir es die vielen Jahre zuvor so gehalten hatten, dass mich Renate für ein oder zwei Tage besuchte und dann wieder zurück nach Berlin fuhr. Das brachte einige Veränderungen in der Tagesgestaltung mit sich; mein gewohntes Stromerleben war vorüber und wich einem geregelteren Tagesablauf mit Pausen, kleineren Spaziergängen und etwas mehr Müßiggang, was gewiss gut und richtig war und meine ständige innere Unruhe etwas dämpfte. Zu hohe oder zu niedrige Lufttemperaturen taten ein Übriges hinzu, so dass wir beinahe „altersangemessene“ Ferientage verbrachten, zu der die ruhige Natur ringsum ohnehin immer etwas aufforderte.

## Eine Lesung

Bereits in meinen früheren Ferienaufenthalten in Petzow am Schwielowsee hatte ich es mir angewöhnt, ein kleines Urlaubstagebuch zu führen und darin neben dem Tagesallerlei auch meine Gedanken über die mich umgebende Natur und die Menschen, die mir begegneten, aufzuschreiben. So entstanden bald meine Urlaubstagebücher, zunächst noch selber hergestellt, die ich mit zunehmender Auflage dann aber bei einem Copy-Shop ausdrucken ließ und an Freunde und Bekannte verteilte.

Das setzte ich in Kienitz an der Oder fort, welches ich nach einer Schließung des Hotels am Schwielowsee als meinen zukünftigen Ferienort auserkoren hatte. Die Wahl war gut getroffen, alles, worauf es mir ankam, war gegeben: Ruhe, ein alter Nussbaum mit Tisch und Bank darunter, ein passables Gasthaus mit angenehmen Wirtsleuten und eine herrliche Landschaft zum Herumstromern und Gedankenmachen.

Zehn „Kienitzer Urlaubstagebücher" waren so in den vergangenen Jahren entstanden, und ich hielt es für angebracht, eine Zusammenstellung aller Hefte dem Ortschronisten von Kienitz zu übergeben. Das wurde gerne angenommen, aber zu meiner Überraschung lud mich einige Zeit danach der Heimatverein von Letschin, einer Gemeinde, zu der auch der Ortsteil Kienitz gehört, zu einer Lesung im Heimatmuseum ein. Das empfand ich als schöne Anerkennung und sagte sogleich zu.

So kam es, dass Renate und ich diesen Sommer in einem alten Gemäuer des Letschiner Heimatmuseums vor einem freundlichen Publikum saßen und ich einige ausgewählte Themen vorlas. Es war in der Zeitung und in öffentlichen Aushängen auf die Veranstaltung hingewiesen worden, und so kamen etwa 30 interessierte Besucher aus Letschin und Umgebung zusammen, um zu hören, was ein auswärtiger Sommergast, der sich obendrein noch als ehemaliger Klempnermeister und schließlich Psychotherapeut vorstellte, über ihre Heimat zu sagen hatte.

„Das sei schnell zu sagen", eröffnete ich die Lesung „hier im Oderbruch ist nichts los". Das ist die schönste Empfehlung für einen Ferienort. Denn wo etwas los ist, ist mit den Menschen meist nicht viel los. Sie warten auf Anregung von außen, denn in ihrem Inneren herrscht Langeweile. Wer innerlich reich ist, weiß etwas anzufangen und braucht keine Anregung von außen, die ihm sagt, was er tun soll oder möchte.

Das Unternehmen gelang glänzend, ich wurde sogar einmal mit einem Zwischenapplaus bedacht, was mir so in meinem Leben noch nicht begegnet war. Meine in aller Eile noch schnell hergestellten Hefte mit den vorgetragenen und noch weiteren Texten waren im Nu verkauft und sollten natürlich signiert werden. Auch das noch. Schließlich berichteten am nächsten Tag drei Zeitungen oder Blätter von dem Ereignis, mit Abbildung des vortragenden Sommergastes und einem wohlmeinenden und zugleich sehr treffenden Text dazu. Es ist ein schönes Gefühl, sich verstanden zu fühlen.

Im Dorf glaubte ich schon, die Menschen sähen sich nach mir um, aber dann merkte ich, dass es doch nur meine ausgebeulten Urlaubshosen waren, die ihre Blicke auf mich lenkten. Etwas verstimmt musste ich mir eingestehen, dass die Lesung wohl doch nicht so weltbewegend war, aber gefreut habe ich mich dennoch sehr über dieses unverhoffte Ereignis.

## Zu Besuch bei Heinrich von Kleist

Heute sind wir nach Frankfurt an der Oder gefahren, etwa dreißig Kilometer stromaufwärts von Kienitz entfernt. Wir entschieden uns für die Bahn, aber als wir mit unserem Auto den abseits gelegenen Bahnhof von Letschin erreichten, fuhr keine Bahn, sondern ein Bus als Schienenersatzverkehr. So stiegen wir fast als einzige Fahrgäste ein und waren eine Stunde später in Frankfurt. Die Stadt hatten wir schon mehrfach besucht, und so brauchten wir uns nicht lange zum Kleist-Museum durchzufragen, das in unmittelbarer Odernähe liegt. Es ist in einer ehemaligen Garnisonschule zur Ausbildung der Soldatenkinder untergebracht, einem spätbarocken Bau, der ganz im Geiste der Aufklärung privat von dem Garnisonskommandeur Leopold von Braunschweig finanziert wurde. Der tüchtige Mann ertrank während einer heldenhaften Rettungsaktion bei einem Deichbruch der Oder. Er war ein Bruder der Herzogin Anna Amalia in Weimar, und so erklärt es sich, dass sein Denkmal im Park von Tiefurt an der Ilm aufgestellt ist.

Das Museum muss vom Besucher erst erschlossen werden, da von Kleist kaum persönliche Erinnerungsstücke vorliegen und die Anschaulichkeit durch Installationen und Texttafeln ersetzt werden muss. Das steht ganz im Gegensatz zu den Weimarer Dichterstätten, und so wundert es nicht, dass nur sehr wenige Besucher in den sorgfältig und anspruchsvoll hergerichteten Museumsräumen zu sehen waren. Vielleicht lag es auch an der Ferienzeit, was zu hoffen wäre, denn das einzige Kleistmuseum überhaupt ist immer einen Besuch wert.

Gleichwohl wollten auch wir uns nicht zu lange dort aufhalten, um auch die Stadt und ihre schöne Lage am Fluss näher anzusehen. Der Krieg hat sehr vieles zerstört, da die Oder ein letztes Kampfgebiet war, bevor das verbrecherische Nazisystem zerschlagen werden konnte. Aber die Stadt hat immer noch ihren Reiz. Wir gingen über die neuerbaute große Brücke zur Frankfurter Vorstadt hinüber, die heute Słubice heißt, und konnte ohne Grenzkontrolle von dort aus auf die Silhouette der Stadt sehen, die wir als Lithographie des Malers Hans Salzmann bei uns zu Hause im Wohnzimmer zu hängen haben. Da hieß es natürlich die Stelle ausfindig zu machen, von der aus der Maler des Oderbruchs (der allerdings bekannter als Maler der Thüringischen Landschaft und Illustrator zahlreicher Pflanzenbestimmungsbücher ist) seine Zeichnung gemacht hatte.

Wir fanden die Stelle, auf einer Buhne, die hier wie überall an der Oder in den Fluss hineinragen, um ihn schiffbar zu halten. Manches Alte war noch zu erkennen, aber auch viele neue Hochhäuser waren hinzugekommen, die das alte Stadtbild überragen, das jedoch noch immer dominiert und ahnen lässt, wie es hier einmal ausgesehen hat. Zurück auf dem baumbestandenen schattigen Hochwasserdeich machten wir uns Gedanken über den Dammbruch, der nicht nur dem oben erwähnten Prinz Leopold von Braunschweig, sondern vielen hundert weiteren Menschen das Leben gekostet hatte. Das lag über zweihundert Jahre zurück, aber noch immer kann ein Oderhochwasser zur Gefahr für die Anwohner werden, auch wenn heute die Deiche erhöht und nach modernsten Erkenntnissen gebaut sind.

Wieder zurück auf der westlichen Seite gingen wir die zentrale Karl-Marx-Straße entlang, fanden natürlich einiges zu monieren, konnten uns aber insgesamt nicht der üblichen Abwertung der Neubauten aus DDR-Zeiten anschließen, denn auch bei uns sieht manches nicht viel anders aus. Nach einem kleinen Mittagessen in einem Café an der Marienkirche – deren Turmuhr nach Renates Empfindung in einem ängstigenden Halbton schlug – gingen wir am Lennépark vorbei zum Bahnhof zurück und kamen mit dem Ersatzbus wieder nach Letschin, wo unser kleiner Fiat Panda treulich im Schatten der Bäume auf uns wartete. Der Tag war so heiß, dass wir es uns nicht versagen konnten, im Café Phillip einen Eisbecher zu bestellen – natürlich mit Sahne.

Nachbemerkung: Dieser kleine Aufsatz trägt die Überschrift „Besuch bei Heinrich von Kleist“, der mir beim nochmaligen Durchlesen des Textes doch ziemlich zu kurz gekommen zu sein scheint. Das mag mit der mangelnden Kenntnis seines Werkes zusammenhängen, von dem ich nur den Kohlhaas, den zerbrochenen Krug und die Penthesilea kenne und keinen rechten Zugang in seine Gedankenwelt fand, die ins Negative und Zerstörerische zielt. Vielleicht ist es auch meine eigene innere Zerrissenheit und Unsicherheit, der ich immer entkommen und in die ich nicht noch weiter hineingezogen werden wollte. Goethes Abneigung gegenüber Kleist mag meine Haltung zu ihm noch verstärkt haben, aber sie ist dennoch wohl mehr in mir selbst zu suchen. Dass sich die Nationalsozialisten seiner bemächtigten, genau so wie mit Hölderlin, geht nicht auf Kleists Konto, trug dennoch mit zu meiner Skepsis bei. Man kommt wohl nicht durch die Welt, ohne Unrecht zu tun.

## Ein Besuch bei Adelbert von Chamisso

Heute haben wir Adelbert von Chamisso besucht, auf gut Glück, denn es war keine Empfangszeit für ihn angegeben. Dennoch wurde uns aufgemacht und wir von der Leiterin des Museums und der Besitzerin des Hauses empfangen. Chamisso selbst war nicht anwesend, aber alles atmete seine Atmosphäre. In einem großen Bücherregal standen viele Werk- und Einzelausgaben seines dichterischen Schaffens, allem voran natürlich der „Peter Schlemihl“, der in nahezu alle Weltsprachen übersetzt wurde. Aber ebenso auch seine Gedichte, die Beschreibung seiner dreijährigen Weltumsegelung auf der „Rurik“ unter dem Kommando von Otto von Kotzebue sowie seine zahlreichen Schriften zur Botanik.

Die Dame des Hauses, Literaturwissenschaftlerin und ehemals die Leiterin des Findlingsverlages, hatte es sich zur Aufgabe gemacht, die unteren Räume ihres Hauses zu einem Chamisso-Museum herzurichten. Wie stets bei solchen Projekten musste sie sich mit formalen und bürokratischen Hindernissen herumschlagen, um vom Land einen Zuschuss für ihr Vorhaben zu bekommen. Das scheint wohl überall das gleiche zu sein, wo mit formalen Stolpersteinen jede kulturelle Privatinitiative erschwert wird, trotz aller gegenteiligen Aussagen der zuständigen Ämter und Politiker. Wenn man nur ebenso hinhaltend mit den Anträgen der Investoren auf Bewilligung von Geldmitteln für ihre

Bauvorhaben umgehen würde - aber das soll hier kein Thema werden, wir haben Ferien und wollen uns freuen und nicht ärgern.

Wie stets war es angenehm und lehrreich, von engagierten Menschen etwas aus unserer Kulturgeschichte zu hören. Dabei ist es von großem Vorteil, diese Belehrung in den Stätten und Orten zu empfangen, in denen die Dichter, Künstler oder Philosophen gelebt und gewirkt haben, denn anschauliches Denken spricht uns weit mehr an als Stoffvermittlung in Hörsälen oder aus Büchern. Bei so lebhaften und kosmopolitischen Autoren wie Chamisso ist es geradezu unabdingbar, sie in ihrem Wirkungskreis nachzuerleben.

Hier in Kunersdorf, wo leider von der ehemaligen Schlossanlage kaum noch etwas zu finden ist, sind es zumindest noch die erhaltene Parkanlage und die weite Natur des Oderbruchs, die den französischen Emigranten zur Ruhe kommen ließen. Er wirkte hier zeitweilig als Hauslehrer bei den Familien von Friedland und von Itzenplitz, deren tonangebende Frauen sich einen Namen als hervorragende Landwirte gemacht hatten, indem sie die Erfahrungen und Erkenntnisse des Agrarwissenschaftlers Albrecht von Thaer aus dem nahen Möglin aufgriffen und konsequent in die Praxis umsetzten. Hier konnte Chamisso auch seine schon früher angefangenen Studien zur Biologie fortsetzen und einen Katalog der Pflanzen des Oderbruchs und der angrenzenden Höhen erstellen.

Da wir als unangemeldete Gäste kamen hielten wir es für richtig, nach einer Stunde unseren Überfall zu beenden, obgleich wir inzwischen in ein interessantes Gespräch mit der Leiterin der Anlage verwickelt waren und uns nur ungern trennen konnten. Draußen im Park stießen wir auf eine alte Linde, unter der Chamisso seine Erzählung des Mannes ohne Schatten geschrieben hatte und machten uns bei unseren Gängen durch die offene Parkanlage immer wieder Gedanken über unsere bald voraneilenden, dann wieder seitlich nebenher gehenden oder zurückbleibenden Schatten, begleitet von bruchstückhaften Versen aus dem „Riesenspielzeug“ und „der alten Waschfrau“, die mir noch von der Schulzeit her im Gedächtnis geblieben waren. Zu Hause werde ich diese Gedichte noch einmal richtig durchlesen, Chamisso zu Ehren und zur Aufbesserung meines Gedächtnisses.

## Verdruss auf dem Garnischberg

Diese Überschrift befremdet mich selbst etwas, denn der Garnischberg war bisher so etwas wie eine heimliche Geliebte für mich. Sollte es etwa aus mit dieser Liebe sein? Wie all die Jahre zuvor machte ich mich auf, diesmal zusammen mit Renate, die mich aber auch schon früher auf „meinen“ Berg begleitet hatte. Vom Bauernhof in Nieschen aus gingen wir frohgemut durch die Wiesen und näherten uns der Sanddüne an.

Oben auf dem Berg stand ein Auto, was mich verwunderte, denn der Weg über den Berg ist für den Kraftfahrzeugverkehr gesperrt, obendrein auch wegen des sandigen Weges beschwerlich zu befahren. Nur der Bauer fährt gelegentlich mit seinem Traktor darüber hinweg, wenn er nicht schon vorher abbiegt und einfach über die trockenen Flechten und das Silbergras hinwegfährt und unter seinen breiten Reifen alles zerdrückt, was sich da über Jahre hinweg mühsam am Leben erhalten hat. Nun aber stand ein PKW oben neben dem im Sandboden eingelassenen Messpunkt, den das Landesamt für Geodäsie dort eingegraben hat, um anzuzeigen, dass dieser Punkt 16,2 m über dem Pegel von Amsterdam liegt und somit den höchste Punkt im ganzen Oderbruch bildet. Beschädigung des Messpunktes wird durch ein Hinweisschild obendrein noch als strafbar angezeigt, das spricht doch alles schon dafür, eine geologische Besonderheit vor sich zu haben.

Aber nicht nur das. Bei unserer Annäherung hörten wir von oben laute Motorgeräusche, konnten sie aber zunächst nicht recht einordnen. Verstimmt und – in der Soldatensprache – mit gezogener Waffe näherte ich mich dem Gipfel und traf dort oben einen Arbeiter an, der damit beschäftigt war, mit einer Motorsense den Grasbewuchs abzumähen und einen kahlen Berg zu hinterlassen, der doch aufgrund seiner seltenen Trockenrasenvegetation in dem Landschaftsschutzgebiet des Sophienthaler Polders in meinen Augen sakrosankt war. Aber ich beherrschte meinen Zorn und sprach den Arbeiter freundlich, aber doch auch etwas reserviert an, was er da mache. Ich bekam auch eine freundliche Antwort und erfuhr, dass er von einer Dienststelle in Zechin den Auftrag zu seiner Arbeit erhalten habe. Den Namen dieser Stelle habe ich nicht behalten, es war eine Buchstabenabkürzung wie es heute üblich ist, schien mir aber eine Art Arbeitsbeschaffungsmaßnahme zu sein. Meinen Hinweis auf die Erhaltungswürdigkeit der Sanddüne fand er zwar richtig, meinte aber, mit seiner Mäharbeit dem Berg nur Gutes anzutun. Ich wollte nicht mit ihm rechten, und so kamen wir ganz gemütlich ins Gespräch und ich erfuhr, dass er überall im Kreis Zechin, wo es hochgewachsenes Gras zu mähen galt, seine Arbeit ausführe und auch gleich mit seiner Arbeit hier fertig wäre, weil es noch woanders etwas zu mähen gäbe. So schieden wir mit einem freundlichen Händedruck, weil ich merkte, dass diese fragwürdige Misshandlung der Düne nicht an dem Manne lag, der hier nur seine Arbeit tat.

Mein Zorn war dadurch auch etwas verraucht, und wir setzten uns an unseren alten Aufenthaltsort unter zwei kleinen Eichen und richteten uns dort für einen kleinen Aufenthalt ein. Ich durchstrich nach meiner Art den Berg an seinem gesamten Umfang und machte, da die Lichtverhältnisse gut waren, etliche Aufnahmen von den Eichengruppen, die den Berg an seinem Fuße umstanden und von den umliegenden Feuchtwiesen trennte. Zwölf Jahre schon kannte ich ihn und hatte ihn in dieser Zeit wohl schon an die dreißigmal von allen seinen Seiten durchforscht, durchmessen, in seiner Vegetation beschrieben und zu einem kleinen Buch verarbeitet, welches ich neben einigen Bekannten den Heimatmuseen in Genschmar, Letschin und Bad Freienwalde vermacht hatte. Ein Verlag des Oderbruchs fand das Buch ebenfalls sehr interessant, konnte aber verständlicherweise dieses doch sehr spezielle Buch nicht in sein Programm aufnehmen.

Nun schritt ich etwas wehmütig um und über die kahlgeschorene Sanddüne und fragte mich, ob es nicht vielleicht auch eine unnötige Sentimentalität von mir wäre, mit der ich diese landwirtschaftliche Maßnahme bemängelte, und ob es nicht durchaus berechtigt wäre, den in diesem Jahr vielleicht üppigen Grasbewuchs zu beseitigen. Aber ich fand dennoch keinen Anhaltspunkt, der diese Maßnahme rechtfertigen könnte. Die Düne ist die einzige im Oderbruch, die seit der letzten Kaltzeit alle Flussüberschwemmungen und Laufverlagerungen überstanden hat und mit ihrer kargen Vegetation ein seltenes Beispiel für eine Trockenrasenvegetation darstellt, die sich merkwürdig von dem Pflanzenbewuchs der umliegenden Feuchtwiesen abhob. Nahezu alle Ecken des Oderbruchs werden landwirtschaftlich als Weide oder Ackerland ausgenutzt oder als geschützte Flussauenlandschaft behandelt, so dass doch gerade diese trockene Düne mit ihren Flechten, Moosen, Silber- und Doldengräsern und den Gipfel umkreisenden Schwalbenschwänzen ein Anrecht hat, für die Natur und für uns Menschen erhalten zu bleiben. Gerade die völlige Selbstüberlassenheit des Berges, das Unterbleiben menschlicher Eingriffe in den natürlichen Ablauf des Pflanzenwachstums scheint mir wichtig für den

Erhalt der Düne zu sein. Schon das Darübertreiben der Viehherden verändert durch das Zurückbleiben der Dunghaufen die Bodenbeschaffenheit auf unnatürliche Weise, und von einer Einkoppelung, wie sie mein werter Arbeiter am Gipfel erwähnte, ist nichts zu sehen, denn die Elektrozäune gehen quer über den Berg, anstatt ihn wirklich abzuzäunen.

Nun möchte ich mich als neunmalkluger Städter allerdings nicht mit dem Bauer anlegen, der die große Viehherde unterhält und wohl seine eigenen Ansichten darüber hat, was mit dem Berg zu machen sei. Mir aber will das Ganze nicht munden, und ich werde mich noch ausführlicher mit den gesetzlichen Bestimmungen zur Erhaltung und Pflege unseres Lebensraumes befassen, der so oft schon einem rein wirtschaftlichen Standpunkt aufgeopfert wurde. Die ehemaligen Kalenziger Wiesen, heute Sophienthaler Polder genannt, sind auf den amtlichen Landkarten als Naturschutzgebiet ausgewiesen, und was soll aller Naturschutz, wenn er nicht beachtet wird.

Am Südufer der Eckernförder Bucht befindet sich eine „für den gesamten mitteleuropäischen Raum einmaligen Erscheinung einer bewaldeten Düne“. Zum Schutz des Gebietes wurde eigens eine Landesverordnung über das Naturschutzgebiet „Bewaldete Düne bei Noer“ erlassen. Ein langer Zaun schützt den besonderen Lebensraum der Pflanzen- und Tierwelt vor dem Eingriff des Menschen, so dass die Düne nicht mehr öffentlich zugänglich ist.

Nun ist zwar der Garnischberg im Oderbruch keine einmalige Erscheinung im mitteleuropäischen Raum, aber dennoch eine Binnenlanddüne, die in ihrer Abgeschiedenheit genauso wie die Noerer Düne vor dem Eingriff des Menschen erhalten und völlig den Kräften der Natur überlassen bleiben sollte.

## In der Kalenziger Bunst

Das Wort Bunst kenne ich erst, seitdem ich meine Sommerferien im Oderbruch verbringe. Der Duden nennt das Wort nicht, und auch das schlaue Internet kennt nur den Begriff Kalenziger Bunst, ohne auf die Bedeutung des Namens einzugehen. Die Bunst ist ein nicht eingedeichter Polder und damit jährlich dem Oderhochwasser ausgesetzt. Schon mehrfach war ich in dieser urtümlichen Landschaft herumgestrichen. Dieses Mal war Renate mit dabei und wir konnten bei sommerlichem Niedrigwasser das ganze Gelände ohne große Mühen in drei Stunden umwandern. Kein Pflug und keine Axt sorgten hier für eine fragliche Ordnung, lediglich einige Rinderherden weiden gelegentlich die Grasflächen ab, aber auch diese blieben dieses Jahr aus. Vor einigen Jahren zeigte sich dort eine größere Waschbärenfamilie, die sich in einer uralten hohlen Pappel eingerichtet hatte, aber auch diese war nicht wiederzufinden, so dass wir die einzigen Besucher aus dem Stamme der Säugetiere waren.

Es war fast wie bei der Erschaffung der Welt, nur dass an den Bäumen keine Früchte hingen wie seinerzeit im Paradies. Nicht einmal mein Lieblingsobst, die wilden Holzäpfel, war anzutreffen, dafür aber eine bunte Blumenflora, deren Bestimmung mir einige Schwierigkeiten bereitete. Die Bäume wuchsen einfach in den Himmel, verloren dann im Laufe der Jahrzehnte ihre Äste und standen schließlich als graue Ruinen zwischen den noch begrünten und lebenskräftigen Bäumen. Ihre Skelette bildeten abenteuerliche und fast beängstigende Figuren, so dass ein nächtlicher Gang durch die Bunst ein stabiles Seelenkostüm erforderlich machen würde. Aber noch war es ja Tag, und wir gingen und stolperten frohgemut über den unebenen Boden, mal an der Flussseite entlang, dann wieder durch kaum gebahnte Wege um Bäume und Sträucher herum. Drüben auf der polnischen Seite sahen wir Kalenzig liegen, einem kaum noch bewohnten Dorf, das gewiss einmal bessere Zeiten gesehen haben wird.

Auch dort waren wir schon einmal gewesen, um uns vom anderen Ufer der Oder aus die Bunst anzusehen. Von dort sah sie einfach nur unbewohnt aus und man ahnte kaum etwas von dem urwüchsigen Zustand des Naturschutzgebietes, das wir nun umrundeten und schließlich etwas ermattet wieder verließen.

Der sogenannte Eulerdamm gehört mit zum Gebiet der Kalenziger Bunst, der mich vor einigen Jahren einmal mit Macht angezogen hatte, weil ich es gar zu interessant fand, einen Hochwasserdeich nach dem großen Mathematiker benannt zu finden. Für diesmal ließ ich ihn aber aus, denn nicht jeder findet diesen Namen gleich betörend, und die dortige sich selbst überlassene Natur unterscheidet sich nur wenig von der Bunst. Statt dessen zogen wir es vor, mit dem Auto nach Letschin zu einem Eisladen zu fahren, um uns dort bei einem Becher gemischten Eises von unserer Expedition ins Reich der Natur zu erholen. Natürlich mit Sahne, und einen schwarzen Kaffee hinterher.

## Auf der Deichscharte

Ein Fluss ist kein Kanal, und so windet sich auch die Oder in zahlreichen Ausbiegungen durch die Landschaft. Wohl hat man im Laufe der Zeit manche Flussbegradigung durchgeführt, um es der Schifffahrt leichter zu machen oder die Hochwasser schneller abfließen zu lassen, aber die Deiche zeigen immer noch den alten Lauf des Flusses an. In diesen Buchten nun gedeiht das Gras der Wiesen sehr gut, und der Boden wäre auch hervorragend für den Anbau von Getreide und Gemüse geeignet, wenn er nicht bei jedem Hochwasser überschwemmt würde und damit keine eigentliche Bewirtschaftung ermöglicht. Um dem abzuhelfen versuchte man die mit „Polder“ bezeichneten Ausbuchtungen durch Deichbegradigungen vom Fluss abzutrennen und ihm damit doch wieder ein etwas kanalartiges Aussehen zu geben.

So sollte es auch mit dem Kienitzer Polder geschehen, und unter des tüchtigen Deichhauptmanns Mengel Leitung fing man Ende der dreißiger Jahre des vergangenen Jahrhunderts damit an, die Oder von Kalenzig an bis hin nach Kienitz mit einem flussbegleitenden Hochwasserdeich zu versehen und die bisherigen gewundenen Deiche als „Schlafdeiche“ in den Ruhestand zu versetzen.

Dann aber hielt man es in höherer Stelle für wichtiger, sich Neuland im Osten zu erobern, und die Deichbauarbeiten kamen zu Erliegen. Die Rechnung ging bekanntlich nicht auf, sondern schlug ins Gegenteil um. Dem „Volk ohne Raum“ nahm man in Jalta die bisherigen Ostgebiete ab und markierte seine Ostgrenze entlang der Oder und Neiße.

So kommt es, dass heute noch die Anfänge des Deichbaues durch den Kienitzer Polder zu sehen sind und als Nebeneffekt auch noch zu erkennen ist, wie so ein Deich gebaut wird. Zunächst wird offenbar die Basis des Deiches aufgegraben und zur Flussseite hin ein erster Damm aufgeschüttet; ein gleiches geschieht auf der Landseite des Deiches, so dass zwischen diesen beiden Aufschüttungen heute ein tiefer gelegner breiter Graben zu sehen ist, der oft mit Wasser gefüllt ist und von einem wilden Baum- und Strauchbewuchs überwuchert wird. Es ist kaum ein Hinein- und Durchkommen möglich, so dass ich es in Anbetracht meiner Jahre nicht mehr für ratsam hielt, mich dort wie früher durch die Büsche zu schlagen. Dieser Hohlweg mit seitlichen Aufschüttungen sollte dann offenbar bis zur vollen Deichhöhe mit Schotter, Kies und schließlich Muttererde aufgeschüttet und mit Rasen bepflanzt werden, was dann aber kriegsbedingt unterblieb.

Ein einziges Bauwerk ist fertig geworden, und das ist die sogenannte Deichscharte, die heute als isoliertes Betontor nutzlos im Deichvorland steht. Sie sollte ursprünglich auf beiden Seiten mit dem Deich verbunden werden und einen verschließbaren Durchlass schaffen, um bei normalem Wasserstand der Oder zur Fähre zu gelangen, die ans östliche Ufer führt. Das ist aber heute polnisch, und so gibt es keine Fähre mehr. Nur die alte Fährstraße führt noch zum Fluss, auf der im Januar 1945 die ersten Soldaten der Roten Armee ins Oderbruch eindrangen und einen Brückenkopf bildeten, von dem aus schließlich der Sturm auf Berlin losging und damit das Ende des Tausendjährigen Reiches herbeigeführt wurde.

Diese Deichscharte hat aber dennoch ihr Gutes. Jedes Jahr, wenn ich mich in Kienitz einquartierte, ging ich die alte Fährstraße hinunter und kletterte die ziemlich schmale und steile Betonkante nach oben und ließ meine Beine in den Durchlass baumeln. Auch Renate ließ es sich nicht nehmen, wenn sie mich jährlich in meinem selbst gewählten Exil besucht, dort hinaufzuklettern, um vor dort oben die Unken rufen zu hören und die Störche und Wildgänse über sich hinweg fliegen zu sehen. Diesmal blieb sie die ganze Zeit bei mir, da ich wohl bei meinen Abenteuern einige Aufsicht benötige, und es sieht tatsächlich nicht mehr sehr sportlich aus, wenn wir, uns beide gegenseitige stützend und schiebend, die steile Mauer hinaufkrauchen. So ganz ungefährlich ist es nicht, denn wenn wir abrutschen landen wir günstigenfalls in einem Brennnesselfeld oder, was schlimmer wäre, auf das drei Meter tiefer gelegene Kopfsteinpflaster der alten Fährstraße. Aber die herrliche Ruhe dort oben entschädigt uns für jedes Risiko, und ich hoffe, nicht zum letzten Mal dort oben gewesen zu sein.

## Himmel, Wolken, Wind und Wetter

Was beeindruckt mich eigentlich am Oderbruch am meisten? Was lässt mich alle Jahre dort für einige Wochen verweilen? Es ist der Fluss, könnte ich sagen, die schöne Landschaft, die Ruhe oder vielleicht sogar die Reizlosigkeit von außen, die mich schneller zur Selbstbesinnung kommen lässt als das unruhige Berlin oder meine überfüllten Bücherregale, die mich ständig zum Lesen auffordern. Aber genau besehen ist es das alles nicht, was mich hier herzieht, sondern der Himmel, der weite Himmel mit dem Spiel seiner Wolken, mit seiner Unbegrenztheit und Unendlichkeit.

Das wird, so wie alles beim Menschen mit seinem frühen Erleben, Empfinden und Ahnen im Zusammenhang steht, bei mir mit meiner frühen Sehnsucht in Verbindung stehen, weit weg von dem Ort zu sein, an dem ich mich befinde und wo ich eingeengt werden soll. Es ließe sich sehr gut mit dem „ozeanischen Gefühl“ umschreiben, mit einem Freiheitsdrang, ohne mich eigentlich nach einem Wohin, Wofür oder Wozu zu fragen. Ohnmacht und Flucht klingen an und Angst vor Vernichtung. Es ist alles nur sehr vage zu umschreiben, was mich so stark in die Weite und Ferne zieht, und ich vermute fast, dass es nicht nur mir so geht, sondern dass es beinahe ein archaisches Gefühl ist, das allen Menschen, vielleicht sogar dem Tier, in seiner existentiellen Gebundenheit zu eigen ist.

Doch verlasse ich dieses Feld der Spekulation, das sich gar zu leicht im Phantastischen oder gar Religiösen verliert, und bleibe lieber beim Phänomen, bei der sinnlichen Wahrnehmung stehen, denn „die Sinne trügen nicht, das Urteil trügt“, wie es uns Goethe gelehrt hat. Und unsere Sinne, nicht nur die Augen, sondern auch die Ohren, der Geschmack und Geruch und der Tastsinn unserer Haut erfassen diese Schönheit des Himmels, sein tiefes Blau, das Rauschen des Windes, die Feuchte oder Trockenheit der Luft oder gar der Geruch und Geschmack dieser Luft, die wir bei geöffnetem Munde empfinden.

Der Himmel ist nie gleich, seine Bläue wandelt sich im Laufe des Jahres, ja sogar des Tages. Die Farbe des wolkenlosen Himmels kann von blassblau bis hin zu tiefblau oder gar schwärzlichblau reichen und schließlich tiefschwarz werden, wenn eine mondlose Nacht unseren Blick bis in die Tiefen des Weltalls reichen lässt.

Das hat den Schweizer Wissenschaftler Saussure veranlasst, ein Cyanometer zu konstruieren, mit dessen Hilfe man auf einer fein unterteilten Blauskala alle Abstufungen der Himmelsfarbe erfassen kann. Saussure war der Bezwinger des Montblanc, auf dessen Gipfel er, den Sternen nah, den Himmel als tiefviolett erlebte. Goethe, sein Leben lang an der Meteorologie interessiert, wusste von dem Schweizer und baute das Cyanometer für die Bedingungen der thüringischen Himmelsverhältnisse um, die sich auch in den Farben gelb, orange und rot zeigten. Ich bin mit so einem selbstgebauten Instrument durchs Oderbruch geschlichen, doch wollte es mir nur schwer gelingen, die unterschiedlichen Farbsektoren mit der Himmelsfarbe in Einklang zu bringen. Es ist wohl mehr nur Wissenschaftshistorie, obgleich ich nicht weiß, ob vielleicht auch heute noch mit weit ausgeklügelteren Bläuemessern gearbeitet wird.

Doch was ist ein Himmel ohne Wolken, wie er den Bewohnern der Sahara erscheint. Er ist maßlos ohne Zahl, macht uns klein und gottergeben und bildet keinen Anhaltspunkt für unser suchendes Auge. Nachts geben die Gestirne diesen Halt, aber am Tage ist es nur die brennende Sonne, der wir schutzlos ausgeliefert sind und uns hilflos nach Schatten umsehen lässt.

Nicht so im Oderbruch! Hier können wir einem stündlich, ja bei genauer Beobachtung sogar von Minute zu Minute wechselnden Formenspiel der Wolken zusehen, das uns bei einiger Phantasie alle Gesichter und Figuren der Welt vorführt, genauso wie Shakespeares Hamlet die Wolken als Kamel, Amsel oder Walfisch dem wankelmütigen Polonius vor Augen führt. Die Wolken lösen sich am Mittagshimmel in Nichts auf und bilden sich an anderer Stelle neu, türmen sich als Kumuluswolken zu gewaltigen Gebirgen auf oder schweben als zarte, streifige Cirruswolken in den höchsten Regionen.

In der frühen Morgenkühle sinken die Wolken hinunter auf die Erde und hüllen alles in ihren Nebeldampf, der uns kaum das andere Flussufer sehen lässt. Steigt dann die Sonne aus dem Dunst empor, dann glänzt und brodelt es silbriggrau über der Oder, bis sich langsam alles wieder klärt und sich der Tageshimmel vor unseren Augen ausbreitet.

Nicht immer ist ein klarer Sommerhimmel mit seinen weißen Wolken am Himmel zu sehen. Dann ziehen dunkle Wolkenwände auf und bedecken bald den ganzen Himmel. Man sieht sie schon Stunden vorher aufziehen und kann am Wolkenzug lange im Voraus ablesen, wann es wohl bei uns regnen wird, nicht so wie in der Stadt, wo uns unverhofft ein Regenguss überfällt, vor dem wie in die Hauseingänge flüchten. Man sieht hier schon vor Beginn des Regens, wie die Insekten auf die Unterseite der Blätter kriechen und die Menschen in ihre Wohnungen gehen. Wie gleich doch alles ist. Fast möchte ich, frei nach Brechts Gutsherrn „Puntila“, ausrufen:

„Wo gibt es so einen Himmel als über dem Oderbruch?
Ich habe gehört, er ist an anderen Stellen blauer,
aber die Wolken gehen feiner hier.
Ich mag kein anderes Blau, und wenn ich es haben könnte.“

*Wolkenzeichnung von Goethe*

17. bis 24. September 2017

## Vorwort zum letzten Jahrgang

Mit einer gewissen Freude und Genugtuung bringe ich auch für das Jahr 2017 wieder ein „Kienitzer Tagebuch“ heraus, denn es schien mir lange Zeit ungewiss, ob ich noch einmal in das mir zur zweiten Heimat gewordene Oderbruch reisen könnte. 2015 hatte mich eine schwere, das Leben verkürzende Krankheit erfasst, die mich die Zukunft in einem trüben Licht erscheinen ließ. Nun aber haben wir das Jahr 2017, und bei allen lästigen oder schmerzenden Symptomen lebe ich immer noch und habe wieder neuen Lebensmut gefasst. So soll es denn weitergehen!

Auch dieses Mal kam meine liebe Frau mit, um mich zu kutschieren, mir beizustehen und mich etwas zu beaufsichtigen, da ich manchmal zu unüberlegten Handlungen neige und die Grenzen meiner Leistungsfähigkeit zu überschreiten drohe. Da meine frühere Mobilität erheblich eingeschränkt ist, nahm ich jetzt einen kleineren „hodologischen Raum“ ein, und so besuchte ich nur noch die alten Stätten, ohne das Bruch weiter für mich zu erobern. Es war alles mehr eine Rückschau auf die vielen vergangenen Jahren und etwas mehr auf einen Abschied ausgerichtet, was mir aber wohl tat und in mir dankbare Gefühle erweckte für all das Gute, das mit hier wiederfahren ist.

Da sich nun aber alle Tageserlebnisse unseres einwöchigen Aufenthaltes mit den bereits früher geschilderten Ereignissen decken und damit nur wiederholen würden, habe ich zum Abschluss meiner Ferientagebücher einige kleine Gedichte zusammengesucht, die über alle Jahrgänge verstreut zwischen den Aufsätzen eingeflochten waren. Vielleicht spiegelt sich darin noch einmal manches, was mich zwölf Jahre lang immer wieder ins Oderbruch gezogen hat. Und damit verabschiede ich mich von den Lesern, deren Geduld ich hoffentlich nicht allzu sehr strapaziert haben werde.

Kienitz, im Herbst 2017 Reinhold Köpke

## Ankunft auf dem Lande

Am Morgen unserer Abreise hatten wir im Radio die „Pastorale“ von Bach gehört, die uns so recht auf unsere Ferienwoche im Oderbruch einstimmte. So hatten auch wir „frohe und dankbare Gefühle“, als wir an einem heiteren Sonntagmittag nach zweistündiger Autofahrt im Hof des Gasthauses „Zum Hafen“ ankamen und sogleich von den Wirtsleuten freundlich begrüßt wurden. Alles schien unverändert, und wir belegten wie im vergangenen Jahr unsere beiden Zimmer, nur dass ich mich diesmal etwas zurückgehalten hatte mit der Mitnahme von allerlei technischem Gerät, denn ich wollte fern aller „Wissenschaft“ einfach alles ohne Ballast noch einmal erleben und wahrnehmen. Natürlich blieb es nicht aus, dass ich den Blick auf den blauen, von zahlreichen Kumuluswolken belebten Himmel richtete, doch verglich ich nicht wie sonst die Himmelsbläue mit einem Cyanometer nach Saussure, wie es noch Goethe getan hatte. Auch Angaben von Windstärke und -richtung trug ich nicht in meine Tabellen ein, so dass mir viel Zeit zum einfachen Beschauen der Landschaft blieb.

Vorn auf dem Deich saßen an den Tischen einige Sonntagsgäste des Ortes, und sogleich kamen wir ins Gespräch mit einer jungen Frau, die ihre Jugend hier im Oderbruch verbracht hatte, nun aber in der fernen Schweiz lebte, was doch ein ziemlicher Gegensatz war. Da auch ich die Schweiz aus einigen Reisen ins Unterengadin kannte und liebte, konnte ich mich in die Lage der jungen Frau recht gut einfühlen, die nun wieder einmal im Land ihrer Kindheit war. Irgendwie kamen wir auf die Lesung meiner Tagebücher zu sprechen, und schon war ausgemacht, dass ich ihr ein Exemplar davon in die Berge schicken werde, damit sie eine Erinnerung an ihre frühere Heimat habe.

Kaffee und Kuchen fehlte nicht, und ein anschließender langer Spaziergang führte uns bis zur Stele an der ehemaligen Fährstraße, die an den Übergang der Roten Armee im Januar 1945 erinnern soll. Der Kienitzer Hafen, der von dem Hochwasserdeich eingefasst wird, hatte einen ziemlich hohen Wasserstand, so dass er bis zu seinem Ende gefüllt und in seinem Uferbereich von gelben Mummeln bewachsen war.

Abends mussten wir dann aber, trotzt aller erwähnter Zurückhaltung in statistischen Dingen, noch einmal zum Kienitzer Pegel gehen, um den Wasserstand abzulesen: 2,96 m, was nicht ganz mit dem als recht hoch empfundenen

Wasserstand des Hafens zusammenpassen wollte. Aber die Pegelleiste mit ihren kryptischen Zeichen wird wohl Recht gehabt haben.

Auf dem Rückweg wurde es schon dunkel, nur im Westen war der Himmel noch etwas gerötet. Die Laternen auf dem Deich beleuchteten unseren Weg zum Gasthof zurück. Das war dann auch genug für den ersten Tag. Ich las uns auf meinem Zimmer noch ein wenig aus einem mitgenommenen Buch vor, und dann war Schluss. Vollkommene Stille ringsumher.

## Allerlei Gereimtes aus dem Oderbruch

Auf den Feldern und an Wegen sieht man im Oderbruch noch vereinzelt hölzerne Gestelle in die Luft ragen, die einst den Geometern zur Vermessung des Landes dienten. Sie kamen mir wie Zeugen und Helden einer vergangenen Zeit vor, so dass ich ihnen zum Abschied das folgende kleine Gedicht widme.

### Trigonometrische Punkte

Dreibeinige hölzerne Stelzen,
die ihr die Landschaft verziert,
man braucht euch nicht mehr,
seit über den Himmel hinaus
ganz andre Gebilde
in aller Stille die Erde umzieh'n.

Jeder moderne Fahrer
weiß besser als ihr,
ganz ohne Rechnen,
wo er sich grade befindet,
ganz zu schweigen vom Geodäten
der euch vor Hochmut vergisst.

Nur noch die Krähe,
oder wenn's hoch kommt,
der Bussard,
haben einigen Nutzen von euch,
wenn sie sich spähend nach Beute
des morschen Holzes bedienen.

Doch klaget nicht!
Auch uns ist ein ähnliches
Schicksal beschieden,
die wir uns einst stolz
in die Welt hinaus reckten,
die uns jetzt nicht mehr braucht.
(2006)

Beim Anblick der großen Mähdrescher, die jetzt im Sommer die ganze Straßenbreite einnehmen und die PKW-Fahrer ängstlich auf die schmalen Seitenstreifen ausweichen lässt, braute sich in meinem Kopf allmählich ein kleines Gedicht zusammen, das ich hier einrücken möchte.

**Im Felde der Ähren**

Ein Riesenheer von Weizenhalmen
stand aufrecht da mit vollen Ähren,
es droht der Feind sie zu zermalmen,
da hieß es tapfer sich zu wehren.

Schon naht die große Mähmaschine,
mit ihrem scharfen Schneidemesser,
verbunden mit der Dreschkombine,
ist sie der reinste Ährenfresser.

Die Halme machten Front zum Feind
und standen stramm in Reih' und Glied,
sie gingen in den Tod vereint
und stimmten an das Schnitterlied.

Das alte Lied vom Freunde Hein,
wie es aus Wandsbek rüberklingt,
doch niemand um ihr Schicksal weint,
und niemand ein Tedeum singt.

Stattdessen wurden sie geprügelt
im Inneren der Dreschkombinen,
die Spreu entfloh von Angst beflügelt,
die Körner trugen finst're Minen.

Ein großer Schlund speit aus die Körner,
verteilt sie auf die Erntewagen,
von dort geht es in große Speicher,
zuletzt als Brot in unsren Magen.

Drum sollten wir den Halmen danken,
die uns das täglich Brot bescher'n,
doch dabei nicht die Hände falten
für einen himmlisch-fernen Herrn.
(2008)

## Unterbrechung

Acht Tage schon war ich am Ferienort,
durchstreifte die Wiesen und Felder
vernahm nur selten von Menschen ein Wort
und sprach meist nur mit mir selber.

Am Tage durchsucht‘ ich den Garnischberg
Nach Pflanzen und Sagengestalten,
Am Abend nach meines Tages Werk
Hab ich mich mit dem Fluss unterhalten.

Dann gab’s für zwei Tage Sonnenschein,
er kam mit der Bahn angefahren,
fast ohne Gepäck, ein Rucksack nur klein,
mit grauen und lockigen Haaren.

Da ließ ich die Pflanzen und Sagen allein,
ließ warten die Moose und Flechten,
wir gingen durchs Land und kehrten auch ein,
bei Kaffee und Kuchen wir zechten.

Dann war wieder Stille rund um mich her
Ich saß unterm Nussbaum im Schatten
Und schrieb und reimte von ungefähr,
Was für schöne Tage wir hatten.
(2008)

## Der Bergsteiger

Von des Garnischberges Gipfel
schaut ein Wanderer hinab,
wischt sich mit des Schweißtuchs Zipfel
die erhitzte Stirne ab.
Zieht hervor sein Altimeter,
um die Höhe zu erkunden,
und stellt fest, sechs ganze Meter
hat er keuchend überwunden.

Doch man muss den Wandrer loben,
denn ihm glückte der Versuch,
und nun steht er heiter oben
auf dem höchsten Berg im Bruch.
(2009)

Anmerkung: Der Garnischberg ist mit einer Höhe von 16,2 Meter ü. NN und sechs Meter über den umliegenden Wiesen die höchste Erhebung im Oderbruch.

# Jahreszeiten auf dem Garnischberg

## Frühling

Die Bäume steh'n im ersten Grün der Blätter
Der Himmel wölbt sich drüber luftigblau
Im Schatten ist noch kühl des Frühlings Wetter
Ob es so bleibt – man weiß es nicht genau.

**Sommer**

Im vollen Laub steh'n nun die Eichenbäume
Die Wiesen rings im satten dunklen Grün
Die Gräserblüten sehen aus wie Träume
Im trocknem Sand fängt manches an zu blüh'n.

**Herbst**

Nun leuchtet's gelb am Rande dieser Düne
Die Zweige lichten sich vom schweren Laub
Verblüht liegt nun im Sand das einstmals Grüne
Und wird im kalten Wind zu trocknem Staub.

**Winter**

Dahin ist alles, was sich farbig zeigte
Die Bäume schwarz, die Steppengräser blass
Ein eisig Wind fährt durch die kahlen Weiten
Die Wiesen sind vom frühen Raureif nass.
(2009)

## Ein Besuch an der Oder

Nun fährt die Liebste wieder fort,
mit Bahn und Bus zum Heimatort.
Ich winke nach noch ihrem Zug
und bleib zurück im Oderbruch.

Drei Tage gab's hier Sonnenschein
Nun sitz' im Schatten ich allein
von einem großen Walnussbaum

und hänge nach dem schönen Traum.
Wir waren mit den Rädern fort
zum nächsten kleinen Nachbarort,
um unter einem Lindenbaum
das dörflich Leben anzuschau'n.

Die Blumen längs des Wegesrain
erglänzten bunt im Sonnenschein,
an jedem Blütenkelche hing
ein wunderschöner Schmetterling.

Der Himmel über uns war blau,
nur selten war er einmal grau.
Meist wehte uns ein Sommerwind
und trieb die Wolken fort geschwind.

Am Abend saßen wir am Fluss
und rauchten beide mit Genuss,
und sahen einem Reiher zu,
bis dass die Nacht uns rief zur Ruh.

Im dunklen kleinen Kämmerlein
Da lagen wir dann ganz allein.
Zur guten Nacht gab's einen Kuss
Im Gasthof nah am Oderfluss.
(2010)

## Brennnesseln

Ein mächtiger Gegner versperrte den Weg
mit brennenden zackigen Blättern,
ich brach mir einen Weidenstock,
um seine Macht zu zerschmettern.

Schon sanken die ersten Blessierten dahin,
doch zeigten sie keine Reue,
sie schlossen die eigenen Reihen sogleich,
und der Kampf entbrannte auf's neue.
Auch warfen sie Mücken ins Gefecht,
die surrten mir um die Ohren,
und zerstachen meine nackte Haut,
fast hielt ich den Kampf für verloren.

Doch schließlich hatt' ich in alles Gestrüpp,
eine schmale Bresche geschlagen,
und trat ins Innere der Natur
mit völlig durchschwitztem Kragen.

Im Stadtmuseum, da zahlt man recht brav
geregelte Eintrittspreise,
doch in die unberührte Natur
kommt man nur auf diese Weise.
(2013)

## Die Spinne auf dem Notebook

Ein Spinnlein fiel auf mein Display
als ich grad etwas schrieb,
sie zu verscheuchen tat mir weh,
weshalb sie länger blieb.

Sie sah sich meine Texte an
und blieb dann plötzlich steh'n,
sollt' ich wohl etwas ändern dran,
was hatte sie geseh'n?

Ich sah es mir genauer an,
es stand dort „Liebe Frau“;
was fand die Spinne schief daran?
Es stimmte doch genau.

Da kam mir ein Gedanke schnell,
und ich schrieb „Liebste Frau“,
schon wich die Spinne von der Stell',
das meinte sie genau.
(2013)

## Am Morgen

Früh morgens, wenn die feuchten Schatten
uns schützen vor zu zeitigem Ermatten,
geh' ich mit flottem Wandergang
auf wohlgebahntem Weg den Deich entlang.

Auf allen Buhnen seh' ich Angler steh'n,
die ohne Fang vor Hunger fast vergeh'n.
Ich grüße sie mit Petri Heil!
dieweil ich weiter oderabwärts eil.

Auf meiner Seite zeigen Pfähle
die schwarz-rot-goldne deutsche Seele,
wobei am andern Ufer drüben
sich Polen mit rotweiß begnügen.

Hab ich das nächste Dorf erreicht,
dann wende ich mich um sogleich,
und eile ohne Rast und Ruh
dem morgendlichen Frühstück zu.

## Am Tage

Im Oderbruch gibt's keine Wälder,
drum wandre ich munter durch die Felder,
zu sehen, was dort wächst und blüht,
und zu erbauen mein Gemüt.
Auch sitz ich unterm Nussbaum gerne,
wenn mittags steigt zu sehr die Wärme,
um in mein Notebook einzutippen,
was ich mir ausschwitz durch die Rippen.

Dann setz ich mich auf die Terrasse,
zu trinken meine Tasse Kaffee,
und aus dem Angebot versuchen
dazu ein schönes Stückchen Kuchen.

Danach geh ich zum Fluss hinunter
und tauche in den Fluten unter,
sofern nicht Biber oder Schwan
durchkreuzen meinen kühnen Plan.

## Am Abend

Der Freuden sind so wenige im Leben,
drum hab ich mich dem Alkohol ergeben,
und trinke abends ein Glas Bier,
ein kleines nur, nicht gleich Null-vier.

Und rauche dazu eine Zigarette,
weil sonst ich gar kein Laster hätte,
natürlich selbstgedreht aus Orient natur -
doch eine nur, doch eine nur.

Dann gehe ich den Fluss entlang zum Pegel,
das ist so abends meine Regel,
und sehe, dass der Wasserstand gesunken
und hör' das Abendlied der Unken.

Am Ufer greif' ich dann zum Telefon,
denn meine Liebste wartet schon
zu hören was ich so gemacht;
ich wünsch zum Schluss ihr eine gute Nacht.

## Zur Nacht

Um zehn Uhr spätestens wird's still,
weil jetzt ein jeder ruhen will.
Auch ich lösch alle Lichter aus,
und dunkel wird's im ganzen Haus.

Jedoch ein Nachbar sieht noch fern,
ich laß's gescheh'n, ich klopf nicht gern
an dünne Nachbarzimmerwände -
zum Glück ist bald der Film zu Ende.

Doch Arm' und Beine mir jetzt jucken
als Folgen von den vielen Mucken,
die tags auf meinen Wanderungen
in Scharen auf mich eingedrungen.

Mich abzulenken hol' ich mir
aus dem Regal ein Buch herfür,
doch fehlt zum Lesen mir die Ruh',
da fall'n von selbst die Augen zu.
(2014)

## Die Abreise

Nun ist der Bahnsteig wieder leer,
der Zug wird langsam immer kleiner,
ich seh' ihm lang noch hinterher,
er fährt zurück mit einer Frau – mit meiner.

Was mach' ich nun mit meiner Zeit,
die grad' noch war so schnell vergangen;
sie dehnt sich fast zur Ewigkeit,
ich weiß mit mir nichts anzufangen.

Wie bring' ich meine Stunden hin,
die eben noch so überquollen,
wie gebe ich dem Tage Sinn
und füll ihn aus mit meinem Wollen.

Im Anfang soll ein Zauber liegen,
im Ende aber liegt er nicht;
wär' ich ein Vogel, würd' ich nach ihr fliegen,
so aber bleib ich still für mich.
(2014)

**Rückblick**

Was zieh' ich für ein Resümee
Wenn ich auf diese Tage seh'?
Die erste Woche war zu kühl
laut Thermometer und Gefühl,
auch kam von oben manches Nass
und legte sich auf Weg und Gras.
Dann gab es drei sehr schöne Tage
Trotz mancher kleinen Mückenplage.
Danach wurd's sprunghaft viel zu heiß,
aus allen Poren tropfte Schweiß.
Selbst unter eines Nussbaums Schatten
wollten die Kräfte mir ermatten,
bis dann zuletzt des Blitzes Kraft
Erlösung von der Schwüle schafft.

Trotz dieser kleinen Misslichkeiten
Konnt' ich die Tage schön gestalten.
Früh morgens ging ich schnellen Schritts
zum nächsten Dorf und gleich zurück.
Bei Lebus fand ich jenen Platz
wo Salzmann wohl gestanden hat
als er den Oderabhang malte,
der in der Morgensonne strahlte.
Auch in des Garnischberges Sand
ich manche Pflanze wiederfand,
die ich vor Jahren observiert
und ihren Namen aufgespürt.

Am Fluss hört' ich den Anglern zu
und sorgt' für ihre Seelenruh'.

So zogen sich die Tage hin,
bis angereist kam aus Berlin
mit einem schnellen Schienenbus
die Frau, begrüßt mit einem Kuss.
Wir mieteten zwei gelbe Räder,
die Mütze setzte auf ein jeder,
so fuhren wir den Deich entlang
zum nächsten Ort, zum Kaffeetrank.
Auch gab es manchen schönen Kuchen,
den mussten wir sogleich versuchen.
Dann suchten wir nach Albrecht Thear,
der in Möglin zu finden wär,
wo er die Landwirtschaft berieb
und viel gelehrte Bücher schrieb.

Nach alledem setzt' ich mich nieder
und gab all die Gedanken wieder,
die mir beim Streifen durch die Flur
ins Ohr geflüstert die Natur.
Denn Wind und Gras und Wolkenzug
Erzählen uns gewiss genug,
was schön und gut und richtig ist,
jedoch im Alltag schnell vergisst.
Auch las ich Kants Biographie
und zog den Hut vor dem Genie,
das ohne Lärm mit stiller Kraft
des Bild der Welt hat umgeschafft.

So zieh ich heim mit viel Gewinn
Vom Oderbruch hin nach Berlin.
(2012)

* * *

# Über den Autor

Reinhold Köpke, geboren 1940 in Kiel, machte zunächst eine Lehre als Büromaschinen-Mechaniker. Nach zwei Jahren Wanderschaft in Spanien, Marokko, dem Balkan und der Türkei kam er 1964 nach Berlin, wo er seine Frau Renate kennen lernte und nach bestandener Meisterprüfung als Installateur und Klempner den Betrieb seines Schwiegervaters übernahm. 1975 lernte er Prof. Josef Rattner und den von ihm gegründeten Arbeitskreis für Tiefenpsychologie kennen und schätzen.

Köpke holte das Abitur nach und studierte anschließend Psychologie an der Freien Universität Berlin, was er 1990 mit dem Diplom abschloss. Seit 1999 arbeitet er als approbierter niedergelassener Psychotherapeut. Sein Spezialgebiet ist die Tiefenpsychologie, insbesondere Alfred Adler und die Individualpsychologie. Daneben beschäftigt er sich seit vielen Jahren intensiv mit Johann Wolfgang von Goethe (siehe *Keine Angst vor Goethe* auf der übernächsten Seite).

Da war ihm nach ausgefüllter Tagesarbeit gerade das Oderbruch ein Ruhepol, um seinen Gedanken freien Lauf zu lassen. In einem Gasthof an der Oder fand er den richtigen Ort, mit dem Wirt, mit den Gästen, mit dem Fluss, mit den Wolken oder mit sich selbst ins Gespräch zu kommen und über die alltäglichen Dinge unseres Lebens nachzudenken. Seit über zwölf Jahren hielt er seine Gedanken in Tagebüchern fest, die hier nun in ihrer Gesamtheit als Buch vorliegen

**Neuerscheinung Juli 2017**

Reinhold Köpke
**Keine Angst vor Goethe**
Eine Annäherung in 23 Kapiteln
234 S., Hardcover, erschienen Juli 2017
ISBN: 978-3-946130-12-3
**24,00 €**

### Über den Inhalt

Reinhold Köpkes Reiseerlebnisse, seine Vorträge und Aufsätze bringen uns Goethe und die anderen Personen des klassischen Weimars auf unaufgeregte und informative Weise nahe. Wir lesen von Goethes Genie und Schaffenskraft, seiner Arbeit und seiner Geselligkeit, von seinem Liebesleben und von seinem Umgang mit Muße und Stille.

Seit 1980 hat der Berliner Psychologe Köpke mehr als 100 Mal Weimar und damit Goethe besucht. Diese Beschäftigung war ein Tor in die Welt des menschlichen Seelenlebens, denn die Person Goethes wirft ein vielfältiges Licht auf die menschliche Existenz im Allgemeinen.

Das Buch mit seinen 23 Aufsätzen und Vorträgen eignet sich hervorragend zur Vorbereitung auf eine Weimarreise und kann ebenso angenehmes Erinnerungsstück eines Besuchs dieser kulturell so anregenden Stadt sein.

### Über den Autor

Reinhold Köpke, geboren 1940, gelernter Installateur- und Klempnermeister, wechselte nach einem Studium der Psychologie 1999 in den Beruf des Psychotherapeuten. Er hielt Dutzende Kurse an Berliner Volkshochschulen und leitete Seminare an der Berliner Lessing-Hochschule.

**Bestellungen** in allen Buchhandlungen und auf allen Internet-Plattformen.

Matthias Voigt
**Erziehung, Pädagogik und die Kultur der Menschheit**
Der Beitrag der Tiefenpsychologie zur kulturellen Evolution
270 Seiten, gebunden, erschienen April 2017
ISBN 978-3-946130-11-6
**27,00 €**

Grete J. Adrian
**Spiel als Erziehung – Erziehung als Spiel**
Ein Essay
192 Seiten, Paperback, erschienen Oktober 2017
ISBN: 978-3-946130-07-9
**18,00 € (D; A), 22,00 CHF**

Phyllis Bottome
**Alfred Adler – aus der Nähe porträtiert**
304 Seiten, gebunden, 2., verbesserte Auflage Juli 2017
ISBN: 978-3-00-040056-8
**30,00 €**